Hidehiro Yamamoto 山本英弘

[編著]

現代日本の
政治的不平等

参加・代表における格差と分断のメカニズム

Political Inequality
in Contemporary Japan

The Mechanisms of
Disparities and Divides in Political Participation
and Representation

明石書店

はじめに

　現代社会が抱える最も重要な問題の1つに社会的格差・不平等の拡大を挙げることができるだろう。国連が掲げる持続可能な開発目標（SDGs）の1つとして挙げられているように，一国内あるいは国家間の経済的・社会的不平等の是正は国際的に共有された社会課題である。しかし，世界各国において，グローバリゼーションや技術革新に伴う収入や富の不平等の拡大が指摘されている。『世界不平等レポート2022』によれば，2021年における世界の上位10%の年収は世界全体の52%，富は76%をも占める（Chancel et al. 2022）。経済的な側面ばかりでなく，ジェンダー，LGBTQ，在留外国人などマイノリティに対する社会的関心が高まってきたものの，依然として差別的な待遇が解消されたわけではない。さらに，新型コロナウイルスのパンデミックは，これまであった経済，性別，人種などの不平等をより助長したとされる（Berkhout et al. 2021）。

　日本に目を向けると，かつて「一億総中流」という言葉に表されるように，実態はともあれ日本社会が平等であるという認識は広く共有されていた。しかし，バブル崩壊後の不況を経て，1990年代後半以降は，所得や資産，あるいは正規雇用の縮小と非正規雇用の拡大による労働待遇といった経済的不平等が拡大し，それは広く認識されるようになった。不平等や貧困の実態を明らかにする実証的研究成果も相次いで公表されてきた（橘木 1998; 佐藤 2000; 大竹 2005; 阿部 2008; 白波瀬 2010など）。いまや，「格差社会」としての日本のイメージはすっかり定着したといってもよいだろう。

　ジェンダーに関しては，日本においても人々の意識は変わりつつあり，女性の活躍を促す取り組みがなされている。しかし，世界経済フォーラムによるジェンダー・ギャップ指数が2023年時点で125位（146ヶ国中）と下位に位置しているように（World Economic Forum 2023），国際比較の観点からは不平等度が高いといえる。また，日本に居住する外国人も増加しているが，社会的統合に向けては大きな課題を残している。

以上のような経済的・社会的不平等にいかに取り組み，市民生活に安寧をもたらすかは，政治にとっての重要な課題である。そのために，経済，社会保障，人権などに関する様々な政策がとられている。しかし，現実の政治はこれらの課題にうまく対処しているとは言い難い。それよりも，政治的意思決定にかかわるプロセス自体がむしろ不平等を内包しているのではないだろうか。

　民主政治においては，政治的平等こそが基本的原理であり（Dahl 2006=2009），「市民の要求に対して政府が公平に，つねに責任をもって応えること」が求められる（Dahl 1971=1981: 6）。もちろん，法制度において平等な適用がなされるのは当然である。そのために，例えば，多くの国で1人1票の投票権が与えられている。しかし，このことは必ずしも市民の声が平等に政治に反映されることを意味しない。

　有権者は平等な選挙権や参政権を保障されているものの，現実には特定の社会層の投票が目立ち，参加の程度に格差がみられる。参加とも相まって，議員や官僚，あるいは利益団体といった政治的エリートが特定の層の利益を代表しているとすれば，結果として形成される政策もやはり偏ったものとなる。このように，実際の政治参加，政治的意見の代表，影響力の行使といった政策形成過程のいずれの局面においても，ある人々の声が過剰に反映される一方で，十分に声が反映されない人々が存在する。民主政治に市民の声を反映させるプロセスが不平等だとすれば，社会・経済的不平等を解消するには至らず，むしろそれらを拡大させるおそれすらある。その結果として，社会における対立や分断の激化することも考えられる。また，政治に声が届かず疎外された人々は，政治に対する不満や不信を抱くか，あるいは政治に関心を示さなくなり，民主政治の正当性を脅かすことになるかもしれない。

　このように，現実の政治過程がバイアスに満ちていることは，これまでも問題提起されてきた。アメリカ政治学会の会長講演にて，レイプハルトは，「代表や影響力の不平等はランダムに分布しているのではなく，特権的な市民に有利なように体系的に偏っている」と述べている（Lijphart 1997: 1）。スコチポルを中心とする2004年のアメリカ政治学会のタスクフォース・レポートでは，政治参加，政府の応答性，政策形成過程のいずれにおいても政治的不平等が拡大していることを様々なデータを用いて示しつつ，アメリカ合衆国の建国

以来の理念が損なわれていることに警鐘を鳴らしている（APSA Task Force 2004）。ヨーロッパにおいても，社会経済的不平等が拡大しているにもかかわらず，再分配政策がうまく機能しない政治的要因が問われている（Lupu and Pontusson eds. 2024）。そして，欧米諸国では昨今，既存の政治的エリートに対する不信を背景にポピュリスト政党や政治家が台頭している。また，経済的格差や文化的差異，あるいは情報環境に基づく分断化が深刻に受け止められている。

　同様の問題は日本にもあてはまるだろう。若年層の投票率が低いことから年齢による格差が生じており，さらに少子高齢化に伴う高齢者の人口比率の上昇も相まって，政治が高齢者層に有利に展開しているというシルバー・ポリティクスの議論がみられる（八代 2016; 島澤 2017）。また，女性議員の比率が低く，ジェンダー・ギャップ指数の中でもとりわけ政治分野の順位が低いことから，政治的代表においても不平等が存在している（三浦 2023）。政策形成においても，経済・業界団体などが与党の自由民主党あるいは中央省庁との近しい関係に基づき政策形成に強い影響力を維持してきた反面，野党や労働組合，市民団体の要求回路はますます狭められている（山本・竹中 2021）。

　以上の例からも，日本においても政治的不平等は存在しうることが示唆される。そこで本書では，主として2021年に実施したサーベイ調査データをもとに，現代日本における政治的不平等の実態を示す。政治参加，代表性，そして政策応答性といった各側面において，性別，年齢，社会経済的地位（職業，年収，学歴）などによる差はどの程度みられるのか，まずは基礎的な事実を明らかにする。そのうえで，日本の民主政治における民意の反映や政治代表のあり方について考察する。さらに，政治的不平等と社会・経済的不平等との相互関連について検討し，格差・不平等問題における政治の役割について再考していきたい。

　本書は，質問紙調査のデータに基づく分析結果をまとめたものである。調査に際して，多くの方々にご協力いただいた。特に，調査業務を担当していただいた楽天インサイト株式会社および株式会社日本リサーチセンターの皆様には，お世話になった。そして何より，度重なる調査にご回答いただいた皆様に，心より御礼を申し上げたい。

また，本書は科学研究費補助金基盤研究（A）（一般）「機会と結果の政治的不平等に関する総合的実証研究：政治的不平等生成メカニズムの解明」（課題番号：20H00061）の研究成果である。研究資金を提供いただいた日本学術振興会に対しても，厚く御礼申し上げる次第である。本研究の分担者である竹中佳彦先生（筑波大学教授）には，プロジェクト遂行に際して，多岐にわたるご指導をいただいた。また，田川寛之先生（福島学院大学助教），芦谷圭祐先生（山形大学講師），大茂矢由佳先生（埼玉大学講師），安田泉穂氏にも，プロジェクト遂行にあたり多大なご協力をいただき，一緒に学びを深める機会を得たことに感謝している。研究プロジェクトの事務補佐員である今中雅美氏，筑波大学人文社会エリア支援室の事務職員の方々には様々な形でご支援をいただいた。また，研究成果をこのような形で書籍としてまとめることができたのは，明石書店の神野斉氏，小山光氏のご尽力のおかげである。

　最後に，辻中豊先生（東洋学園大学学長）には，日頃より大所高所からのご助言を賜り，我々が進むべき道を指し示していただいたことに，深く感謝申し上げたい。

　本書に掲載できなかった調査の質問文および各章の分析結果の詳細は，オンライン付録として下記URLにて公開している。本書中の該当箇所については本文や註で言及している。

オンライン付録URL

https://researchmap.jp/read0206720/published_works?frame_id=1507916

（Researchmap山本英弘の資料公開）

目　次

はじめに ……………………………………………………………………………… iii

第1章
政治と不平等 ……………………………………………… 山本 英弘 ◆ 1

　1　政治的不平等とは　1

　2　政治的不平等の先行研究　3

　3　データ　11

　4　本書の概要　17

第1部
政治参加の不平等

第2章
社会経済的地位と政治参加 ……………………… 山本 英弘・苗 詩媛 ◆ 24

　1　はじめに　24

　2　シビック・ボランタリズム・モデル　25

　3　データと変数　26

　4　政治参加の規定因　28

　5　おわりに　39

第3章
政治参加におけるジェンダー・ギャップ ……………… 大倉 沙江 ◆ 43

　1　はじめに　43

　2　政治参加の形態と水準におけるジェンダー・ギャップ　45

　3　資源，政治的関与，動員と参加経験　48

vii

4　ジェンダー・ギャップの規定因　57

　　5　おわりに　60

第4章
メディア環境の変化と政治参加・政治意識　……………… 海後 宗男 ◆ 64

　　1　はじめに　64

　　2　日本のメディア環境と政治との関係　65

　　3　日本のデジタル・ソーシャル・キャピタルとインターネットの問題　67

　　4　日本人の情報行動と政治参加　70

　　5　おわりに　76

第5章
外国人の政治参加と政治的不平等　……………… 明石 純一・山本 英弘 ◆ 81

　　1　はじめに　81

　　2　日本における外国人関連政策の潮流と外国人の政治的諸権利　82

　　3　外国人の参政権と政治参加　84

　　4　調査と分析：日本人は外国人の政治参加をどのように評価しているのか　88

　　5　おわりに　94

第6章
不平等是正政策に対する態度　……………………………… 関 能徳 ◆ 98

　　1　はじめに　98

　　2　再分配の政治経済学　99

　　3　データと記述統計　100

　　4　実証分析　106

　　5　おわりに　111

第2部
政治代表の不平等

第7章
利益代表認知と記述的代表にみる政治的不平等
─代表の不在と歪み─ ································· 濱本 真輔 ◆ 116

1 はじめに 116

2 代表論 117

3 有権者の利益代表認知 121

4 記述的代表の不平等認知とその規定因 128

5 おわりに 132

第8章
有権者はどのような代表を求めているのか
─代表観・地位・政策─ ································· 出口 航 ◆ 135

1 はじめに 135

2 政治代表と代表観 136

3 有権者は議員に何を望んでいるのか 139

4 誰がどのような代表観をもつのか 144

5 おわりに 149

第9章
若年層の過少代表と是正策 ································· 菅谷 優太 ◆ 152

1 はじめに 152

2 先行研究 155

3 是正策の導入を支持する有権者はどの程度いるのか 156

4 どのような有権者が導入に賛成あるいは慎重なのか 159

5 おわりに 163

第10章
公務員の代表性 ……………………………………………… 柳 至 ◆ 166

1 はじめに 166

2 代表的官僚制研究 167

3 公務員の政策観 171

4 公務員の平等観 175

5 有権者からみた公務員の代表性 176

6 おわりに 179

第11章
利益団体とメディアに対する有権者の評価
——女性，低年齢層，低学歴層の視点から—— ……………… 久保 慶明 ◆ 183

1 はじめに 183

2 投票参加，利益団体，メディアの相互関係 184

3 利益団体やメディアの構成 187

4 有権者による代表性の評価 193

5 おわりに 198

第12章
有権者からみた政策応答性の不平等 ……………… 山本 英弘・苗 詩媛 ◆ 201

1 はじめに 201

2 データと方法 203

3 政策応答性 204

4 政策の事後評価 210

5 おわりに 215

引用文献 …………………………………………………………………… 221

索　引 …………………………………………………………………… 243

第1章

政治と不平等

◆◆◆

山本 英弘

---

1 政治的不平等とは

1-1 政治的不平等の定義

　政治における不平等の研究は，政治参加や政治代表といった分野でこれまでも数多く蓄積されてきた。ダブロウは，政治学，社会学，哲学などの多様な分野における政治的不平等（明示的に言及されていないものを含む）の研究を渉猟し，概念の整理を試みている。以下，Dubrow（2015）の議論を紹介する形で政治的不平等という概念を検討していく。

　社会階層論にならえば，政治的不平等も機会と結果の不平等に大別できる。このうち機会の政治的不平等の1つの定義は，「政治的資源配分の構造的な違い」である（Dubrow 2015: 12）。政治的資源とは政治にアクセスし，影響力を行使する源となるものである。金銭，評判，法的地位，ソーシャル・キャピタル，知識など，あらゆるものが状況によって政治的資源となりうる（Dahl 1996）。もっとも，影響力をもたないアクターであっても，他のアクターとの相互作用において，時に政治的利益を達成することがある。ここから政治的影響力は必ずしも資源に依拠するものではなく，アクター間の関係の中に見出すこともできる（Piven and Cloward 2005）。

　機会の政治的不平等についての別な定義は，Dahl and Lindblom（1953）に由来するもので，政治的決定によって影響を受ける人々の選好が平等に考慮され

ていないというものである。ここでは，政治的決定に対するインプットの不平
等が焦点となる。もっとも，政治的決定主体は重層的なヒエラルキー構造であ
るため（Sorokin 1959），複雑になるほど個々のインプットが難しく，不平等も
増大する。このような政治構造の条件を考慮に入れて，Dubrow（2015）は，機
会の政治的不平等を「政府の決定に対する影響力の構造的な違い」と定義する
（Dubrow 2015: 14）。

　結果の政治的不平等は，政治的決定の結果から得られる利益の不平等であ
る。ただし，利益を等しく分配するのがよいのか，弱者に対してより多く配分
するのがよいのかという公正観は，不平等の程度を判断するうえで重要である。
Dubrow（2015）は，結果の政治的不平等を，「政府の決定による結果の構造的
な違い」と定義する（Dubrow 2015: 14）。

1-2　政治的不平等の側面

　政治的不平等といっても，政治過程において様々な側面をもつ。アメリカ政
治学会タスクフォースでは，市民の声，政府の応答性，政策形成パターンの
3つに分類して整理している（APSA Task Force 2004）。これに対しては，Dubrow
（2015）は政策応答と政策形成パターンを合わせて，不平等を要求（voice）と応
答（response）に大別している（Dubrow 2015: 17）。要求は機会，応答は結果の政
治的不平等に対応する。

　要求は政治的決定に利益を伝える局面であり，さらに参加（participation）と
代表（representation）に分けられる。最も基本的な参加形態は投票であるが，こ
の他にも，選挙運動への参加，議員や省庁との接触，集会やデモへの参加，署
名，ボイコットなど多様な形態が含まれる。代表は，代議制民主主義にとっ
ては必須のものである。選挙で選出される議員による代表が最も根幹にある
が，官僚，利益団体，NGO，社会運動といった営利／非営利の各団体，あ
るいはマスメディアなど多様な主体が含まれる。さらに，何を代表するかに
ついては，被代表者の性別，年齢，職業など社会的属性を反映する記述的
代表（descriptive representation）と被代表者の価値や利益を反映する実質的代表
（substantive representation）に分けられる（Pitkin 1967＝2017）。

図1-1 政治過程における政治的不平等

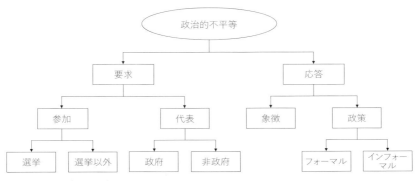

出所：Dubrow（2015: 18）を翻訳

　応答は，意思決定者による作為や反応である。Dubrow（2015）は応答を政策（policy）と象徴（symbolic）に分ける。政策には立法化されるものや政府による決定，あるいはインフォーマルな決定が含まれる。アメリカ政治学会タスクフォースが取り上げたように，政策形成のパターンも重要な側面である。政治的意思決定における影響力の格差は，最終的な決定に反映される。影響力関係が構造化している場合，それは恒常的な政策応答の不平等となるだろう。象徴は，拘束力をもたないような主張や期間限定のイベントなどを指す。例として，アメリカの黒人歴史月間のような記念イベントが挙げられている（Dubrow 2015: 19）。

　次節では，これらの政治過程の側面ごとに政治的不平等に関するこれまでの研究を振り返っておこう[2]。

2　政治的不平等の先行研究

2-1　社会的亀裂

　政治的不平等そのものではないが，まずは社会における人々の価値や利益の対立構造から検討しよう。人々の選好が等しく政治的決定に反映されているのかを問う場合，そもそもどのような選好をもっているのか，社会的属性によっ

て相違があるのか，それによりいかなる利害対立が生じているのかを確認しておくことは重要である。これにより，どのような人々の利益が誰によってどの程度反映されているのか，あるいは政治的結果に反映されているのかといった点で政治的不平等を把握することができる。そもそも社会の中に利害対立がないのであれば，その利益の反映のされ方に不平等は存在しないのである。

しかし，現実には社会的亀裂（social cleavage）と呼ばれるような対立構造が指摘されてきた。古典的な議論はLipset and Rokkan（1967）によるものであり，ヨーロッパには中心－周辺，国家－教会，農業－工業，資本家－労働者という4つの対立軸が存在する。そして，国ごとに経路依存がありつつも，これらの対立軸に沿うかたちで各層の利益が代表されるように政党システムが形成されてきた。大まかにいえば，経営者や農業層は保守政党を支持し，労働者は革新政党を支持するという構図は共通していた。

もっとも，この社会的亀裂構造は冷戦終結以降，大きな変容をみせている。Gethin et al. eds.（2021）は，50の民主主義国を対象とした第二次世界大戦後60年間のデータを用いて社会経済的地位（収入，教育）と投票との関連について分析を行った。その結果，1950～80年代までは社会経済的地位の低い人々が左派政党，高い人々が右派政党を支持していた。しかし，その後，高学歴層が左派政党支持へ移行し，政党支持が階級対立を反映しなくなった。その中で，各国において宗教，社会文化的アイデンティティ，都市－農村，世代，性別による対立のバリエーションがみられる。

戦後日本における社会的亀裂は，資本家と労働者との対立というよりも，自前層と非自前層，すなわち，管理職や農業従事者のように職業が自分の手の内にある層と，専門職やブルーカラー層などの被雇用者との対立であった（三宅 1985a）。自前層は自民党（自由民主党）を支持し，非自前層は革新政党を支持していた。綿貫（1976）は経済的利害よりも文化や価値による対立に着目する。保守政党である自民党政権が戦後の改革からの修正を図る中で伝統的価値観をもつ農業層や自営業層，あるいは低学歴層は自民党を支持していく。これに対して，近代的価値をもつ高学歴のホワイトカラー層は社会党など革新政党を支持したのである。

しかしながら，その後の高度経済成長期においては，革新政党は成長に付随

する社会問題に十分な対応をとることができず，都市部の高学歴層の支持を失っていった。高学歴層の受け皿となる政党はなく，結果として政治への関与自体が低下した（蒲島・境家 2020）。一方で，自民党は経済成長の果実を農村部に配分することで強固な支持基盤を確立し，政権を維持してきた（蒲島 1988, 2004）。しかし，経済の低迷に伴い農業利益の保護が困難となり，従来の集票構造を維持できなくなった。さらに，農産物の貿易自由化や公共事業の縮小などにより，農業層や自営業層の自民党支持は弱まった。こうした中で，政党支持をもたない無党派層が増大し，政治的態度をめぐる社会的亀裂は不明瞭となった。職業階層ごとの投票行動には違いがみられるものの，その影響力は弱まっている（平野 2007; 田辺 2011）。一方で，近年の調査結果からは，主観的な階層的地位（田辺 2021）や資産保有層（安野 2015）が自民党支持と関連していることが示されている。

2-2 政治参加

政治過程の局面における不平等について，先行研究を振り返っておこう。最も多くの研究蓄積があるのは政治参加研究である。なかでも，ヴァーバによるアメリカ政治の長年の観察は大きな影響力をもっている（Verba and Nie 1972; Verba et al. 1978=1981; Verba et al. 1995; Schlozman et al. 2012; Schlozman et al. 2018 など）。

ヴァーバらの観察から導き出されたのがシビック・ボランタリズム・モデル（civic voluntarism model: CVM）である（Verba et al. 1995; Schlozman et al. 2018）。このモデルは，資源（resource），政治的関与（political engagement），動員（mobilization）の3つの要因から政治参加を説明する。政治参加に要する時間的余裕，経済力，知識，スキルなどの資源を保有していなければ，参加することができない。政治的関与とは政治参加を促す心理的諸要因であり，政治に対する関心，政治的有効性感覚，政治情報，党派性が含まれる（Verba et al. 1995）。最後に，動員は政治参加に向けての他者からの勧誘である。

これらの要因のいずれに対しても，個人の社会経済的地位[3]が重要である。一般に，職業，収入，教育程度といった社会経済的地位が高い人々ほど，経済的にも文化水準においても多くの資源を保有している。そのため，献金などの参

加に必要な経済負担を賄うことができるし，労働時間に自己裁量が認められているならば参加のための時間を捻出することもできる。教育水準の高さは，政治や社会への関心，政治に関する知識や情報，参加のためのスキルなどと関連する。また，社会経済的地位が高ければエリート層と接触する機会も多いだろう。この他，他者とのネットワークや，労働組合，業界団体，市民団体への所属なども社会や政治に対する関心や知識を高めるとともに，動員を受けやすくなることで政治参加を促す。

実際にアメリカにおいて社会経済的地位が高いほど政治参加する傾向が強いことは繰り返し確認されてきた[4]（Verba and Nie 1972; Rosenstone and Hansen 1993; Verba et al. 1995; Schlozman et al. 2012; Schlozman et al. 2018など）。国際調査においても社会経済的地位と政治参加との相関を報告するものがみられる（Dalton 2017）。もっとも，あらゆる国や地域で社会経済的地位の効果が一貫して確認されているわけではない。例えば，各国の制度や文脈によって，教育が投票行動に及ぼす効果が異なることも示されている（Topf 1998; Teorell et al. 2007; Gallego 2015）。

時点間の変化をみると，全体的な投票率の低下に伴い，参加格差が広がっていることが指摘されている（Gallego 2015; Dalton 2017, 2022）。つまり，教育水準が低い人々や豊かではない人々の投票率の低下が著しいために，全体の格差が広がるのである。また，労働組合の動員力低下が，階層的地位の低い労働者層の投票率につながっていることも示されている（Gray and Caul 2000）。

個人の属性による差異だけでなく，社会におけるマクロな経済的不平等が政治参加に影響を与えることも知られている。Elsässer and Schäfer（2023）の研究レビューによると，国や地域における所得格差と投票率の関係については，一貫した結論が得られていない。すなわち，所得格差が投票率にマイナスの影響を与えるとする研究もあれば，両者に関連がみられないとする研究も存在する。また，マクロな不平等が個人の政治参加に及ぼすマルチレベルの影響について，Solt（2008, 2010）は，所得の不平等が高いほど貧困層の参加が減少し，その結果として格差が拡大することを指摘している。

日本においては戦後，社会経済的地位と投票参加との関連が見出されてこなかった。これは都市部において社会経済的地位の高い有権者が多くいたとしても，農村部において投票動員の効果が大きいという農村バイアスのために，そ

の効果が相殺されたためである（蒲島 1988, 2004）。自民党は，本来経済成長から取り残されるはずの農村部に利益を分配し，その支持基盤とすることで政治的安定を達成していたことから，蒲島（2004）はこれを自民党システムと呼ぶ。しかし，近年になって農村における動員力の低下に伴い，社会経済的地位による差異が確認されるようになった（境家 2013; 蒲島・境家 2020）。高学歴者ほど投票に参加するという結果は，他の研究でも確認されている（Matsubayashi 2014; 山田 2018）。

2-3 政治代表

ピトキンの古典的な議論では4つの代表概念が提示されている（Pitkin 1967=2017）。第1に，形式的代表であり，代表者が被代表者によって権威づけられる側面と，代表者に被代表者に対する説明責任を負わせる側面がある。第2に，記述的代表であり，代表者と被代表者との社会的属性の構成が類似しているほど，よりよく代表されているとみなす。第3に，象徴的代表であり，心理的・情緒的な同一化を引き起こすような象徴に基づく代表関係である。第4に，実質的代表であり，代表者が被代表者の利益を政治過程に反映し，応答する程度である。

実証的な研究との結びつきの強さから，ここでは記述的代表と実質的代表について確認しておこう。記述的代表という観点では，現実社会における代表者の構成は一般の有権者（被代表者）の縮図とはいえないだろう。多くの国において，一般に政治家のバックグラウンドは高学歴であり，経済的に豊かである（Carnes and Lupu 2015, 2023）。Bovens and Wille（2017）は，ディプロマ・デモクラシーという概念によって，高学歴層によって政治過程が支配されていることに対して問題提起している。また，ほとんどの国で女性議員の比率は有権者における女性の比率と比べて低い。とりわけ日本は，衆議院の女性比率が15.7%，参議院が25.4%であり（2024年11月時点），記述的代表性がきわめて低い。そのため，女性議員をいかに増やすのかは重要な課題だと認識されてきた（三浦編 2016）。この他，エリート調査によれば，日本の政治家，官僚，マスメディア幹部，利益団体リーダー，専門家などは男性がほとんどで，年齢が高く，高

学歴，高収入である（竹中・山本 2021）。以上，記述的代表性という観点からは，社会経済的地位による不平等が存在する。

　実質的代表性については有権者と政治的エリートとの政策選好の整合性に関する研究を確認しておこう。選好が近いことは必ずしも利益を代表していることを意味するわけではないが，政策形成に携わるエリートが自らの選好に沿わないものを代弁する可能性は低いので，実質的代表性を検討するうえでの前提となる。

　これについては，多くの研究で，政治的エリートは富裕な有権者とのイデオロギーや政策選好の整合性が高いことが確認されている（Schakel and Hakhverdian 2018; Rosset and Stecker 2019; 山本 2021; Lupu and Warner 2022）。これらの研究では，経済政策や再分配政策における実質的代表の格差，すなわち富裕層の選好がより政治過程に反映されやすいというバイアスがみられる。日本について，山本（2021）は保守系政治家，官僚，経済団体リーダーと収入や職業的地位において高階層である人々が，格差の容認と個人の自立を志向するという新自由主義的な志向をもつ点で一致していることを明らかにした。

　代表論は，2000年代に入って新たな展開をみせており，被代表者と代表者という本人－代理人関係にとどまらない構築主義的転回や新しい代表論が提示されている（Mansbridge 2003; Saward 2006; Rehfeld 2009; 田畑 2017）。これらの議論は，代表性に関する実証研究にも影響を与え，新たな進展がみられている（芦谷 2020）。

2-4　政策形成過程

　企業，あるいは各種の利益団体の政策過程への関与の程度と政治的影響力も平等なわけではない。ミルズなどアメリカ政治における古典的なエリート主義の議論では，政治，経済，軍事エリートによる政治支配の構造が描かれてきた（Mills 1956=1958）。これに対して，ダールをはじめとする多元主義では，政策分野によって影響力を及ぼすアクターは異なっており，全般に影響力を及ぼす少数の支配的なエリートが存在するわけではないことを主張した（Dahl 1961=1988）。たしかに社会の中で多様な価値や利益をめぐる競争が行われてい

るものの，実際には経済団体などの特権的な団体が大きな影響力を行使している。ロウィはこれを利益集団自由主義として批判的に捉えた（Lowi 1979=1981）。同様に，大企業や経済団体に有利なバイアスがかかっているという主張は数多くなされている（Schattschneider 1960; McConnell 1966; Stigler 1971; Lindblom 1977; Schlozman and Tierney 1986; Schlozman et al. 2012 など）。

　もっとも，こうした政策形成における影響力の不平等に対して懐疑的な研究もみられる。Smith（2000）は，アメリカにおいて，大企業の連合であっても世論の支持と合致しなければ，その要求が政策として実現しないことを明らかにした。また，Baumgartner et al.（2009）は，1999～2002 年におけるアメリカの98の政策形成過程を対象としたデータセットを用いて，現状維持のままである政策が多く，資源の大きい団体や経済団体であっても政策実現に成功しているわけではないことを示している。つまり，経済団体が他の団体と比べて自らの選好に沿った政策を実現しているわけではない（Hojnacki et al. 2015）。

　日本の場合，55年体制下において，長年政権の座にあった自民党，官僚，そして経済・業界団体などとの密接な関係（鉄の三角形）が政策形成の核となっていることが指摘されてきた（佐藤・松崎 1986）。もっとも，政治を全般的に支配するのではなく，政策分野ごとに異なる権力核が存在し，その範囲内で影響力を発揮してきた。このことから，「パターン化された多元主義」（Muramatsu and Karuss 1987; Muramatsu 1993），「官僚主導大衆包括型多元主義」（猪口 1983），「仕切られた多元主義（官僚的多元主義）」（Aoki 1988=1992）などといった表現で，日本に特殊な多元主義として論じられてきた。

　その一方で，野党（社会党），労働組合，市民団体などは，上記の政策形成のメインアクターに対抗する存在として位置づけられてきたものの，その影響力は小さかった（石田 1961; 村松 1981; 三宅 1985b）。もっとも，蒲島は1980年に行われたエリート調査をもとに，マスメディアの強い政治的影響力を確認したうえで，イデオロギーが中立的であり，市民運動や女性団体，労働組合なども含めた包括的なネットワークを有していることを見出した。そして市民運動，相対的に影響力の小さいアクターの声を取り入れ，政治システムに表出することで多元主義化に寄与してきたと論じた。蒲島はこれを「レファレント・プルーラリズム（referent pluralism）」と呼んだ（Kabashima and Broadbent 1986; 蒲島 1990,

2004）。

　しかしながら，1990年代以降の統治機構改革は日本政治の構造変動を導い
た。小選挙区・比例代表並立制が導入され，政治資金規正制度によって政治資
金が政党に集中することで，政党執行部，与党にあってはその頂点である首相
の影響力が強化された（待鳥 2012; 竹中 2017）。反面，官僚や利益団体といった
他のアクターの影響力は低下傾向にある。さらに，山本・竹中（2021）は2018
年に行ったエリート調査をもとに，マスメディアの影響力は低下し，分極化の
傾向がみられ，アクセス可能な団体も減少していることから，レファレント・
プルーラリズムとしての機能を喪失していると主張した。つまり，今日の日本
政治では有権者の声を政治に媒介する回路が全般的に弱化しているのである。

2-5　政策応答

　政策による応答は政治過程の帰結であり，様々な社会・経済的側面に影響を
及ぼす。とりわけ民主政治にとっては，有権者の声が政策によって応答を得ら
れるのかは重要な視点である。この分野の研究では，世論や政策ムードと政策
選択との関係が注目されてきた（Stimson et al. 1995; 大村 2012）。

　もっとも，政治的不平等という観点からは，誰の声に対してより応答的であ
るかが注目すべき点である。前述の政治的影響力の議論を受けると，実際に決
定する政策は，社会経済的地位の高い人々，あるいは大企業や財界，大経済団
体の選好に対してより応答的であると考えられる。Bartels（2008）は，アメリ
カの上院における記名投票と世論調査による有権者の政策選好とを照合し，高
収入層に対してより応答的であることを示している。また，Gilens（2005, 2009,
2012）は，アメリカにおける広範な政策分野と30年にわたる長期間のデータを
用いて，世論調査による市民の政策選好と実際の政策決定とを照合すること
で直接的な政策応答性を分析し，高収入層が好む政策がより実現していること
を明らかにした。これらの結果を踏まえて，Gilens and Page（2014）は，アメ
リカ政治が経済エリート支配理論，あるいは企業や経済団体，専門家団体に有
利なバイアスのある多元主義があてはまる状況であることを主張する。同様に，
政策応答性の社会経済的地位に基づく格差を示した知見は欧米を対象とした

他の研究からも得られている（Rigby and Wright 2011; Flavin 2012; Butler 2014; Erikson 2015; Schakel 2021; Mathisen et al. 2024）。つまり，先進民主主義国であっても，実際の政策が富裕層の利益により応答的であるという点で，大きなバイアスを抱えているのである。

　もっとも，社会経済的地位による政策応答性の格差については懐疑的な知見も得られている。そもそも収入層によって政策選好がそれほど違わないため，偶然であっても低中所得層の利益は代表されている（Enns 2015）。また，有権者の政策選好とマクロ水準のデータを照合させると，中間層に有利であることが示されている[5]（Elkjær and Iversen 2020）。

3　データ

3-1　調査の概要

　本書は，2020～23年の間に，一般の有権者を対象に「政治行動と政治意識に関するアンケート」と題して行った一連の質問紙調査データの分析に基づいている[6]。以下では，本書で用いた調査に限って概要を説明する（**表1-1**も参照）。

2020年度ウェブ調査

　まず，2020年度にプロジェクト全体の予備調査という位置づけで，政策選好とコロナ政策の評価に関する2つのウェブ調査を実施した[7]（以後，「2020年度ウェブ調査（政策モジュール／コロナモジュール）」と呼ぶ）。楽天インサイト株式会社に委託し，同社のモニターパネルのうち18～79歳を対象に2021年1月5～12日にウェブ調査を行った。計画および回収数は2,001サンプルである。それぞれのサンプルは全国の有権者の性別，年代（18～29歳，30～39歳，40～49歳，50～59歳，60～69歳，70～79歳），居住地（北海道，東北，北関東，首都圏，甲信越，北陸，東海，近畿，京阪神，中国・四国，九州，沖縄の地域ブロック）の2019年10月1日時点の人口推計（総務省統計局）に基づく人口分布に応じて割り当てており，これらの構成比はほぼ同等である。

　また，調査に十分な注意を払わず省力的な回答をするsatisficerと呼ばれる回

表1-1 調査の概要

調査種類	2020年度ウェブ調査（政策モジュール）	2020年度ウェブ調査（コロナモジュール）	2021年度ウェブ調査（政治参加モジュール）	2021年度ウェブ調査（政治的代表モジュール）	2021年度ウェブ調査（政治意識モジュール）
委託先	楽天インサイト	楽天インサイト	楽天インサイトよりサンプル提供	楽天インサイトよりサンプル提供	楽天インサイトよりサンプル提供
調査期間	2021年1月5〜12日	2021年1月5〜12日	2021年12月2〜8日	2021年12月2〜8日	2021年12月2〜8日
サンプリング	18〜79歳の男女を、年代、性別、居住地域ブロックに割り当て	18〜79歳の男女を、年代、性別、居住地域ブロックに割り当て	18〜79歳の男女を、年代、性別、居住地域ブロックに割り当て	18〜79歳の男女を、年代、性別、居住地域ブロックに割り当て	18〜79歳の男女を、年代、性別、居住地域ブロックに割り当て
調査方法	Web調査	Web調査	Web調査。Qualtricsによる調査票作成	Web調査。Qualtricsによる調査票作成	Web調査。Qualtricsによる調査票作成
計画サンプル数	2,001	2,001	2,000	2,000	2,000
回収サンプル数	2,001	2,001	2,119	2,090	2,081
使用している章	第7章	第6章	第2・3章	第7・8・9章	第4・12章

調査種類	2021年度ウェブ調査（代表的官僚制モジュール）	2021年度郵送調査	2021年度公務員調査	2022年度ウェブ調査	2023年度ウェブ調査
委託先	楽天インサイトよりサンプル提供	日本リサーチセンター	楽天インサイトよりサンプル提供	楽天インサイトよりサンプル提供	楽天インサイトよりサンプル提供
調査期間	2021年12月22〜28日	2021年11月17日〜12月21日	2021年12月22〜23日	2023年2月21〜26日	2024年1月16〜31日
サンプリング	18〜79歳の男女を、年代、性別、居住地域ブロックに割り当て	日本リサーチセンター郵送パネルより、2015年度国勢調査の人口構成比に準じて割り当て、無作為に抽出	18〜79歳の公務員（現業除く）をスクリーニング	18〜79歳の男女を、年代、性別、居住地域ブロックに割り当て	18〜79歳の男女を、年代、性別、居住地域ブロックに割り当て
調査方法	Web調査。Qualtricsによる調査票作成	郵送による配布・回収	Web調査。Qualtricsによる調査票作成	Web調査。Qualtricsによる調査票作成	Web調査。Qualtricsによる調査票作成
計画サンプル数	2,000	4,000	500	2,000	2,000
回収サンプル数	2,220	2,768（回収率69.2%）	643	3,103	2,193
使用している章	第10章	第11章	第10章	第9章	第5章

出所：筆者作成

答者（三浦・小林 2015）を識別するために，質問の途中で「この質問には『4.あまりそう思わない』とお答えください」という質問を設けた（指定した選択肢は調査によって異なる）。そして，この指示に従わないサンプルを除外した。政策モジュールは第7章，コロナモジュールは第6章で使用している。

2021年度ウェブ調査

2021年度には，衆議院選挙直後の2021年11月〜22年2月に，一般の有権者と特定の属性をもつ対象者に限定した調査を行った。まず，一般有権者に

対しては，政治参加，政治的代表，政治意識の3種類のモジュールに分けて
ウェブ調査を実施した（以後，それぞれ「2021年度ウェブ調査（参加モジュール／
代表モジュール／意識モジュール）」と呼ぶ）。オンライン調査プラットフォーム
Qualtricsを用いて調査画面を作成したうえで，2021年12月2〜8日に，楽天イ
ンサイトのモニターパネルから18〜79歳のサンプルの提供を受けた。各回答
者にウェブ上の調査画面に回答してもらったうえで，ウェブ上で回答データを
回収した。これらは共通する質問を含みながらも，それぞれのテーマに焦点を
合わせた独自の質問からなる。

　計画サンプル数は各モジュールとも2,000である。上記の2020年度ウェブ調
査と同じく，それぞれのサンプルは2019年10月1日時点の人口推計（総務省統
計局）に基づき，全国の有権者の性別，年代，居住地の人口分布に応じて割り
当てているため，これらの構成比はほぼ同等である。若干の過剰も含めた回収
数は，政治参加モジュールが2,119，政治的代表が2,090，政治意識モジュール
の回収数は2,081であった。なお，調査の冒頭では，協力の依頼をするととも
に，よく読んで回答することへの同意を求めた。これに同意しないサンプルは
除外している[8]。また，2020年度調査と同じく，satisficerを識別するために選択
肢を指定して回答を求める質問を設けた。本書では，第2・3章で参加モジュール，
第7・8・9章で代表モジュール，第4・12章で意識モジュールを用いて分析した。

　これらとともに，代表的官僚制と再分配政策のサーベイ実験を主目的とした
2つの調査を行った[9]。上記の調査と同様に，それぞれQualtricsにて調査画面を
構築し，楽天インサイトから人口分布に応じた割り当てを行ったサンプルの提
供を受けた（計画サンプル数は各2,000）。satisficer対策についても同様に行った。
このうち，代表的官僚制調査（2021年度ウェブ調査（代表的官僚制モジュール））は
第10章で使用している。

2021年度郵送調査

　同じく一般有権者を対象として，2021年11月17日〜12月21日に郵送調査
を実施した（以後，「2021年度郵送調査」）。この調査は株式会社日本リサーチセ
ンターに委託し，同社の定点調査で用いられる郵送パネルモニターより，2015
年度国勢調査に基づく性別，年代，居住地ブロックの人口構成比に準じて割り

当て，無作為抽出した。計画サンプル数は4,000であり，未回答者への督促ハガキを一度出したうえで，最終回収数は2,768サンプルであった（回収率69.2%）。この調査データは第11章で用いている。

2021年度公務員調査

この他，同時期の2021年に，労働団体，農業団体，商工団体，市民団体の各所属者，および，公務員，外国籍住民，弁護士を対象とした調査もそれぞれ行った[10]。いずれもQualtricsで調査画面を作成し，楽天インサイトのモニターパネルからスクリーニングした対象者に調査を行った。計画サンプル数はいずれも500であるが，調査によって回収数は異なる。

本書では，第10章において公務員に対する調査データを用いている。この調査は，2021年12月22〜23日に，楽天インサイトにおいて職業を公務員（現業を除く）として登録しているモニターを対象として行った。回答サンプル数は643であった。

2022年度ウェブ調査[11]

2023年2月21〜26日にかけて，一般の有権者を対象に実施した。Qualtricsにて調査画面を構築し，楽天インサイトのモニターパネル（18〜79歳）から，性別，年代，居住地域ブロックの人口構成比に応じた割り当てを行ったサンプルの提供を受けた。計画サンプル数は2,000であったものの，最終的な回収サンプル数は3,103であった。この調査は代表性に重点を置い質問しており，第9章で分析に用いている。

2023年度ウェブ調査

2024年1月26〜31日に，一般の有権者を対象に実施したQualtricsにて調査画面を構築し，楽天インサイトのモニターパネル（18〜79歳）から人口統計に応じた割り当てを行ったサンプルの提供を受けた。計画サンプル数は2,000であり，最終的には2,193サンプルの回収を得た。この調査では外国籍住民の政治参加に関するサーベイ実験が行われており，第5章で分析している。

第1章　政治と不平等

3-2　ウェブ調査の留意点

　このように，本書では一部に郵送調査データを用いているものの，ほとんど
は調査会社のモニターからサンプル提供を受けたウェブ調査データに基づく分
析である。調査対象者をインターネット上のモニターから募集するウェブ調査
は，推測統計が前提とする確率標本抽出（無作為抽出）とは異なる原理で標本
抽出を行うため，代表性について疑義が呈されてきた[12]。実際に，ウェブ調査
のサンプルと公式統計や無作為抽出に基づく標本調査のサンプルを比較する試
みが行われている（日本では，石田ほか 2009; 轟・歸山 2014; 永吉ほか 2020; 淺野ほか
2023など）。特に顕著な結果はウェブ調査のほうが大学・大学院卒といった高
学歴者を多く含むという点である。
　そこで，本書で主として用いる2021年度ウェブ調査の3つのモジュールと公
的統計調査の結果とを比較しておこう。**表1-2**には，各調査の学歴，職業，世
帯年収の分布を示している。性別，年齢，居住地域は，ウェブ調査において国
勢調査の分布に割り当てているため，ここでは割愛する。
　学歴については，2020年国勢調査をもとにした20～79歳の分布を示してい
る[13]。中学卒（小学校卒を含む）が10.4%，高校卒が44.3%である。これに対して，
本書で用いたウェブ調査では，中学卒は1%程度とほとんどおらず，高校卒が
35～40%である。また，大学卒と大学院卒を合わせると国勢調査では27.7%
であるのに対し，ウェブ調査では50%程度である。ここから，ウェブ調査の
ほうが高学歴者の占める比率が大きいことがわかる。職業は雇用形態を用いて
いる。2021年12月分の労働力調査（基本集計）と比較して5ポイント程度の差[14]
ではあるが，ウェブ調査のほうが正規労働者が多く，無職者（専業主夫婦，学生，
退職者を含む）が少ない。世帯年収は，2022年国民生活基礎調査と比較すると[15]，
ウェブ調査のほうが300万円未満の低収入層が少ない。以上のことから，学歴の
差が特に大きいが，職業や収入の分布の相違にも十分に留意しなければならない。
　回答者の属性以外にも，ウェブモニターに対する調査と確率標本抽出調査と
の間で政治・社会意識（態度）の回答の相違が注目されてきた。前田（2009）は，
2007年参議院選挙の投票率について東京都選挙管理委員会による精度の高い
集落抽出法を用いた調査と，面接，郵送，ウェブによる各調査との比較を行い，

15

表1-2　調査サンプルの分布

		参加	代表	意識	公的統計
学歴	中学卒	1.8	1.8	1.7	10.4
	高校卒	35.1	36.7	38.1	44.3
	短大・高専卒	11.3	11.5	11.8	17.7
	大学卒	45.4	44.0	42.5	25.0
	大学院卒	6.1	5.3	5.4	2.7
職業	自営業者	6.3	7.2	6.9	5.8
	役員	2.9	3.2	2.9	3.1
	正規労働	37.2	36.5	36.1	32.1
	非正規労働	19.5	19.4	21.4	19.0
	無職	34.0	33.8	35.9	39.6
年収	100万円未満	4.6	4.5	4.5	6.7
	100-200万円	7.3	6.1	7.0	13.0
	200-300万円	11.7	11.9	11.4	14.6
	300-400万円	13.4	15.7	13.2	12.7
	400-500万円	12.2	11.9	12.5	10.3
	500-600万円	10.0	10.0	9.5	8.4
	600-700万円	8.5	8.7	7.4	7.3
	700-800万円	8.3	6.5	8.1	6.2
	800-900万円	6.5	5.6	5.5	4.9
	900-1000万円	5.5	4.8	5.8	3.6
	1000-1200万円	5.7	5.3	5.4	5.2
	1200-1400万円	2.3	3.3	3.0	2.8
	1400-2000万円	2.7	3.0	2.6	3.2
	2000万円以上	1.2	1.0	0.9	1.4

註：公的統計のうち，学歴は2020年国勢調査，職業は2021年12月分労働力調査（基本集計），世帯年収は2022年国民生活基礎調査による。
出所：筆者作成

いずれの調査も投票率を過剰推定していることを示している。また，政治・社会意識については，一概に確率標本抽出調査とウェブ調査との相違とは言い切れない多様な差が確認されている。

　轟・歸山（2014）では様々な社会意識について個別面接法による調査とウェブ調査を比較し，回答の分布に差がみられるものの，意識変数間や属性変数と意識変数との関連には大きな違いがないことを示している。また，永吉ほか（2020）では無作為抽出に基づく郵送調査と，調査会社のモニターに対する郵送調査およびウェブ調査とを比較し，政治・社会意識変数の回答分布に大きな偏りがないことを確認している。変数間の関連についても調査の方法による大

きな違いはみられない。淺野ほか（2023）も同様に，ウェブモニターに対する割付ネット調査と確率標本抽出に基づく郵送調査との間で，政治態度に実質的な差がないことや，政治態度間の関係構造がほぼ同じであることを示している。

このように最近の比較分析に基づくと，確率標本抽出とウェブモニターに対する調査との回答傾向の相違はあまり大きくはないようである。とはいえ，個々の項目については違いも報告されていることには留意しておく必要がある。

4　本書の概要

本書では，政治過程の各側面に対応させつつ，現代日本における政治的不平等の実態を主として質問紙調査データの分析を通して明らかにしていく。以下に，各章の概要を紹介していこう。

まず，第1部は政治参加における不平等を中心に構成されている。第2章「社会経済的地位と政治参加」では，シビック・ボランタリズム・モデルに基づき，社会経済的地位（資源の保有量），動員，政治的関与という観点から政治参加の不平等を考察している。分析の結果，男性，高齢者，高学歴，高収入の人々が投票行動を行う傾向が明らかになった。また，シビック・ボランタリズム・モデルの各要素を考慮すると，性別や社会経済的地位が投票行動に直接的に関連しているわけではなく，市民的技能や政治的関与を介して間接的に関連していることが示された。投票以外の政治参加は全体的に低調であるが，動員されることで参加率が上がる傾向がみられる。

第3章「政治参加におけるジェンダー・ギャップ」では，男性と女性の政治参加の差異に焦点を合わせ，第2章と同様にシビック・ボランタリズム・モデルに基づいて分析している。結果，投票行動およびその他の政治参加のいずれにおいても男性が優位であるが，ジェンダー・ギャップにはシビック・ボランタリズム・モデルの各要素が関与していることも示された。動員に関しては，投票参加には直接的な関連がないものの，男性は職業を基盤とした団体や後援会から，女性は友人や知人などの個人的なネットワークから投票依頼を受けるなど，男女で動員ネットワークが異なる点が特徴的である。

第4章「メディア環境の変化と政治参加・政治意識」は，新聞やテレビと

いった伝統的メディア接触の減少とソーシャルメディアの登場に伴い，有権者のメディア環境がどのように変化したのかを論じている。さらに，調査データの分析を通して，メディアの利用パターンと政治参加や政治意識との関係を考察している。分析の結果，ソーシャルメディア接触層および伝統的メディア接触層は，非接触層に比べて投票行動が頻繁であり，投票以外の政治参加を経験していることが明らかになった。政治参加の経験がないものの，今後参加する可能性があると答えた人々は，ソーシャルメディア接触層に多い。また，ソーシャルメディア接触層および伝統的メディア接触層は，いずれも内的な政治的有効性感覚が高いことも示された。

　第5章「外国人の政治参加と政治的不平等」では，まず日本に在留する外国人の政治参加を制度や政策の側面から振り返っている。そして，参加の促進が図られていない現状にもかかわらず，多国籍化・多文化化が進む中で，外国人の政治参加が文脈に応じた対応が求められる課題であることを論じている。さらに，外国人の政治参加を進めるえで重要となる，日本の一般市民による受容態度を，政策形成における手続き的公正という観点からサーベイ実験を通じて検討している。分析結果から，外国人の利益に沿うかどうかという政策結果の好みに加え，外国人であっても参加することが民主的手続きにおいて重要であると認識されていることが明らかになった。

　第6章「不平等是正政策に対する態度」では，日本における所得格差の拡大に対し，市民の再分配政策に対する支持が，現在の所得，将来の期待所得，不平等がもたらす負の外部性，アイデンティティの多様性といった要因によってどのように影響されるかを検証している。分析の結果，現在の所得が高いほど再分配政策への支持は低くなる一方で，将来の期待所得や不平等の負の外部性に対する懸念が再分配支持に与える影響はみられなかった。また，外国人に対する脅威認識が高い富裕層ほど，再分配支持が低い傾向も確認された。

　第2部では，政治的代表性と応答性の不平等を取り上げている。第7章と第8章では，政党や議員を中心に，代表の程度とその望ましさについて検討している。第7章「利益代表認知と記述的代表にみる政治的不平等――代表の不在と歪み――」では，代表論の展開を振り返りながら，有権者の観点から，どのような人々が代表を得ているのか，また，どのような人々が現在の代表に歪み

があると認識しているのかを検討している。分析の結果，政党が利益代表の中心に位置しているものの，自分の利益を代表している主体がいないと感じる人々も多いことが明らかになった。また，若者，女性，障害のある人の過少代表や，世襲議員の過剰代表に対する認識には，社会的属性や党派性による相違がみられた。

第8章「有権者はどのような代表を求めているのか――代表観・地位・政策――」では，有権者がどのような代表を望ましいと考えているのかという点からアプローチしている。分析の結果，有権者は特に国民全体の利益，公約や業績による評価，そして同年代の記述的代表を重視していることが明らかになった。また，有権者の代表観によって，重視する政策争点や不平等に対する認識が異なることも確認された。

第9章「若年層の過少代表と是正策」では，政治代表における世代間不平等の問題として若年政治家の少なさに着目し，その是正策が導入されない背景として有権者の態度を論じている。是正策として定年制，被選挙権年齢の引き下げ，若年層クオータを検討し，有権者と政治家との意見の相違を示している。また，年齢が高い有権者や年齢ステレオタイプをもつ有権者ほど是正策に慎重であることが明らかになった。

第10章「公務員の代表性」では，公務員に焦点を合わせ，政策選好や平等観について検討している。公務員に対する調査から，マイノリティ擁護志向，安保権限強化志向，新自由主義志向という3つの政策選好は，公務員の属性や類型によって異なることが明らかになった。平等観についても，性別，世代，国家公務員か地方公務員かによって，それぞれに該当する属性についての不平等をより認識していた。さらに，有権者に対する調査の結果から，女性，若年層，高学歴層，地方圏居住者は，自分と同じ属性をもつ公務員を望む傾向があることも明らかになった。

第11章「利益団体とメディアに対する有権者の評価――女性，低年齢層，低学歴層の視点から――」では，利益団体とメディアの成員構成およびそれらに対する有権者の評価を検討している。利益団体やメディアは女性の比率が増加しているものの，高学歴層や男性の比率が高く，依然として一般の有権者の分布とは乖離がある。有権者の評価では，女性は利益団体やマスメディアに対し

19

て肯定的な評価を示し，低学歴層もマスメディアを肯定的に評価している。それに対して低年齢層では，利益団体やマスメディアの機能に懐疑的であり，利用率の高いソーシャルメディアも一部の人々に偏っていると評価していることが明らかとなった。

　第12章「有権者からみた政策応答性の不平等」では，具体的な政策に対する有権者の支持と実際の政策実現を照合することで，収入，性別，年齢，教育といった社会経済的地位による政策応答性の不平等を吟味している。分析の結果，これらの属性によって政策選好に違いがみられたものの，特定の属性に応答的であるという傾向は確認できなかった。ここから，参加や代表性の格差が，なぜ政策応答性の格差と結びつかないのかという疑問が提起される。

　以上の11章における分析を通して，本書は現代日本における政治過程の各局面における不平等の実態と，それに対する人々の認識の解明に取り組んだ。

註

1 政党のリーダーが候補者リストにマイノリティを増やすことを指示することなどが例として挙げられている（Dubrow 2015: 19）。

2 同様に，欧米を中心とした各政治過程における政治的不平等研究をレビューしたものにElsässer and Schäfer（2023）がある。

3 社会経済的地位（socio-economic status）という場合，職業，収入，学歴といった属性を指すことが多いが，本書では年齢や性別，あるいは居住地域なども含めた社会的属性と同義で用いている。

4 ただし，社会経済的変数と政治参加との因果関係が精緻に検証されているわけではない。例えば，教育の効果を精緻に検証した研究では，必ずしも効果が確認されていない（Kam and Palmer 2008など）。

5 この他，統計的推論の適切性に対する疑問も挙げられている（Elkjær and Klitgaard 2021）。

6 一連の調査に際して，筑波大学人文社会系研究倫理審査委員会の承認を得ている（承認番号：2020-7）。

7 Seki（2023）では，これらの調査を合併したデータを用いて再分配政策選好の分析を行っている。

8 この質問自体の意図は，調査への協力を再確認する倫理的配慮によるものである。

9 再分配政策選好調査を用いた成果として，関（2023a, b）がある。

10 山本（2023）は，4種類の団体所属者に対する調査データを用いて，組織動員の分析を行っている。

11 2022年度ウェブ調査と2023年度ウェブ調査は，科学研究費補助金基盤研究（A）（一般）「現代日本における平等をめぐる政策観の実証研究：市民とエリートとの相互作用」（研究代表者：竹中佳彦，課題番号：22H00046）の助成を受けて実施したものである。

12 ウェブ調査の問題点を踏まえた学術的利用可能性の議論については，『社会学評論』71巻1号特集「インターネット時代の社会調査法」，日本学術会議社会学委員会Web調査の課題に関する検討分科会「提言　Web調査の有効な学術的活用を目指して」（https://www.scj.go.jp/ja/info/kohyo/pdf/kohyo-24-t292-3.pdf，最終閲覧日2024年8月29日）などを参照されたい。

13 「令和2年国勢調査　就業状態等基本集計」表11-1による。https://www.e-stat.go.jp/stat-search/files?page=1&layout=datalist&toukei=00200521&tstat=000001136464&cycle=0&year=20200&month=24101210&tclass1=000001136467（最終閲覧日2024年8月29日）。なお，ここでは在学者および最終卒業学校が不詳の人々を除いて集計している。

14 総務省統計局「労働力調査（基本集計）2021年（令和3年）12月分」による。https://

www.stat.go.jp/data/roudou/rireki/gaiyou.html（最終閲覧日2024年8月29日）。

15　厚生労働省「2022（令和4）年　国民生活基礎調査の概況」による。https://www.mhlw.go.jp/toukei/saikin/hw/k-tyosa/k-tyosa22/index.html（最終閲覧日2024年8月29日）。

第 1 部

政治参加の不平等

第2章

社会経済的地位と政治参加

◆◆◆

山本 英弘・苗 詩媛

1 はじめに

本章では，日本における政治参加の不平等を取り上げる。民主主義が市民の意思からなるのだとすれば，政治参加はその最初のステップに位置づけられる。そのため，政治参加による意思表出の程度に差があるならば，それは後続の政治過程にも引き継がれていき，最終的に政策として実現する利益にも差が生じるだろう。

しかしながら，現実には政治参加に格差があることはよく知られている（Verba and Nie 1972; Rosenstone and Hansen 1993; Verba et al. 1995; Schlozman et al. 2012; Dalton 2017; Schlozman et al. 2018など）。この代表的な要因は，収入や学歴といった社会経済的地位であり，保有している資源あるいは政治的知識や関心の差，他者からの参加への勧誘と相まって，参加行動の格差となって現れる。これはシビック・ボランタリズム・モデルとして提示され（Verba et al. 1995; Schlozman et al. 2018），政治参加研究に強い影響力を及ぼしてきた。

もっとも，日本ではかつて，社会経済的地位と投票参加との関連が見出されてこなかった（蒲島 1988, 2004）。これは自民党による利益保護の見返りとして農民層が動員によって投票に向かうことにより，社会経済的地位の効果が相殺されたためである。しかし，社会情勢の変化に伴い自民党が農村の利益を擁護できなくなったことや，農村における人口減などによる動員力の低下に伴い，社会経済的地位による差異が出現するようになった（境家 2013; Matsubayashi

24

2014; 山田 2018; 蒲島・境家 2020)。

　以上の動向を踏まえ，本章では，現在の日本において社会経済的地位（性別，年齢，居住都市人口，職業，学歴，年収）に政治参加の差がどの程度みられるのかを確認する。これらの直接的な差を捉えるだけでなく，社会経済的地位の差がシビック・ボランタリズム・モデルの各要素——資源，政治的関与，動員——の差として現れ，間接的に参加行動を規定するメカニズムも検証する。

2　シビック・ボランタリズム・モデル

　まずは，シビック・ボランタリズム・モデルについて，3つの要素ごとに紹介しておこう。

　政治参加を行ううえで，行為のもととなる資源は不可欠である。これには主に，時間，資金，市民的技能の3つが挙げられる。第1に，政治活動に参加するためには，集会への参加，選挙運動への関与，投票所へ足を運ぶなど，時間を費やす必要がある。そのため，仕事に裁量性がある人，あるいは退職者や専業主夫婦，学生などは，より多くの政治活動に関与することができる。

　第2に，政治献金や，その他の政治参加にかかわる実費など，政治参加に金銭的な負担が伴うものもある。そのため，経済的に余裕のある人は，このような形での政治参加が容易になる。

　第3に，コミュニケーションや組織運営能力といった政治参加に必要とされる技能（市民的技能）である（Verba et al. 1995; 山田 2007, 2016）。例えば，日常の仕事においてリーダーシップを発揮したり，組織の意思決定に関与したりすることは，政治参加のノウハウを得るうえでも重要である。専門職や管理職，あるいは高学歴者ほどこうした経験を得やすい。

　すでに述べたように，これらの資源はいずれも，社会経済的地位が高いほど多く保有すると考えられる。一般に高学歴者ほど裁量性の高い職業に就くことが多く，高い収入を得る傾向にある。そして業務の中で市民的技能を高める機会が多い。このような資源の多寡が政治参加の不平等へとつながりうる。

　政治的関与は，政治に対する個人の心的傾向であり，政治関心，政治的有効性感覚，政治情報，および党派性が含まれる。これらが高いほど政治参加が促

される。政治的有効性感覚とは，個人が政治に影響を及ぼすことができる程度を表す内的有効性感覚，議員など政治的エリートの応答性の程度を表す外的有効性感覚に分けられる（Balch 1974; 金 2014）。政治情報は，統治の仕組み，政党政治の動向，政治リーダーといった政治に関する側面についての知識や情報を指す（Delli and Keeter 1996; 今井 2008）。党派性とは，長期的には特定の政党に対する個人の支持，政党帰属，忠誠心等を表す。これらの政治的関与は，やはり高い教育を受けているなどといった社会経済的地位による影響が強いと考えられる。

　動員は，個人が政治活動に参加するために，友人，家族，同僚，社会団体などの社会的ネットワークから受ける勧誘である。動員されることによって，個人が自ら政治参加への一歩を踏み出すきっかけを得て，政治的な活動に対する関与を高めることができる。動員の効果は，各自がもつ社会的ネットワークに大きく依存する。活発に政治にかかわる人と知り合いであったり，所属している職場や団体が特定の政党や候補者を支持したりしているならば，動員を受けやすい。こうしたパーソナルネットワークもやはり社会経済的地位との関連が強い（Fischer 1982; 大和 2000）。

　以上のように，資源，政治的関与，動員というシビック・ボランタリズム・モデルの要素の背景には社会経済的地位の相違があると想定することができる。そこで，本章では**図2-1**に示すように，社会経済的地位の直接効果だけでなく，市民的技能，政治的関与，動員を介した効果も検討していくこととする。これにより，社会・経済的格差がどのように政治の格差へと結びついているのかを検討していきたい。

3　データと変数

　本章では，2021年度ウェブ調査（参加モジュール）を用いる。この調査では，個人の社会経済的地位のほか，市民的技能，政治参加の勧誘を受けた経験（動員），政治的有効性感覚，政治関心，政党支持など，シビック・ボランタリズム・モデルにかかわる多数の項目が質問されている。

　以下では，社会経済的地位（性別，年齢，居住都市人口，職業，学歴，年収）ご

図2-1 シビック・ボランタリズム・モデルに基づく分析枠組み

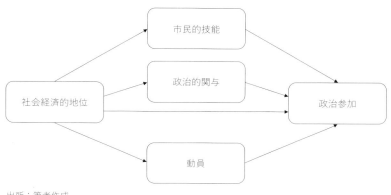

出所：筆者作成

とに政治参加や関連する変数の分布を確認し，格差の存在を検討していきたい。各変数は次のように処理した。

年齢：18〜29歳（20代以下），30〜39歳（30代），40〜49歳（40代），50〜59歳（50代），60〜69歳（60代），70〜79歳（70代）の6カテゴリーとした。
性別：男性／女性の2カテゴリーとした[1]。
人口：居住都市の人口をもとに，5万人未満／5〜20万人／20〜70万人／70万人以上の4カテゴリーとした。ただし，東京23区は70万人以上に含めている。5万人未満は町村部，5〜20万人は一般市，20〜70万人は中核市以上，70万人以上は政令指定都市におおむね対応している[2]。
職業：専門職・管理職／正規雇用／非正規雇用／無職に分類した。専門職・管理職は，職業威信や収入も高く，労働裁量性が高い。この他，有職者については，雇用の安定性やキャリアアップの機会など労働条件に大きな差がみられる正規雇用と非正規雇用に分類する。無職には，職業生活をリタイアした人々，専業主夫婦，学生，失業者が該当する。多様な人々が含まれるが，職業に就いていないという意味で一括りとする。

第1部　政治参加の不平等

学歴：中学・高校卒／短大・高専卒／大学・大学院卒／評判の高い大学・大
　　　学院卒の4カテゴリーとした。評判の高い大学とは，一般に入学難易
　　　度が高いとされる大学を卒業したかどうかを調査において具体名を挙
　　　げて尋ねた。[3]なお，大学院卒であっても卒業大学に準じて分類して
　　　いる。大学卒を2つのカテゴリーに分けたのは，大学が量的に拡大し，
　　　大衆化したことを踏まえ，出身大学によって政治意識や行動に差異が
　　　生じている可能性を検証するためである。
収入：調査において世帯年収をカテゴリーで質問していたものを比率によっ
　　　ておおむね5分位（20%刻み）となるように分類した。その際，「わか
　　　らない・答えたくない」という回答は分析から除外した。その結果，
　　　300万円未満，300〜400万円，400〜600万円，600〜900万円，900
　　　万円以上の5カテゴリーとした。

4　政治参加の規定因

4-1　投票行動と動員

　まずは政治参加形態ごとの参加と動員を受けた経験のそれぞれの分布を確認
しておこう。調査では，投票行動と投票への勧誘について6件尺度で質問してい
る。**表2-1**は，投票行動の頻度の分布を示している。毎回投票している人々
が53.1%，ほとんど投票している人々が20.4%であり，合わせると73.5%が頻
繁に投票している。[4]これは実際の投票率と比べると非常に高い比率であるが，
一般に調査に協力する人は投票に行く傾向があることや，投票に行くほうが望
ましいという社会的望ましさバイアスが作用している可能性がある点には注意
が必要である（善教 2016; 谷口・大森 2022）。
　表2-2は，投票に際して勧誘を受けた経験である。毎回頼まれる人々が
13.0%，ときどき頼まれる人々が20.0%であり，一定程度は投票時に勧誘（動
員）を受けていることがわかる。
　それでは，社会経済的地位による投票行動および動員の分布をみていこう。
前述のように投票行動は6件尺度で尋ねているが，**表2-3**には「毎回」と「ほ

第2章　社会経済的地位と政治参加

表2-1　投票行動の頻度

	比率（%）
毎回している	53.1
ほとんどしている	20.4
ときどきしている	8.3
あまりしていない	4.7
ほとんどしていない	7.9
したことがない	5.7
計	2,119

出所：2021年度ウェブ調査（参加モジュール）より筆者作成

表2-2　投票の勧誘経験

	比率（%）
毎回頼まれる	13.0
ときどき頼まれる	20.0
あまり頼まれない	22.2
頼まれたことがない	44.9
計	2,119

出所：2021年度ウェブ調査（参加モジュール）より筆者作成

表2-3　社会的属性ごとの投票行動と動員経験（%）

		投票	動員			投票	動員
性別	女性	69.6	35.3	学歴	中学・高校卒	66.8	37.2
	男性	77.7	30.7		短大・高専卒	72.4	42.1
	χ^2	17.9 **	5.1 *		大学卒	77.5	30.5
年代	20代以下	53.8	15.4		評判の高い大学卒	80.6	23.2
	30代	62.6	26.1		χ^2	33.9 **	33.9 **
	40代	70.7	30.4	職業	専門・管理	73.4	30.0
	50代	77.8	33.8		正規	70.7	32.1
	60代	84.9	50.1		非正規	70.5	35.9
	70代	90.3	33.0		無職	76.8	33.3
	χ^2	164.0 **	111.6 **		χ^2	8.5 *	3.4
居住都市人口	5万人未満	75.2	39.6	年収	300万円未満	73.6	35.1
	5-20万人	71.8	37.0		300-400万円	71.3	35.3
	20-70万人	75.1	33.6		400-600万円	74.7	35.7
	70万人以上	72.9	27.1		600-900万円	73.5	34.7
	χ^2	2.1	20.8 **		900万円以上	80.3	26.9
					χ^2	7.2	8.0

** $p<.01$　* $p<.05$
出所：2021年度ウェブ調査（参加モジュール）より筆者作成

とんど」を合わせた比率を示している。同様に，動員についても「毎回」と「ときどき」を合わせた比率を示している。これらに χ^2 検定の結果も付記している。

　性別は，男性のほうが投票を行っている一方で，女性のほうがやや動員を受けた経験が多い。年齢は高くなるほど投票率が上がるという線形的な関係がみられる。一般に70代は加齢に伴い投票率が低下する傾向にあるが，この調査

第1部 政治参加の不平等

からはみられない。ただし，動員においても年齢とともに比率が上昇するが，60代がピークであり70代では低下する。居住都市人口については，投票行動の差がみられないが，動員経験は人口規模が小さいほど多い。このことから，蒲島（1988, 2004）が提示したような，農村など非都市部の動員によって，社会経済的地位の高い人々が多い都市部との投票格差を相殺するというメカニズムが残存している可能性をみてとることができる。

　学歴は高学歴になるほど投票行動の比率が高い。その一方で，学歴の低い層では動員経験が多いという食い違いがみられる。職業については，あまり大きな差ではないが無職層（退職者，専業主夫婦を含む）が最も投票行動を行っている。動員については目立った効果がみられない。最後に年収は投票行動，動員ともに統計的に有意な関連はみられないが，900万円以上という最高収入層で投票行動が多く，動員を受けた経験が少ない。以上の結果から，高学歴，高収入層ほど投票行動を行う一方で動員を受けない，すなわち，自主的な投票を行っているという傾向をみてとることができる。

4-2　市民的技能

　政治参加に直接的に関係する資源として市民的技能の保有をみていこう。調査においては，「あなたはこれまでに，学校，職場，所属団体における活動の一環として，次にあげる活動を行ったことがありますか」という4件尺度の質問において，学校でリーダーの役割を果たす，集団としての意思決定を行う会議に参加する，会議を設定したり主催する，会議や人前での意見発表やスピーチをするという項目を設けた[6]。このうち，「よくしていた」「ときどきしていた」という肯定的な回答の比率を示したものが**表2-4**である。加えて，各属性と項目とのχ^2検定の結果も示している。

　性別については，学校でのリーダーシップに差がないものの，その他の職場等での経験は男性のほうが経験した比率が高い。キャリア形成におけるジェンダー・ギャップをうかがわせる結果である。年齢については，学校でのリーダーシップや人前での意見発表で，20代以下において経験が多い。居住都市人口については顕著な相違がみられない。

第 2 章　社会経済的地位と政治参加

表2-4　社会的属性と市民的技能（%）

		学校での リーダー シップ	意思決定を 伴う会議へ の参加	会議の 設定・主催	人前での 意見発表
性別	女性	43.5	32.2	16.2	29.5
	男性	47.5	43.4	32.8	44.7
	χ^2	3.2	26.3 **	74.7 **	50.8 **
年齢	20代以下	53.0	44.2	20.6	46.3
	30代	49.1	37.3	22.9	34.9
	40代	41.0	33.7	22.7	31.9
	50代	43.3	35.8	24.6	36.4
	60代	40.2	38.1	29.1	36.7
	70代	47.1	38.6	27.9	37.5
	χ^2	16.7 **	9.0	9.4	16.9 **
居住都市 人口	5万人未満	44.1	35.0	21.8	32.6
	5-20万人	42.4	37.1	25.2	36.9
	20-70万人	46.8	38.1	24.2	37.3
	70万人以上	46.9	39.2	25.4	38.6
	χ^2	3.1	1.5	1.5	2.9
学歴	中学・高校卒	35.0	29.0	17.2	27.1
	短大・高専卒	45.4	29.4	15.3	29.6
	大学卒	48.1	41.9	26.0	39.9
	評判の高い大学卒	60.5	52.4	42.0	56.2
	χ^2	68.0 **	69.0 **	94.5 **	99.3 **
職業	専門・管理	55.2	45.6	35.4	49.7
	正規	46.7	37.9	24.3	37.4
	非正規	36.2	31.7	16.4	28.2
	無職	44.8	37.3	24.0	35.6
	χ^2	27.8 **	15.4 **	36.8 **	38.9 **
年収	300万円未満	38.5	30.6	19.2	31.2
	300-400万円	38.3	38.7	18.1	30.3
	400-600万円	46.0	41.0	24.1	37.8
	600-900万円	46.1	37.1	22.6	38.2
	900万円以上	60.9	52.7	46.8	55.6
	χ^2	41.4 **	36.0 **	87.1 **	52.9 **

** *p* <.01　　* *p* <.05
出所：2021年度ウェブ調査（参加モジュール）より筆者作成

第1部　政治参加の不平等

学歴については明確な差があり，大学卒以上，さらには評判の高い大学卒以上では比率が高い。職業では専門職・管理職，年収では900万円以上の最高層で最も高い。社会経済的地位の高い人々に，市民的技能を得る機会が集中していることがわかる。

4-3　政治的関与

政治的関与は，政治関心，政治情報，党派性，政治的有効性感覚からなる。政治関心は0～10までの11段階で質問しており，これを量的変数として用いる。政治情報は，調査票において5つの問題を用意し，その正答数を知識として用いた。党派性は，具体的な政党を問わず，長期的な支持政党があるか否かの2値変数とした。政治的有効性感覚については，内的有効性感覚は「自分のようなふつうの市民には，政府のすることに対して，それを左右する力はない」，外的有効性感覚は「国会議員は，大ざっぱに言って，当選したらすぐ国民のことを考えなくなる」という5件尺度の質問に対する回答を，政治的有効性感覚が高い（すなわち，これらの質問に否定的な回答）か否かの2値変数に変換して用いた。

社会経済的地位ごとに，これらそれぞれの分布を確認していこう。**表2-5**では，政治関心と政治情報については各カテゴリーの平均値を記載し，F検定の結果を記載している。党派性は支持政党ありの比率，政治的有効性感覚はそれぞれ有効性の高いカテゴリーの比率を示し，χ^2 検定の結果を付記している。

分析結果は明瞭であり，男性，高齢，高学歴（とりわけ評判の高い大学），専門・管理職，高収入層において，政治関心，政治情報，党派性のいずれも高い。このように，社会経済的地位が高いほど政治的関与が高いのである。なお，居住地の都市人口には相違がみられないことから，都市と農村の政治的関与のギャップは確認できない。

政治的有効性感覚については，全般に非常に低いことが特徴的である。表では割愛しているが，内的有効性感覚に肯定的な回答者は29.9%，外的有効性感覚についてはわずか7.4%である。一定程度の政治関心や党派性，政治情報をもちながらも，市民の政治的影響力あるいはエリートの応答性についての評価

第 2 章　社会経済的地位と政治参加

表2-5　社会的属性と政治的関与

		政治関心	政治情報	党派性	内的政治的有効性感覚	外的政治的有効性感覚
性別	女性	4.87	2.78	58.2	25.6	6.1
	男性	5.94	3.32	73.2	34.3	8.8
	F値/χ^2	103.7 **	99.4 **	52.9 **	18.9 **	5.4 *
年齢	20代以下	4.62	2.76	51.1	27.8	11.8
	30代	4.81	2.72	61.1	24.7	9.0
	40代	5.22	2.97	66.4	24.3	7.9
	50代	5.37	3.07	65.1	28.2	7.0
	60代	6.02	3.27	72.7	36.1	5.1
	70代	6.35	3.45	76.5	39.3	3.8
	F値/χ^2	26.7 **	17.7 **	60.1 **	32.4 **	19.7 **
居住都市人口	5万人未満	5.55	3.06	64.7	29.3	7.1
	5-20万人	5.33	2.99	65.6	28.6	6.4
	20-70万人	5.47	3.06	67.8	28.6	7.4
	70万人以上	5.35	3.07	64.4	32.2	8.3
	F値/χ^2	0.7	0.5	1.8	2.7	1.6
学歴	中学・高校卒	5.09	2.73	61.4	28.4	7.4
	短大・高専卒	5.28	2.75	62.3	24.7	4.2
	大学卒	5.47	3.19	67.0	28.3	7.1
	評判の高い大学卒	5.99	3.62	73.8	39.4	10.1
	F値/χ^2	12.1 **	53.6 **	19.4 **	21.4 **	7.8
職業	専門・管理	5.58	3.14	72.9	28.0	11.0
	正規	5.21	3.05	67.3	29.9	8.4
	非正規	5.24	2.87	60.1	29.0	6.0
	無職	5.52	3.09	64.2	31.2	6.0
	F値/χ^2	2.8 *	3.6 *	15.3 **	1.5	11.1 *
年収	300万円未満	5.40	2.89	64.8	30.7	6.7
	300-400万円	5.33	3.06	69.6	38.4	8.9
	400-600万円	5.38	3.07	68.0	29.4	6.1
	600-900万円	5.58	3.10	68.5	25.7	6.8
	900万円以上	5.70	3.36	77.4	33.6	11.3
	F値/χ^2	1.3	6.4 **	14.1 **	12.8 *	8.5

** $p<.01$　* $p<.05$
註：政治関心，政治情報は平均値，党派性は支持政党がある比率（％），政治的有効性感覚は高いカテゴリーの比率（％）。
出所：2021年度ウェブ調査（参加モジュール）より筆者作成

第1部　政治参加の不平等

が低い。

　社会経済的地位による差をみていくと，有効性感覚は，男性，高齢，高学歴で高い。もっとも，年収については300〜400万円層で高いという傾向の異なる結果が得られている。外的有効性感覚については，専門・管理職で高く，統計的に有意ではないが高学歴，高収入層でも高い。ただ年齢についてはむしろ若年層のほうが高い傾向を示している。とはいえ，高いといっても10%程度であり，あまり差があるとはいえない。

4-4　投票行動に及ぼす影響

　それでは，シビック・ボランタリズム・モデルの各要素および社会経済的地位が投票行動に及ぼす影響を検討していこう。ここでは投票行動の頻度を従属変数とするが，もとの質問どおり6件尺度で用いて順序ロジット分析を行う。まず社会経済的地位のみを独立変数として投入したモデルの結果を紹介し（図2-2），それからシビック・ボランタリズム・モデルの要素として動員，市民的技能，政治的関与を投入したモデルの結果を検討する[8]（図2-3）。なお，分析に際して，市民的技能は**表2-2**に示した4つの変数のうち，肯定的な項目の数を量的変数として用いている。政治的関与については，政治関心と関連が強い政治情報と，おしなべて低い政治的有効性感覚を分析から除外した。

　図2-3は社会経済的地位のみを投入したモデルの結果である。有意水準5%を基準とした統計的検定によると，男性，30代から70代までの各年齢層（20代以下と比較），大学卒および評判の高い大学卒（中学・高校卒と比較），年収900万円以上（300万円未満と比較）はいずれも係数が正に有意であることから投票行動を行う。居住都市人口と職業については統計的に有意な差がみられない。これらはすでに確認したとおりだが，社会経済的地位による投票行動の差が存在する。

　図2-3には，動員，市民的技能，政治的関与を加えたフルモデルの結果を示している。社会経済的地位のうち統計的に有意であるのは40代から70代までの各年齢層（20代以下と比較），大学卒（中学・高校卒と比較）である。**図2-2**で確認した男性，評判の高い大学卒，年収900万円以上の有意な関連はみられな

第 2 章　社会経済的地位と政治参加

**図2-2　投票行動の頻度を従属変数とした順序ロジット分析：社会経済的地位のみ
（各係数の95％信頼区間）**

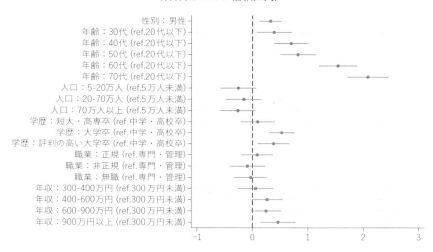

出所：2021年度ウェブ調査（参加モジュール）より筆者作成

**図2-3　投票行動の頻度を従属変数とした順序ロジット分析：フルモデル
（各係数の95％信頼区間）**

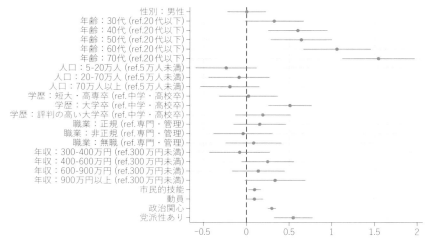

出所：2021年度ウェブ調査（参加モジュール）より筆者作成

第１部　政治参加の不平等

い。新たに加えた変数では，市民的技能および，政治関心，党派性といった政治的関与には有意な正の関連がみられるものの，動員には有意な効果がみられない。ここから，性別や社会経済的地位による投票行動の差は，市民的技能の向上や心理的な政治的関与が高いために生じていると考えられる。社会経済的地位の直接的な関連が確認できなかった理由として，投票には金銭や自由時間という意味での資源がそれほど必要ではないことが挙げられる。また，動員との関連がみられないことについては，投票は一般に強く推奨されており，勧誘を受けないと参加するチャンスがないようなハードルの高い形態ではないためなのかもしれない。

　しかし，それでも年齢の効果は残される。本章の分析の焦点ではないが，年齢が高いほど投票義務感などの規範意識が強いことが考えられる（伊藤 2012）。また，変数をコントロールすることで評判の高い大学卒との関連がみられない一方で，大学卒との関連が残るのは興味深い。市民的技能や政治的関与を介在しないどのようなメカニズムがあるのかを解明することは今後の課題として残される。

4-5　投票以外の行動に及ぼす影響

　続いて，投票以外の政治参加をみていこう。調査では，11の参加形態について5年以内に行った経験の有無を尋ねている。同様に，参加形態ごとに勧誘された経験の有無も尋ねている。さらに，日本においては投票以外の参加経験が非常に少ないことが知られているため（山田 2004, 2016），調査では実際の経験だけでなく，「あなた自身は，必要があれば次にあげる活動を行ってもよいと思いますか」と「一般の人々が，次にあげる活動を行ってもよいと思いますか」という参加許容度の質問を設けている。

　表2-6から，署名の17.5%を除けば，おしなべて参加経験が低く，10%にも満たないことがわかる。一方で，ここで取り上げた11項目のどれにもあてはまらないという回答が75.3%である。同じく勧誘を受けた経験についても，署名が15.5%と一定程度みられるが，他はやはり10%未満である。ここからも，日本において投票以外の政治参加がきわめて低調であることがわかる。

　自分が行ってもよいかについては，実際の参加経験よりは高いものの，署名

第2章　社会経済的地位と政治参加

表2-6　投票以外の政治参加，動員の経験（％）

	参加	動員	自分が行ってもよい	他者が行うのはかまわない
選挙運動の手伝い	3.9	4.6	8.5	33.7
政治家，政党，政治団体への寄付	1.9	1.4	3.8	23.6
政治や選挙に関する集会への参加	5.2	6.1	9.2	39.6
議会や役所への請願，陳情，要望	1.7	1.5	7.5	40.7
政治家や官僚に会う，手紙を書くなど	1.1	0.8	4.2	30.1
インターネットなどを通した政治についての意見の表明	4.4	1.5	11.8	40.6
署名する	17.5	15.5	27.4	49.3
環境保護・政治的・倫理的理由による製品の購入や不買	2.8	1.0	7.5	25.6
政治や社会問題についてのシンポジウム・フォーラム・講演会などへの参加	2.9	3.1	10.5	41.6
集会・デモなどへの参加	1.6	2.5	5.8	37.1
ストライキへの参加	0.1	0.2	2.8	28.2
あてはまるものはない	75.3	77.6	58.2	31.5

出所：2021年度ウェブ調査（参加モジュール）より筆者作成

の27.4%を除けば低い。そもそも政治参加に対して忌避的であるといえるだろう。一般の人々が行うことの是非に関しては比率が大きく上昇しており，おおむね20～40%程度である。しかしながら，どの形態も半数を上回る人々が一般的にも行うべきではないと回答していると言い換えることもできる。投票以外の参加については，規範的にも望ましくないと考えられているのかもしれない。

　それでは，シビック・ボランタリズム・モデルに基づいて参加の不平等を検討していこう。とはいっても，表2-6でみたように，署名以外は参加経験が非常に低い。そこで，署名以外はどれか1つの形態でも参加したことがあるかどうかを検討する[10]。どちらも2値変数で参加の有無を従属変数としたロジスティック回帰分析を行う。

　独立変数は投票行動の場合と同じであるが，動員については，署名への勧誘を受けた経験の有無，署名以外の形態への勧誘を受けた経験の有無を2値変数として投入した。なお，署名以外の参加経験は14.0%，動員を受けた経験は12.6%である。社会経済的地位のみの分析は割愛し，すべての独立変数を投入

第 1 部　政治参加の不平等

図2-4　署名を従属変数としたロジスティック回帰分析
（各係数の95％信頼区間）

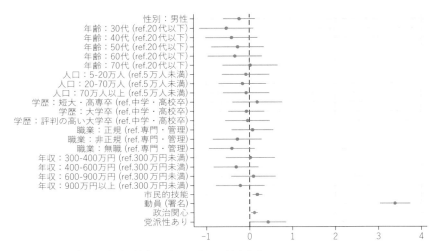

出所：2021年度ウェブ調査（参加モジュール）より筆者作成

図2-5　署名以外の参加を従属変数としたロジスティック回帰分析
（各係数の95％信頼区間）

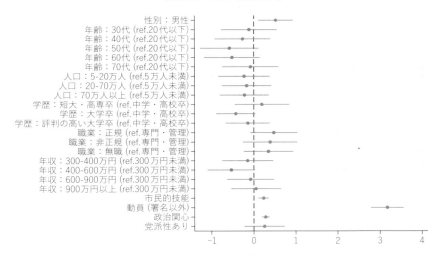

出所：2021年度ウェブ調査（参加モジュール）より筆者作成

した結果を示す。

図2-4は署名についての結果である[11]。社会経済的地位の効果がない一方で，市民的技能，動員，政治関心，党派性のいずれも統計的に有意な正の効果を示している。とりわけ動員の効果は大きく，モデルをもとに参加確率を推定すると，動員を受けた場合は68.6%であるのに対して，動員を受けない場合はわずか6.8%である。

署名以外の参加経験をみていこう。**図2-5**では，男性は統計的に有意に参加が多いものの，それ以外の社会経済的地位の効果はみられない。市民的技能，動員，政治関心は正に有意な効果をもつが，党派性の効果はみられない。この場合もやはり動員の効果が特に大きく，モデルから推定確率を算出すると，動員を受けた場合の参加は56.4%であるのに対して，動員を受けていない場合は5.1%にすぎない。

以上のように，投票以外の政治参加においてシビック・ボランタリズム・モデルの各要素が関連しており，とりわけ動員との関連が大きい。日本の投票以外の政治参加においては，他者から勧誘を受けて参加機会を得ることが決定的に重要であり，そうでなければほぼ参加しないといえる。

5　おわりに

本章では，シビック・ボランタリズム・モデルに基づいて，政治参加の不平等を検討してきた。ここで主な知見を整理しておこう。

第1に，投票に参加する人々が多い一方で，投票以外の政治参加を行う人が非常に少ない。自分あるいは他者の参加許容度も高いとはいえず，投票以外の参加は忌避される傾向にある。

第2に，シビック・ボランタリズム・モデルの各要素のうち，資源としての市民的技能を養う経験と政治的関与は，男性や社会経済的地位の高い人々ほど多い。しかし，投票行動への動員を受けた経験については社会経済的地位の高い人々ほど少ない。

第3に，投票行動については，男性，高齢，社会経済的地位の高い人々ほど行っている。しかし，シビック・ボランタリズム・モデルの各要素も含めて分

第1部　政治参加の不平等

析すると，性別や社会経済的地位との直接的な関連がみられず，これらの人々の市民的技能や政治的関与が大きいために投票していると考えられる。なお，年齢については直接的な関連がみられる。

　第4に，投票以外の政治参加については，市民的技能，動員，政治的関与があるほど参加している。とりわけ動員との関連が非常に大きい。社会経済的地位についてはほぼ関連がみられない。

　以上のように，現在の日本の政治参加行動を説明するうえで，投票には市民的技能と政治的関与の有効性，投票以外の参加は非常に少ないものの，各要素，とりわけ動員の有効性を確認することができる。社会経済的地位は直接的な影響を及ぼさないものの，社会生活上のスキルや政治に対する心理的な関与といった形で投票参加の格差と結びついているのである。投票参加の平等化を図るには，社会経済的地位によらずに市民的技能や政治的関与を高められる環境の整備が重要だといえるだろう。

　一方で，投票以外の政治参加は非常に参加率が低く，政治的インプットの回路としてはほぼ機能していない。自身のネットワークから動員（勧誘）を受けることが参加の可能性を高めている。その意味では，関係的資源の格差が積極的な政治参加の差へとつながりうることを示唆している。

註

1　調査の選択肢には「どちらでもない」が含まれているが，回答がごく少数であるため分析から除外した。

2　地方自治法では政令指定都市の基準は50万人以上と定められている。しかし，実際には70万人以上の都市がほとんどであるため（例外は静岡市のみ），70万人以上を境界とした。

3　調査において，下記の大学の具体名を挙げて尋ねた。

　　北海道大学・東北大学・千葉大学・筑波大学・東京大学・一橋大学・東京工業大学・東京外国語大学・横浜国立大学・名古屋大学・金沢大学・京都大学・大阪大学・神戸大学・岡山大学・広島大学・九州大学・熊本大学・東京都立大学（首都大学東京）・大阪府立大学・大阪市立大学・神戸市外国語大学・早稲田大学・慶応義塾大学・上智大学・東京理科大学・立教大学・明治大学・中央大学・法政大学・青山学院大学・国際基督教大学・関西学院大学・関西大学・同志社大学・立命館大学・各医科大学・各大学の医学部・海外の大学

4　同じ調査で，2021年の衆議院選挙に投票した人々は77.2%である。

5　70代でウェブ調査のモニターに登録して回答する人々は標準的な高齢者よりも活発な人たちなのかもしれない。

6　この質問による市民的技能の測定は，山田（2007）に倣ったものであるが，まったく同一ではない。「わからない・忘れた」という選択肢もあるが欠損値として処理している。なお，調査では手紙を書くという項目も設けたが，他の項目と回答分布が大きく異なっている。この理由として，ビジネスレターを想定した質問であったが，回答者側が日常的な私信も含めて解釈した可能性が考えられる。そのため，ここでは検討の対象から外すこととした。

7　政治情報の問題は下記のものを用いた。1. 日本の行政についておうかがいします。内閣は行政について，誰に対して責任を負っていますか。（選択肢：国会／官僚／最高裁判所／天皇／わからない）　2. 参議院議員の任期は何年でしょうか。（選択肢：3年／4年／5年／6年／わからない）　3. 日本国憲法において，生存権「健康で文化的な最低限度の生活」は何条で規定されているでしょうか。（選択肢：9条／13条／25条／67条／わからない）　4. 今年（調査時点の2021年）9月の自民党の総裁選に出馬していないのは誰でしょうか。（選択肢：河野太郎／石破茂／岸田文雄／高市早苗／わからない）　5. 現在の大阪府知事は誰でしょうか。（選択肢：橋下徹／松井一郎／太田房江／吉村洋文／わからない）

8　推定値など分析結果の詳細は，オンライン付録OA2-1, OA2-2を参照されたい。

9　もっとも，特定の候補者や政党への投票に向けた動員には効果があるものと考えられる

第 1 部　政治参加の不平等

（綿貫 1986; 平野 2015 など）。

10　蒲島（1988）や蒲島・境家（2020）が日本の政治参加モードを分類しているように，本来ならば一括りにできるものではないことには留意が必要である。

11　推定値など分析結果の詳細は，オンライン付録OA2-3, OA2-4を参照されたい。

第**3**章

政治参加におけるジェンダー・ギャップ

◆◆◆

大倉 沙江

1　はじめに

　政治参加は，個人が政治エリートに自らの要求や支持を伝えるための有効な手段である[1]。他方で，参加の形態や水準が集団間で異なる場合，それは社会に現存する不平等の反映であると同時に，さらなる政治的不平等の拡大を招く可能性がある（Verba et al. 1997; Lister 2007）。そのため，誰がより参加し，誰がしないのかという問題は，政治参加研究において重要な研究テーマの1つとされてきた。

　様々な要因が個人の参加の水準を説明するが，多くの国で一貫して強力な説明力をもつのがジェンダーである（Liu 2022）。欧米では，すべての参加の形態ではないにせよ，参加水準の男女差が縮小していることが指摘されている。例えば，ナンシー・バーンズらは，アメリカでは1990年代にロールモデルとなる女性候補者や女性議員が誕生したことで女性有権者たちの政治関心が高まり，投票や選挙運動などを中心として，参加水準の男女差が縮小したことを明らかにしている（Burns et al. 2018）。対照的に，ラテンアメリカ，サハラ以南のアフリカ，イスラム教国，東アジアと東南アジアでは，投票以外の参加形態を中心としてジェンダー・ギャップの存在が指摘されている（Coffé and Bolzendahl 2011; Coffé and Dilli 2015; Espinal and Zhao 2015; Liu 2022; Fakih and Sleiman 2022）。

　日本では投票への参加では男女差がなく，むしろ女性が男性を上回っていたのが[2]，2000年代以降は男女差がみられなくなったことが指摘されている。蒲

43

第 1 部　政治参加の不平等

島郁夫・境家史郎は，1990 年頃にははっきりと女性優位であった総選挙における投票率が，2009 年以降には若干ではあるが男性が女性を上回るようになったことを指摘している。蒲島・境家はこの理由について，主要政党間の政策的距離の縮小によって，女性たちにとって，選択肢の違いの認識が困難になり，投票コストが高まったためであると論じた（蒲島・境家 2020: 139, 198-201）。さらに，2018 年に有権者に対して行われた調査データをもとに日本人の政治参加について行った分析においても，選挙運動の手伝いなどの「伝統的投票外参加」やデモ参加などの「抗議活動」だけでなく，「投票」でも女性の水準が男性よりも低いことを示している（蒲島・境家 2020: 152-155）。

　同時に，投票外参加の水準にも男女差がある。例えば，大山七穂は，投票外の政治参加の形態──選挙運動や地域活動，政治家や官僚との接触など──は，男性が女性を上回ることを指摘している（大山 2002）。また，山田は，投票，請願書への署名，献金・カンパといった相対的に労力のかからない政治参加の経験率に男女差がみられないのに対して，政治家・官僚との接触，選挙や政治についての集会参加，選挙運動など，参加にあたって相対的に高い労力の必要な投票外参加の経験率には有意な男女差がみられることを指摘している。このような投票外参加における女性の参加率の低さは，資源（特に市民的技能の行使経験）と政治関心の相対的な低さによってもたらされると山田は論じ，女性の政治関心の低さを，女性の「戦略的無知」と呼んだ（山田 2007）。

　先行研究の結果からは，アメリカで参加水準のジェンダー・ギャップが解消されつつあるのとは対照的に，日本では参加の不平等が拡大している可能性が示唆されている。その一方で，なぜ日本では参加のジェンダー・ギャップが残されているのか，その理由については十分に検討が行われていない。本章では，男性と女性の間には，参加の形態や水準にどのような違いがあるのか，またそのような違いはなぜ生じるのかをシビック・ボランタリズム・モデルに基づいて明らかにする。ヴァーバらが提唱したシビック・ボランタリズム・モデルは，政治参加研究において個人レベルの参加水準を説明するために最も標準的に用いられるモデルである（蒲島・境家 2020: 88）。このモデルでは，政治行動を説明するために，それぞれの個人が参加に必要な資源をもっているか，政治的関与を備えているか，動員ネットワークの内部にいるかという 3 点に注目をする

（Verba et al. 1995）。資源は，主に参加に割くことができる時間，資金，市民的技能，加入する組織や団体などからなり，参加の必要条件となる。政治的関与は，政治関心，政治的有効性感覚，政治情報，党派心からなり，参加を促す効果をもつことが想定される。動員は，宗教団体，政党や政治団体，職場，業界団体，労働組合，地域社会における活動のほか，知人関係や家庭内といった私的空間において行われる政治的な働きかけを含む（Verba et al. 1995: 133-134, 345-348）。動員は，それを受けた人にとって政治参加に伴うコストを低減させたり，あるいは参加を拒否するコストを上昇させたりすることで，参加を促すと想定される（蒲島・境家 2020: 91-92）。

　以下，第2節から第4節では，2021年度ウェブ調査（参加モジュール）のデータを用いて，日本の政治参加におけるジェンダー・ギャップとその規定因について，シビック・ボランタリズム・モデルをもとに検討する。第5節では，得られた知見と今後の課題を示す。

2　政治参加の形態と水準におけるジェンダー・ギャップ

　本節では，2021年度ウェブ調査（参加モジュール）のデータから，政治参加の形態と水準におけるジェンダー・ギャップの実態を記述する[4]。

　同調査では，過去の政治参加の経験について投票と投票外参加に分けて尋ねているが，**表3-1**では，それぞれの行為の経験率をまとめて示した。なお，投票以外の参加項目については「この5年間に経験したこと」を選択してもらう形式であるのに対して，投票については期間を問わずに「ふだんから選挙のたびに投票しているかどうか」を尋ねた結果であるという点に注意が必要である。また，投票外参加については，男女間での違いの変化を捉えるため，山田（2007）に示された2005年の東北大COE調査の結果も合わせて示している。東北大COE調査は，2005年における全国市町村の住民基本台帳もしくは選挙人名簿からランダムに抽出した満20歳以上の男女3,000人に対して，個別面接聴取法によって実施されたものである。調査期間は2005年9月18日から10月20日であり，有効回収数は1,528（回収率50.9%）であった。ウェブ調査によって実施した「一般有権者向けウェブ調査（参加モジュール）」とは調査方法等が異

第1部　政治参加の不平等

なるが，投票外参加の男女間での違いの変化を捉えるための助けとはなるだろう。

　表3-1でまず目立つのは，投票をしたことがある者の割合の高さである。男性94.8%，女性の93.9%が過去に一度でも投票をしたことがあると回答をしており，性別による有意な違いはみられない。ただし，その内訳には重要な違いがある。具体的には，投票を「毎回している」という回答者の割合は男性が女性を10ポイント以上上回ってる一方で，「ほとんどしている」「ときどきしている」「あまりしていない」「ほとんどしていない」の割合はいずれも女性が若干男性を上回っている。ここから，恒常的な投票参加については，男性優位の傾向があることがわかる。蒲島・境家（2020: 139）が指摘するように総選挙における投票率が1990年頃まではっきりと女性優位であったことを考えると，注目に値する傾向といえる。

　次に，投票外参加の経験率をみていこう。まず，「あてはまるものはない」という者の割合は，女性が男性を有意に上回っている。ここからは，過去の調査結果と同様に，投票外参加における男性優位の傾向が確認できる。

　具体的に男性が女性を上回っているのは，「政治や選挙に関する集会への参加」「政治家や官僚に会う，手紙を書くなど」「インターネットなどを通した政治についての意見の表明」「政治や社会問題についてのシンポジウム・フォーラム・講演会などへの参加」「集会・デモなどへの参加」の5項目である。有意な男女差があるこれらの項目は，いずれも時間や人間関係の面で資源を必要とするものであることが指摘できる。

　対照的に，「選挙運動の手伝い」「政治家，政党，政治団体への寄付」「議会や役所への請願，陳情，要望」「署名する」「環境保護・政治的・倫理的理由による製品の購入や不買」「ストライキへの参加」の6項目では男女差がみられない。これらの項目の特徴については，署名のように相対的に低い労力で参加できる活動であるか，（女性だけでなく）男性の経験率も低調な活動であることが指摘できる。

　なお，本調査で男女差がないこれらの項目のうち，「選挙運動の手伝い」と「議会や役所への請願，陳情，要望」は，2005年の東北大COE調査では有意な男女差が指摘されていたものである（山田 2007: 266）。調査方法が異なる点に注

46

第 3 章　政治参加におけるジェンダー・ギャップ

表3-1　政治参加の経験率（%）

投票	本調査（2021）	
	男性	女性
過去に一度でも投票したことがある	94.8	93.9
（内訳）		
毎回している	58.3	48.1
ほとんどしている	19.4	21.4
ときどきしている	6.5	10.0
あまりしていない	3.6	5.7
ほとんどしていない	7.0	8.6

投票外参加	山田（2007）			本調査（2021）	
	男性	女性		男性	女性
選挙運動の手伝い	17	9	**	4.2	3.6
政治家，政党，政治団体への寄付	—	—		2.2	1.7
政治や選挙に関する集会への参加	24	13	**	7.4	3.0 **
議会や役所への請願，陳情，要望	8	3	**	2.0	1.2
政治家や官僚に会う，手紙を書くなど	12	4	**	1.6	0.6 **
インターネットなどを通した政治についての意見の表明	4	1	**	6.1	2.7 **
署名する	23	23		18.3	16.6
環境保護・政治的・倫理的理由による製品の購入や不買	—	—		3.1	2.4
政治や社会問題についてのシンポジウム・フォーラム・講演会などへの参加	—	—		3.5	2.3 **
集会・デモなどへの参加	2	0	**	2.1	1.0 **
ストライキへの参加	—	—		0.1	0.1
あてはまるものはない	—	—		72.2	78.4 **

** $p<.01$　* $p<.05$　† $p<.10$
出所：2021年度ウェブ調査（参加モジュール）および山田（2007）より筆者作成

　意が必要であるが，東北大COE調査と比較すると，これらの項目では特に男性の経験率が低下していることが確認できる。つまり，これらの参加項目では，女性の経験率が上昇したのではなく，男性の経験率が低下したことで，結果的に男女差が解消されたと推測される。

　以上の結果から，参加コストが相対的に高い項目を中心として，投票外参加における男性優位という特徴が本調査でも観察された。有意な男女差がない項目もみられたが，それは署名のように相対的な参加コストが低く，従前から男女差がみられなかった項目であるか，選挙運動の手伝いのように男性の参加率も低調な項目であった。女性の活発な参加によって男女差が解消されたものではない点には，注意が必要である。

第1部　政治参加の不平等

3　資源，政治的関与，動員と参加経験

　それでは，なぜこのようなジェンダー・ギャップは生まれるのであろうか。本節では，資源，政治的関与，動員の男女差を順に確認していきたい。

3-1　資源

　投票にせよ投票外参加にせよ，参加に多くの労力が必要となる場合，資源をもたない者の参加は難しくなると考えられる。そのため，本節ではまず，資源のジェンダー・ギャップを確認していきたい。政治参加のための資源として具体的に想定されるのは，個人が保有する時間，資金，市民的技能のほか，加入している組織や団体などがある。時間と本人所得は調査項目に含まれていないため，それ以外の変数である市民的技能と加入している組織・団体の男女差を確認したい。

　表3-2は，学校，職場，所属団体における市民的技能の行使経験を尋ねた結果を，性別ごとに示したものである。「よくしていた」「ときどきしていた」「あまりしていなかった」「まったくしていなかった」「わからない・忘れた」で尋ねているが，ここでは「よくしていた」「ときどきしていた」の割合の合計を示している。また，「どれもない」には，表3-2に示したすべての活動について，「まったくしていなかった」を選択した者の割合を示している。

　この結果からは，「手紙を書く」を除くすべての項目において，男性が女性を有意に上回っていることがわかる。男性の約半分が学校でリーダー的な役割を果たした経験があり，会議や人前での意見発表やスピーチの経験があるのに対して，同様の経験を積んだ女性は30%前後にとどまる。また，最も男女差が大きいのが「会議を設定したり主催する」であり，男性の32.8%で経験があるのに対して，女性はその半分に満たない。

　「どれもない」の割合に男女差はみられないが，これは「手紙を書く」という項目で女性が男性を上回っているためである。この項目で女性の比率が高いのは，政治参加の一環としてではなく，プライベートで手紙を書いた経験も

48

第3章　政治参加におけるジェンダー・ギャップ

表3-2　市民的技能の行使経験（％）

	男性	女性	
学校でリーダー的な役割を果たす	47.5	43.5	†
手紙を書く	22.5	57.2	**
集団としての意思決定を行う会議に参加する	43.3	32.2	**
会議を設定したり主催する	32.8	16.2	**
会議や人前での意見発表やスピーチをする	44.7	29.5	**
どれもない	10.2	8.3	

** $p<.01$　* $p<.05$　† $p<.10$
出所：2021年度ウェブ調査（参加モジュール）より筆者作成

含まれるためであると推測される。そのため，「手紙を書く」という項目を除いて，市民的技能の行使経験がない者の割合を算出すると，男性12.1％，女性16.0％と，有意な男女差がみられた。総じて，女性が教育過程やその後の社会生活において市民的技能の行使経験に恵まれていないことがわかる。

　次に，組織・団体への加入率と，そこで実際に活動している者の割合における男女差をみていこう。組織・団体での活動は，動員ネットワークの基盤となったり，市民的技能を磨く機会となったりするために重要である。本調査では，表3-3に挙げた10の組織・団体とのかかわりについて，「活発に活動している」「活動している」「ほとんど活動していない」「加入していない」の4件法で尋ねている。表3-3では，このうち，「活発に活動している」「活動している」「ほとんど活動していない」と回答した者の割合を「加入率」，「活発に活動している」あるいは「活動している」と回答した者の割合を「活動率」として区別して示した。組織・団体で実際に活発に活動する者の割合は，単にそれに加入する者の割合を下回ることが想定されるためである。

　表3-3からは，男性の79.7％，女性の75.7％が少なくとも1つの組織・団体に加入をしており，さらにそのうち約4割が実際に活動をしていることがわかる。裏を返せば，いずれの団体にも加入していない者の割合は男性20.3％，女性24.3％となる。加入率などの数字は他の調査と比較すると男女ともにやや過大ではあるが，重要な点は，男性が有意に女性を上回っているという点である。組織や団体への所属が低調なことで，女性は市民的技能を培う機会や，動員のネットワークに属する機会を逸していることが推測される。

第1部　政治参加の不平等

表3-3　組織・団体への加入率と活動率（%）

	地域生活にかかわる団体（自治会・町内会など）		スポーツや趣味・教養のためのサークル・クラブ		同業者組合・商店会・商工会・専門職団体		農協, 漁協		労働組合	
	男性	女性	男性	女性	男性	女性	男性	女性	男性	女性
加入率	63.6	59.7 †	43.6	40.4	23.6	15.2 **	14.3	10.5 **	22.7	13.5 **
活動率	23.8	18.3 *	22.1	22.5	8.1	2.6 **	3.3	2.4	7.9	3.8 **

	生協・消費者団体		NPO・市民団体・ボランティア団体		政治家の後援会		政党・政治関係の団体		宗教や信仰にかんする団体		いずれかに該当	
	男性	女性	男性	女性	男性	女性	男性	女性	男性	女性	男性	女性
加入率	18.4	24.2 **	15.6	14.6	12.3	5.4 **	10.8	5.1 **	12.2	7.4 **	79.7	75.7 **
活動率	5.4	9.8 **	7.0	5.9	3.5	1.4 *	4.0	0.9 **	5.3	2.6 **	44.6	41.8 **

** *p* <.01　* *p* <.05　† *p* <.10
出所：2021年度ウェブ調査（参加モジュール）より筆者作成

　より具体的には，「スポーツや趣味・教養のためのサークル・クラブ」「NPO・市民団体・ボランティア団体」「生協・消費者団体」を除く7つの組織・団体の加入率について，男性が女性を上回っている。「スポーツや趣味・教養のためのサークル・クラブ」「NPO・市民団体・ボランティア団体」については有意な男女差はみられず，「生協・消費者団体」では女性が男性を上回っている。活動率でみても，「地域生活にかかわる団体（自治会・町内会など）」「同業者組合・商店会・商工会・専門職団体」「労働組合」「政治家の後援会」「政党・政治関係の団体」「宗教や信仰にかんする団体」の6団体で男性が女性を上回っている。

　加入率・活動率ともに女性が男性を唯一上回っているのが，「生協・消費者団体」である。生協を含む日々の生活に密接に関係した団体が，女性たちの運動の基盤となってきたことが広く知られているが（LeBlanc 1999=2012; 進藤 2004），現在でも女性たちが主要な担い手であることがわかる。以上の結果から，生協などの消費者団体を除いては，女性のほうが相対的に社会に遍在するネットワークから疎外されており，あるいは女性自らがそのようなネットワークを忌避しているために，参加のための基盤が弱いことがわかる。

50

3-2　政治的関与

本節では，政治関心と政治的有効性感覚について検討をする[8]。政治関心については，「ふだんから国の政治にどれくらい関心を払っているか」を，0（関心がない）から10（関心がある）までの11段階で尋ねている。**図3-1**は，その質問に対する結果を，性別ごとに示したものである。男性のうち56.2%が国の政治に関心を払っている（6から10の回答者の割合の合計）のに対して，同様の回答をする女性は34.8%にとどまり，その差は実に21.4ポイントにのぼる。女性は男性よりも，政治関心が低いということができる。

政治的有効性感覚については，「誰に投票するかで結果に大きな違いがあると思う」という考え方に共感する度合いを，「そう思う」から「そう思わない」までの5段階で尋ねた。**表3-4**は，その質問に対する結果を，性別ごとに示したものである。また，表の末尾には「そう思う」と「ややそう思う」の割合の合計と，「そう思わない」と「あまりそう思わない」の割合の合計をそれぞれ示している。

この結果からは，「どちらともいえない」で女性は男性を若干上回っており，

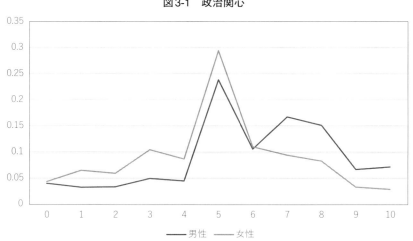

図3-1　政治関心

出所：2021年度ウェブ調査（参加モジュール）より筆者作成

第1部　政治参加の不平等

表3-4　政治的有効性感覚（%）

	そう思う	ややそう思う	どちらともいえない	あまりそう思わない	そう思わない	そう思う＋ややそう思う	あまりそう思わない＋そう思わない
男性	25.2	34.6	19.1	16.6	4.5	59.8	21.1
女性	22.4	32.6	27.1	13.5	4.4	55.0	18.0
男女差	-2.8	-2.0	8.0	-3.1	-0.1	-4.8	-3.2

出所：2021年度ウェブ調査（参加モジュール）より筆者作成

政治的有効性感覚が男性よりも強くないことがわかる。具体的には，「どちらともいえない」の割合では女性が男性を8.0ポイント上回っており，また「そう思う」と「ややそう思う」の割合の合計が4.8ポイント，「そう思わない」と「あまりそう思わない」の割合の合計が3.2ポイントそれぞれ男性を下回っていることが確認できる。

3-3　投票への動員

　次に，動員の有無について，投票と投票外参加に分けて検討をしていこう。ここまでみてきたような資源や政治的関与を欠く市民でも，周囲からの誘いや依頼があれば，消極的ながら参加をする可能性は高まると想定される。
　そのような観点から，本調査では，ふだんの選挙において特定の候補者や政党に投票するよう依頼された経験があるかどうか尋ねている。表3-5は，その結果を性別ごとに示したものである。この結果からは，「毎回頼まれる」または「ときどき頼まれる」と回答した女性の割合は35.3%であり，30.7%にとど

表3-5　投票への動員（%）

	男性	女性
毎回頼まれる	13.2	12.8
ときどき頼まれる	17.5	22.5
あまり頼まれない	23.2	21.2
頼まれたことがない	46.1	43.5
毎回頼まれる又はときどき頼まれる	30.7	35.3

出所：2021年度ウェブ調査（参加モジュール）より筆者作成

第3章　政治参加におけるジェンダー・ギャップ

表3-6　投票依頼を受けた主体（%）

	男性	女性	
家族，親戚	4.7	4.5	
知人，友人	7.8	10.6	*
労働組合	3.3	0.7	**
職場や仕事関係の団体（労働組合以外）	3.7	2.0	**
町内会・自治会など	0.7	0.7	
宗教団体	3.4	3.3	
市民団体	0.7	0.4	*
候補者や政党	4.6	2.5	**
政治家の後援会	5.6	3.5	**
その他	1.1	0.7	
頼まれなかった	74.6	77.3	

** $p < .01$　* $p < .05$
出所：2021年度ウェブ調査（参加モジュール）より筆者作成

まる男性を若干上回っていることがわかる。女性の投票参加が男性よりも低調なことを鑑みると，やや意外な結果かもしれない。

　紙幅の関係から表には示さないが，年代ごとにみると男女差が顕著なのが50代と60代である。具体的には，50代では女性の動員経験率が42.9%であるのに対して，男性は25.0%と17.9ポイントの差があり，60代では女性が55.1%に対して男性は45.1%と，10ポイントの差がある。女性のみに注目をしても，10〜20代が16.5%，30代が21.7%，40代が30.7%しか投票依頼をされていないことを考えると，50代以上は動員の対象となりやすいことがわかる。

　もっとも，動員の基盤となる集団と動員先となる政党は，男女で異なる。**表3-6**は，直近の選挙運動期間中に投票依頼があった場合，それは誰からのものであったのかを尋ねた結果を示している。なお先の質問がふだんの選挙における動員経験について尋ねたものであるのに対して，こちらは直近の選挙運動期間中の経験について尋ねた結果である点に注意が必要である。

　表3-6の結果からは，男性が仕事関係の団体や政党・候補者に関係する団体から投票依頼を受ける傾向にあるのに対して，女性はよりプライベートな関係に基づいて投票依頼を受ける傾向にあることがわかる。具体的に男性が女性を上回っているのは，「労働組合」「職場や仕事関係の団体（労働組合以外）」「市民団体」「候補者や政党」「政治家の後援会」の5項目である。先の所属団体の

第1部　政治参加の不平等

表3-7　投票を依頼された政党（%）

	男性	女性	
自民党	10.3	7.1	*
公明党	10.0	12.4	†
立憲民主党	4.1	2.0	**
国民民主党	1.0	0.4	
日本維新の会	0.8	0.4	
共産党	1.7	0.7	*
社民党	0.4	0.1	
れいわ新選組	0.3	0.1	
NHK党	0.2	0.1	
その他	0.2	0.4	
答えたくない・覚えていない	1.7	2.4	

** $p<.01$　* $p<.05$　† $p<.10$
出所：2021年度ウェブ調査（参加モジュール）より筆者作成

　項目で指摘したように，男性は「同業者組合・商店会・商工会・専門職団体」「労働組合」「政治家の後援会」「政党・政治関係の団体」などでの活動率が，そもそも女性よりも高い。動員の基盤となる団体に所属しているため，動員の主体の目にも留まりやすく，その対象にもなりやすいと推測される。

　一方，女性が男性を上回っているのは，「知人，友人」である。女性は仕事や地域を単位とした動員ネットワークへの組み込みは弱いが，私的なネットワークを基盤として動員の対象となっていることがわかる。「頼まれなかった」と回答する割合に男女差はなく，ここからも女性も男性と遜色ない水準で動員の対象となっていることが確認できる。

　このような男女間の動員ネットワークの違いは，動員先にも反映されている。**表3-7**は投票を依頼された政党について，具体的に尋ねた結果を示したものである。男性は政治団体や労働組合を基盤とする「自民党」「立憲民主党」「共産党」へ投票するよう依頼された者の割合が高いのに対して，女性は「公明党」への投票依頼を受けた者の割合でやや男性を上回っている。先に示した**表3-6**の結果と総合して考えると，男性が自民党や共産党の関係者からそれぞれの政党・候補者への投票を依頼されたり，労働組合の関係者から立憲民主党やその候補者への投票を依頼されたりする傾向があるのに対して，女性が知人や友人から公明党やその候補者への投票を依頼される傾向があることがうかがえる。

第3章　政治参加におけるジェンダー・ギャップ

　ここから示唆されるのは，男女ともに主要政党による動員ネットワークには組み込まれているが，その内容は異なっているということである。まず，男性は，経済団体や労働組合といった仕事・職場を基盤とした団体や，地域の政治家の後援会を基盤として主要政党とつながっているのに対して，女性はそのような動員ネットワークとのつながりは希薄である。1992年には共働き世帯の割合が専業主婦世帯の割合を上回ったとはいえ，15〜64歳の男性の83.3%が就業しているのに対して，同じ年代の女性の就業率は70.6%にとどまる。また，非正規雇用労働者の割合は，男性が22.2%に対して女性は54.4%にのぼる（内閣府男女共同参画局 2021）。それに伴い，労働組合の加入率や認知率にも男女差[9]がある。男性の正社員を中心に組織された労働組合は正社員でない女性にとっては遠い存在であったし，活動が深夜に及ぶ組合活動は正社員であっても家庭でケア労働を担う女性がコミットできる状況になかった[10]。経済団体や労働組合の側からみても，業界や会社単位で組織化されていない女性に対してのアプローチはしにくかったと推測される。さらに，政治家の後援会を含む政治や政党にかかわる団体への参加についても，女性はこれへの参加を忌避する傾向にあった（Pharr 1981=1989）。したがって政治団体による動員ネットワークへも組み込まれにくく，投票に際して声もかかりにくい傾向にあると推測される。

　また，**表3-6**と**表3-7**の結果からは，仕事・職場や後援会を基盤とする動員ネットワークから疎外され，あるいはそれを忌避してきた女性たちに，公明党の支持者たちが友人・知人というプライベートな関係を介して働きかけている様子も若干ながらうかがえた。公明党の中核的な選挙運動組織として機能しているのは創価学会であるが，その組織内でも最も精力的に活動するのが主婦の女性たちからなる婦人部である[11]（Ehrhardt 2014）。ひとたび選挙となれば，婦人部の女性たちは，公明党の支持者以外の有権者に対して公明党に投票するよう説得を行う。この際に主要な働きかけの対象となるのが同じ地域に住む知人や友人であることから，この活動は「F取り」または「フレンド票」と呼ばれる（Klein and McLaughlin 2021: 13）。すでに述べたように女性の中でもとりわけ動員の対象となっているのは50代以上であるが，これは創価学会の婦人部のメンバーの高齢化も影響しているのかもしれない。いずれにしても，女性が男性とは異なるネットワークに組み込まれている様子がうかがえた。

55

第1部　政治参加の不平等

3-4　動員：投票外参加

　最後に，投票外参加の動員についてみていこう。**表3-8**には，過去5年間に表に挙げた活動に誘われたことがあるかどうかを尋ねた結果を示している。「あてはまるものはない」の割合をみると，女性が男性を上回っている。具体的に男性が女性を上回っているのは，「選挙運動の手伝い」「政治や選挙に関する集会への参加」「インターネットなどを通した政治についての意見の表明」「署名する」「環境保護・政治的・倫理的理由による製品の購入や不買」「集会・デモなどへの参加」「ストライキへの参加」の7項目である。男女差がみられなかった投票への動員とは対照的に，投票外参加では女性への動員は男性へのそれよりも低調であることがわかる。

　また，女性が男性よりも動員されている項目はなく，男女差が確認されなかったのは，「政治家，政党，政治団体への寄付」「議会や役所への請願，陳情，要望」「政治家や官僚に会う，手紙を書くなど」「政治や社会問題についてのシンポジウム・フォーラム・講演会などへの参加」の4項目である。これらの項目では男性の動員率も総じて低く，差が生じにくかったと推測される。

　以上の結果からは，投票については女性も男性と同様に動員の対象となるのに対して，投票外参加については，女性が動員の対象となっていないことが確

表3-8　投票外参加への動員におけるジェンダー・ギャップ（%）

	男性	女性	
選挙運動の手伝い	5.5	3.7	*
政治家，政党，政治団体への寄付	1.7	1.1	
政治や選挙に関する集会への参加	8.0	4.2	**
議会や役所への請願，陳情，要望	1.7	1.3	
政治家や官僚に会う，手紙を書くなど	1.0	0.5	
インターネットなどを通した政治についての意見の表明	1.9	1.0	†
署名する	17.5	13.6	*
環境保護・政治的・倫理的理由による製品の購入や不買	1.5	0.6	*
政治や社会問題についてのシンポジウム・フォーラム・講演会などへの参加	3.3	2.8	
集会・デモなどへの参加	3.5	1.4	**
ストライキへの参加	0.5	0.0	*
あてはまるものはない	74.1	80.9	**

** $p<.01$　* $p<.05$　† $p<.10$
出所：2021年度ウェブ調査（参加モジュール）より筆者作成

認できる。

4 ジェンダー・ギャップの規定因

　ここまで資源，政治的関与，動員と性別との関係について2変数間関係を検討してきたが，最後に従属変数を投票への参加と投票外参加の2つに区別し，それぞれ全変数を同時に考慮した多変量解析を行うこととしたい。

　まず，投票についてみていこう。従属変数となる「投票」は，ふだんの投票への参加状況を尋ねた質問において，「したことがない」という回答を0とし，「ほとんどしていない」「あまりしていない」「ときどきしている」「ほとんどしている」「毎回している」と1ずつ増える変数とする。

　独立変数としては「年齢」「所得」「学歴」といった社会経済的要因に加え，資源として「市民的技能」と「活動団体数」，政治的関与として「政治関心」「政治的有効性感覚」，そして「動員」を用いる。「所得」は，令和2（2020）年1月から12月の世帯収入を尋ねた結果を用いる。「100万円未満」を0とし，「100〜200万円」「200〜300万円」「300〜400万円」「400〜500万円」「500〜600万円」「600〜700万円」「700〜800万円」「800〜900万円」「900〜1000万円」「1000〜1200万円」「1200〜1400万円」「1400〜2000万円」「2000万円以上」と1ずつ増加する変数とする。「わからない・答えたくない」は欠損とした（問45，欠損値数352）。「学歴」は，「中学校」「高等学校」「短期大学・高専」「専門学校」「大学」「大学院」の6つで尋ねているが，「大学進学者」（「大学」および「大学院」）か否かを表すダミー変数を用いる。「その他」は欠損とした（欠損値4）。「市民的技能」は**表3-2**に示した5項目における経験項目数とし，0〜5の数値をとる変数とする。なお，すでに述べたように市民的技能は「よくしていた」「ときどきしていた」「あまりしていなかった」「まったくしていなかった」「わからない・忘れた」の5段階で尋ねているが，「よくしていた」「ときどきしていた」という回答を「経験あり」，それ以外の回答を「経験なし」とした（欠損値数280）。「活動団体数」は，本章の**表3-3**に挙げた組織のうち，「活発に活動している」あるいは「活動している」と回答した組織の数とした。

第1部　政治参加の不平等

表3-9　投票参加の規定因

	男性			女性		
	偏回帰係数		標準誤差	偏回帰係数		標準誤差
年齢	0.024	**	0.005	0.032	**	0.005
所得	0.038		0.026	0.042		0.026
学歴	0.450	**	0.161	0.523	**	0.165
市民的技能	0.001		0.047	0.091	†	0.049
活動団体数	0.226	**	0.068	0.350	**	0.087
政治関心	0.291	**	0.035	0.276	**	0.037
政治的有効性感覚	0.251	**	0.066	0.446	**	0.070
動員	0.105		0.074	0.078		0.074
カットポイント1	0.914	**	0.383	1.920	**	0.409
カットポイント2	2.099	**	0.369	3.254	**	0.391
カットポイント3	2.514	**	0.371	3.680	**	0.391
カットポイント4	3.125	**	0.375	4.368	**	0.393
カットポイント5	4.279	**	0.391	5.623	**	0.404
N	805			709		
－ 2 対数尤度	1745.7			1760.4		
Cox と Snell R2	0.241			0.305		
Nagelkerke R2	0.264			0.324		

** p <.01　* p <.05　† p <.10
出所：2021年度ウェブ調査（参加モジュール）より筆者作成

　「政治関心」は，国の政治に対する関心度を0から10までの11段階で選択してもらった結果を用いる。また，「政治的有効性感覚」は，誰に投票するかによって結果は大きく違ってくるという考え方に共感する度合いを，「そう思わない」から「そう思う」までの5段階で回答してもらった質問の結果を用いる。[12]

　最後に，「動員」は，ふだんの選挙で特定の政党や候補者への投票を「頼まれたことがない」という回答を0とし，「あまり頼まれない」「ときどき頼まれる」「毎回頼まれる」と1ずつ増える変数とする。

　以上の変数をもとに，順序ロジスティック回帰分析を行った。その分析結果は，表3-9のとおりである。まず，社会的属性については，男女ともに年齢と学歴の効果がみられる。それに加えて，資源については「活動団体数」，政治的関与については「政治関心」「政治的有効性感覚」が有意となっている。男女ともに，より多くの組織や団体で活動する人ほど，また政治関心や政治的有効性感覚が強い人ほど，投票に行く傾向があることがわかる。さらに，女性の

58

第3章　政治参加におけるジェンダー・ギャップ

表3-10　投票外参加の規定因

| | 男性 | | | | 女性 | | | |
	β	標準化係数	標準誤差		β	標準化係数	標準誤差	
（定数）	-2.937		0.539		-2.585		0.622	
年齢	-0.001	0.999	0.006		-0.011	0.989	0.008	
所得	0.020	1.020	0.032		-0.028	0.972	0.041	
学歴	-0.175	0.840	0.210		-0.012	0.988	0.254	
市民的技能	0.092	1.096	0.058		0.153	1.165	0.073	*
活動団体数	0.232	1.261	0.072	**	0.186	1.204	0.099	†
政治関心	0.141	1.151	0.046	**	0.169	1.184	0.058	**
政治的有効性感覚	-0.028	1.028	0.088		-0.100	0.904	0.113	
動員	1.628	5.091	0.157	**	2.503	12.225	0.236	**
N	810				713			
－ 2 対数尤度		708.651				491.300		
Cox と Snell R2		0.289				0.311		
Nagelkerke R2		0.410				0.475		

** $p<.01$ 　* $p<.05$ 　† $p<.10$
出所：2021年度ウェブ調査（参加モジュール）より筆者作成

場合は，「市民的技能」の行使経験も弱いながら効果がみられる。「動員」については，男女ともに有意な効果はみられなかった。

　次に，投票外参加についてみていこう。従属変数となる「投票外参加の経験」は，**表3-1**に示した過去5年間における投票外参加を示す11項目の経験について，1つでも経験がある場合を1，経験がない場合を0とするダミー変数とした。また，独立変数の1つとなる「動員」は**表3-8**における11項目の経験項目数とし，0～11の数値をとる変数とした。その他の独立変数については，投票の分析と同様のものを用いた。

　以上の変数をもとに，二項ロジスティック回帰分析を行った。分析結果は，**表3-10**のとおりである。まず，男女で共通する点についてみていくと，社会的属性については，男女ともに年齢や学歴の効果がみられない。

　資源については男女ともに「活動団体数」の効果が，政治的関与については「政治関心」の効果がみられる。より多くの組織・団体に参加する人ほど，また政治関心が高い人ほど，投票以外の政治参加をする傾向にあることがわかる。動員についても，男女ともに効果がみられる。その効果は，男女ともに資源や政治的関与と比較して大きい。投票では動員の効果がみられなかったことと比

59

第1部　政治参加の不平等

較すると，参加に際して相対的に大きなコストが必要な投票外参加では，他者から声をかけられることが重要なことが示唆される。さらに，女性については，資源のうち「市民的技能」の行使経験の効果もみられる。会議や人前でスピーチをしたり，集団としての意思決定にかかわることで市民的技能が培われることにより，参加が促されている様子がうかがえる。

5　おわりに

　本章では，男性と女性の間には，参加の形態や水準にどのような違いがあるのか，またそのような違いはなぜ生じるのかをシビック・ボランタリズム・モデルに基づいて検討した。得られた知見は，以下のとおりである。

　まず，かねてから男性が女性の参加率を上回っていた投票外参加だけでなく，女性が男性を上回っていた投票への参加についても男性が優位であることが確認された。また，投票外参加については，かつて男性が女性を上回っていた「選挙運動の手伝い」や「議会や役所への請願，陳情，要望」で有意な男女差がみられなくなっていた。もっとも，このジェンダー・ギャップの解消は，期待されたような女性の参加率の上昇ではなく，男性の参加率の低下によってもたらされていることが推測された。

　次に，投票については，男女ともに活動団体数，政治関心，政治的有効性感覚が参加に効果をもつことが示された。また，女性については，市民的技能の行使経験も参加を促していた。したがって，恒常的な投票参加のジェンダー・ギャップは，女性が資源や政治的関与の面で相対的に劣位に置かれていることに由来すると考えられる。動員経験に男女差はみられなかったが，動員に投票を促す効果はみられなかった。

　さらに，投票外参加については，活動団体数，政治関心，動員が，男女ともに参加に効果をもつことが示された。女性については，投票と同様に，市民的技能の行使経験も参加を促す効果がみられた。資源，政治的関与，動員というすべての面での相対的な劣位が，投票外参加のジェンダー・ギャップを生んでいると推測される。政治関心や政治的有効性感覚を加味しても，市民社会や社会的基盤におけるジェンダー不平等が，参加における不平等につながっている

60

第3章　政治参加におけるジェンダー・ギャップ

ようである。

　以上の分析結果から得られる示唆は，以下のとおりである。まず，組織・団体への参加や動員が——とりわけ投票外参加で——効果をもつことからは，女性たちが参加しやすい，あるいは参加したくなるような組織の基盤づくりが求められていることが示唆される。調査の結果からは，男性たちが業界や職場を単位として政治にかかわり，自分たちの利益を代表する政治家を時に動員されながら見つけ，応援している様子がうかがえた。一方，女性たちは，男性中心的な組織への参加を忌避したり，あるいはケア責任との兼ね合いで参加が困難であったりすることから，このような機会は相対的には限られる。女性たちが参加しうる，また参加したくなるような組織の実現が求められている。これは，女性の組織化や登用を推進している業界団体や労働組合の意向とも，矛盾しないはずである。また，投票においても投票外参加においても，女性にのみ市民的技能の行使経験の効果がみられたことは，組織の中で人を説得したり，調整したりする経験を積み，自信を得ることが，より積極的な政治参加につながっていることを示している。このことからは，女性が市民的技能を高めることができるよう組織の中で段階的に経験を積むことや，スピーチ能力やライティング能力など参加に必要な能力を高めることのできるセミナーが，参加の促進に有用であることが示唆されている。

第 1 部 政治参加の不平等

註

1 　政治参加の定義は様々なものがあるが，本章では蒲島・境家（2020）による「政府の政策決定に影響を与えるべく意図された一般市民の活動」という定義を用いる（蒲島・境家 2020: 2-3）。

2 　もっとも，三浦まりは，終戦直後は男性の投票率のほうが女性のそれを上回っていたが，市区町村議会では1951年，都道府県議会では1963年，参議院では1968年，衆議院では1969年から，女性のほうが投票率が高くなっていることを指摘している。ただし，高齢女性の投票率が同年代の男性よりも低いために，近年の選挙では男性の投票率が女性を若干上回る傾向にある（三浦 2023）。

3 　同様の指摘をしたものとして，大海（2005）や大山・国広（2010）がある。

4 　同調査では，性別を「男性」「女性」「それ以外」の3択で尋ねている。有効回答数2,119に対して，「男性」は1,052人，「女性」は1,064人，「それ以外」は3人であったが，本節では「男性」または「女性」と回答したケースを分析対象とした。

5 　世帯所得は調査対象に含まれている。

6 　バーンズらによる調査（Burns et al. 2001）や東北大COE調査では成人後に職場や所属団体で市民的技能を行使した経験を尋ねているが，本調査では通常成人前に通う学校，そして職場や所属団体での行使経験を尋ねている点に注意が必要である。

7 　明るい選挙推進協会が2021年の衆議院議員総選挙に合わせて実施した「第49回衆議院議員総選挙全国意識調査―調査結果の概要―」でも団体加入について尋ねているが，「どれにも加入していない」という回答者は37.3%にのぼる。最も加入しているという者の割合が高い「自治会・町内会」でも加入率は38.7%であった。また，その他の団体の加入率をみていくと，「政治家の後援会」は3.4%，「農協その他の農林漁業団体」は2.3%，「労働組合」は5.8%，「商工業関係の経済団体」は2.1%，「宗教団体」は3.5%であった（明るい選挙推進協会 2022: 14）。

8 　投票参加における男女差の原因の1つとして，政党間差異を認識できるかどうかの影響があることが指摘されているが（境家・蒲島 2020: 200-201），本調査では主要政党の保革イデオロギー軸上の位置について尋ねていないため，分析には加えていない。

9 　日本労働組合総連合会（連合）が2022年10月に実施した調査によると，連合の認知率は男性が63.8%に対して女性が49.4%と，約15%ポイントの男女差があった（日本労働組合総連合会 2023）。

10 　首藤若菜は，女性の組合役員がいる先進的な労働組合の分析を通して，女性の組合役員の増加は，組合活動のスタイルを変え，組合員にとって労働組合をより身近なものとし，そのイメージを大きく変えたことを明らかにしている（首藤 2011）。

11 　2021年には20代以下で構成する「女子部」と統合し，「女性部」と名称変更した（高橋

2022）。本章では，婦人部と呼ぶ。

12　調査では「そう思う」を1，「そう思わない」を5という順で尋ねているが，分析では「そう思わない」を1，「そう思う」を5と逆転させて分析した。

第4章

メディア環境の変化と政治参加・政治意識

◆◆◆

海後 宗男

1 はじめに

　本章では，伝統的メディアと比較して，日本におけるソーシャルメディアやその他のコミュニケーション・テクノロジーが政治的コミュニケーションと市民の政治参加の意識にどのように関係しているのかを分析した。近年日本では民主主義の停滞を示唆する兆候がいくつか挙げられる。その中で最も主要なものとして，全般的な政治における市民参加レベルの低さ，とりわけ国政選挙での投票率の低さがあり，近年の投票率は他の多くの民主主義国家を下回る現状となっている。これは多くの政党がこれまで市民のニーズや懸念に適切に反応をしてこなかったことに起因すると批判されてきた（Kobayashi 2012; Nyblade 2015; Eto 2021）。だが，日本における政治参加のレベルの低さには，いくつかの文化的要因が寄与している可能性もある。例えば，他国と比較した場合，市民の多くがより調和を重んじ，表立って対立的・敵対的な政治行動を行うことに消極的であると考えられる。ただその結果，多くの国民の間には，自分たちの声は政治家に届かない，政治システムは少数のエリートに支配されているという認識ができてしまう。活発な熟議的な民主主義とは異なり，これは他国の研究でもみられる権威主義的志向の政治的態度の傾向が培養されている可能性を示唆しているかもしれない（Hughes 1967）。

2　日本のメディア環境と政治との関係

　社会でメディアの果たす役割は大きく，様々な分野に影響を与えている。メディアとは，情報を伝達する媒体や手段のことであり，その中でも主に大衆を伝達の対象としているものがマスメディアと呼ばれる。これまでマスメディアは政治と密接にかかわり，大衆に対して影響を及ぼしてきた。政治に関する情報を広く一般に伝え，世論を形成する役割を担うことで，選挙や政策，政治家や政党のイメージを構築してきた。また，幅広く多様な視聴者に情報を届けることができるため，人々の政治参加を促進することが可能になった。選挙や政治活動に関する情報を提供することで，人々が政治に関心をもち，意思表示をするように促してきた。新聞やテレビ等のメディアは，編集プロセスが整備されていると考えられ，災害や緊急時に必要な情報の提供や誤情報の拡散防止に役立つこともあって，信頼性が高いと認識されている（小笠原 2008）。また，マスメディアは，政治課題の取り上げ方によって，世論や政治議題に影響を与えることがあり，ある問題を大きく取り上げることで，一方向に世間の関心を高め，政治的な議論を活性化させることもある（竹下 2008）。その反面，こうした偏った報道によって，世論の誤解を招いたり，特定の政治課題への関心を低下させたりすることがあるのも事実だ。その結果，近年では，調査報道やジャーナリズムへのネガティブな風向きなど，マスメディアの権力監視機能が脅かされているといわれているが（青木 2018），それでもマスメディアは，政治家や政府の活動を取材し，不正や問題点を明らかにすることで，権力の乱用を防ぎ，政治権力を監視する機能を担っている。とりわけ地方の新聞や地方テレビ局は地元の政治に関する重要な報道を集中的に提供できるため，これらに関する詳細な事実を確認するために役立つ。

　しかし近年，日本ではテレビや新聞等の伝統的なマスメディアへの接触は減少する傾向にある。これまでは政治家や政党がメディアを利用して自分の政策等をアピールする際に，最も活用するのはテレビであった。過去の小泉純一郎元首相のように，テレビをはじめとするメディアをうまく活用することによって，選挙戦を有利に進めることが可能であった。しかし，現在，テレビでの活

動によって影響を与えられる世代は限られてきている。従来は，一番欠かせないメディアとしてテレビを挙げる人が多数を占めていたが，今では高齢層以外では半数に満たず，多くの世代ではインターネットがテレビよりも優勢になりつつある。このことから，政治家のテレビ活用は，若年層へのアピールが限定的となることが示唆できる。また新聞はといえば，日本新聞協会（2023）によると，2023年の新聞発行部数は2900万部以下となり，2000年の5300万部以上であった時点と比較して，2500万部近く減少している。

　伝統的なマスメディアへの接触の減少が進む中，今後のメディアと政治のあり方で考えるべきはインターネットと政治の関係性である。令和5年版の情報通信白書（総務省2023）によれば，13〜59歳のインターネット利用率は95%以上である。2022年のインターネット利用率は84.9%であり，そのうちスマートフォンでのインターネットの利用率は71.2%，パソコンでは48.5%であった。また総務省情報通信政策研究所（2023）によれば全年代の2022年のメディアの利用率（平日1日）は，テレビ（リアルタイム）視聴が73.7%，新聞閲読が19.2%であるのに対し，ネット利用は90.4%である。平均利用時間（平日1日）は全年代でテレビ（リアルタイム）視聴が135.5分だが，ネット利用は175.2分で最大であり，新聞閲読は6.0分である。以上が現在の国民のメディアの利用状況に関する報告のまとめである。それぞれのメディア間で利用する目的や利用方法に違いはあるものの，インターネットが生活での主要なメディアとなっていることは明らかである。

　特に若年層は，インターネットを通じて情報収集や世論形成を行う傾向がある。またこの層はソーシャルメディアの利用が多い層でもある。このため，今後の政治とメディアのあり方を考えるにあたっては，ソーシャルメディアと政治の関係について注目していくことが重要である。政治の舞台がマスメディアからマルチメディア，主にインターネットへ，そしてネット上のソーシャルメディアへと移行するとき，政治とメディアはどのような関係を結んでいくことになるのかを考えなくてはならない。そこでは，マスメディアの時代には非常に大きかった「発信者側（メディア）」と「受け手側（大衆）」の非対称性が緩和され，受け手側の影響力が増大する，すなわち，政治のプラットフォームがマスメディアからインターネットに移行する際に，プラットフォームの双方向化

という変容が起きるのである。この「双方向のプラットフォーム」によって実現可能となったのがデジタルなソーシャル・キャピタルだ。

3 日本のデジタル・ソーシャル・キャピタルと インターネットの問題

　本章でいうデジタル・ソーシャル・キャピタルとは，インターネットの様々なオンライン・プラットフォーム上での交流を通じて形成される対人的な社会的つながりやネットワーク上のソーシャル・キャピタルを指す。デジタル・ソーシャル・キャピタルには，多くの課題もあるが，可能性も秘めている。

　デジタル・ソーシャル・キャピタルは比較的新しい研究分野であるが，この分野ではすでにいくつかの主要な研究が行われている（Lin 1999; Ellison et al. 2007, 2010; Lybeck et al. 2023）。デジタル・ソーシャル・キャピタルの潜在的な可能性を探る研究としては，社会的つながりの構築に関したものがある。デジタル・ソーシャル・キャピタルは，人々が物理的な場所に関係なく，同じような関心や価値観を共有する他者とつながる方法を提供することができ，これは，地域コミュニティで孤立したり，疎外感を覚えたりしている人々にとって特に価値のあるものとなりうる。デジタル・プラットフォームは，個人や組織に，従来のオフラインの手段では不可能だった，より多様な人々と大規模につながり，ネットワークを構築する機会を提供する（Vitak et al. 2011）。

　いくつかの研究では，Facebookのユーザー・グループがソーシャル・キャピタルの形成をどのように促進できるかを検証しており，ユーザー・グループは，同じ志向性をもつ個人がつながり，情報を共有するためのプラットフォームを提供することによって，紐帯の結びつきを増加させることができることを明らかにしている（Ellison et al. 2007）。Burke et al.（2010）は，ソーシャルメディアの利用がソーシャル・キャピタル，特に橋渡しのソーシャル・キャピタルと結合のソーシャル・キャピタルにどのような影響を与えるかを調査した。彼らの研究によると，ソーシャルメディアは，橋渡しのソーシャル・キャピタルにとって重要な弱い絆の形成を促進することができるが，必ずしも強い絆の形成につながるとは限らないことがわかった（Burke et al. 2010）。ピュー・リサーチ・

第 1 部　政治参加の不平等

センターは，人々が社会的つながりを維持・強化するためにインターネットを
どのように利用しているかを調査した。その結果，ソーシャルメディアの利用
は，特に社会的に孤立していると感じている人々にとって，社会的支援の増加
と正の相関関係があることがわかった（Ellison et al. 2010）。デジタル・プラット
フォームを通じてより多くの人とつながることで，個人はソーシャル・キャピ
タル全体を高めることができ，より多くの機会やリソース，社会的支援につな
がる可能性がある。またデジタル・ソーシャル・キャピタルは，個人や組織間
のコミュニケーションや情報共有を促進し，より効率的で効果的な協働をも
たらすことができるため，市民参加や活動を促進する可能性もある。なぜなら，
個人はオンライン・プラットフォームを利用することで，重要な社会的・政治
的問題とかかわりのある人々を組織化し，動員することができるからである
（Ferrucci et al. 2020）。

　一方，デジタル・ソーシャル・キャピタルとさらなるデジタル化の発展を阻
むものとして，社会の分断化など，多くの課題も存在する。インターネットと
政治の関係において現状として問題になっているのは，主にページビュー至上
主義，フィルターバブル，フェイクニュースなどである。ページビュー至上主
義とは，インターネットメディアにおいて，ハードニュースよりも記事の閲覧
数（ページビュー）を稼ぐことができる，スキャンダルなどの低俗なニュース
を掲載しがちになる傾向のことである。また，フィルターバブルとは，問題に
対する態度が合致する意見のみをメディアのアルゴリズムが選んで接触させる
ことによって，自分とは異なる意見や，関心のない情報から遮断されることで
ある。そしてフェイクニュースは，事実と異なる虚偽のニュースのことである。
拡散力が強いソーシャルメディアの普及によって，フェイクニュースも拡散力
を強めている。

　これらの問題は，政治において次のような影響を与える。1つは，フィル
ターバブルによって，インターネットにおいて世論を形成することが困難に
なってしまうということである。受け手側が，フィルターバブルによって自分
の関心に沿った内容しか享受しなくなると，ある問題に対するその人の態度を
変えることは難しくなる。これによって，世論が極端に割れるおそれがある。
また，ページビュー至上主義に伴うフェイクニュースの増加は，情報の受け手

にとっても政治家にとっても不利に働く。受け手はどの情報が正確なのかがわからず，メディアや政治家に不信感をもち，政治家は事実とは異なる情報が流出することによって立場が危うくなる可能性がある。

インターネット登場初期には，仮想世界における人々のより民主的かつ公的な政治参加を可能とするコミュニティのような開かれた場の形成が構想されていたが，実際のソーシャルメディアのコミュニティはこのように異なるものになりつつある。今のソーシャルメディアにおける政治的コミュニティは，特定の文法やキャッチフレーズ，ハッシュタグやミームを用いた結束の補強が絶え間なく行われる空間となってきた。このような状況の中，個々人はそれぞれのコミュニティ内というごく狭い環境を現実の世界と誤認する傾向にあって，自分のコミュニティの影響力を過信するような事態が起こりうる。マスメディアによって形成される疑似環境が多くの人にとって，ゆるやかに共通した像をもっていたのに対して，ソーシャルメディアによって形成される疑似環境は，閉鎖的なコミュニティ（エコーチェンバー）でのやり取りを通して形成されたものであり，現実のコミュニティにおいては共有することが難しく，疑似環境を共有するコミュニティに依存していくことになる。これらが，インターネットと政治の関係性における課題だといえる。

デジタル化は，異なる地域や背景をもつ人々をつなげるのに役立つ一方で，個人がオンライン上のエコーチェンバー内で孤立を深める可能性があるため，分断化にもつながりかねない（Bright 2018; Chen et al. 2018; Riles et al. 2018）。すべての個人がデジタル・ソーシャル・キャピタルを構築するのに必要なデジタル・プラットフォームにアクセスできるとは限らず，デジタル・デバイドは，日本社会における既存の不平等を悪化させる可能性がある。また，デジタル・プラットフォームの匿名性は，オンライン・ハラスメントやヘイト・スピーチにつながる可能性があり，特に個人の精神的ウェルビーイングに悪影響を及ぼす可能性がある。

またデジタル化の発展を阻む日本の文化的側面として，対面でのコミュニケーションや人間関係を重視する傾向が挙げられる。そのため，個人や組織が強力なデジタル・ソーシャル・キャピタル・ネットワークを構築することは難しい。また言語の壁により，日本国外の人々とデジタル・ソーシャル・キャ

第1部　政治参加の不平等

ピタルを構築することが制限される可能性もある。さらに，日本には個人情報保護法があるため，個人や組織がデジタル・ソーシャル・キャピタル・ネットワークを構築するために個人データを収集・利用することが制限される場合がある。デジタル・ソーシャル・キャピタルは日本の市民やコミュニティに多くの利益をもたらす可能性がある一方で，潜在的な課題もあり，それらを認識しつつ，その解決に取り組むことが重要である。他国と比較した場合，日本は調和的な意思決定の伝統があり，それが政治的安定と経済成長の維持に役立ってきたが，同時に政策決定を官僚やその他の専門家に依存する傾向もある。これら諸要素が重なり，市民の無力感につながったり，一般市民の間で権威主義的な政治姿勢が受容されるようになった可能性がある。

4　日本人の情報行動と政治参加

　本節では，2021年度ウェブ調査（意識モジュール）から，日本におけるオンライン・コミュニケーションの利用状況や，人々の社会・政治への関心・参加状況，メディアの利用状況等について分析を行う。これをもとに政治情報を得る際に利用するメディア・プラットフォームの種別が投票行動や政治意識にどのように影響しているかを明らかにする。

　政治参加は，行動（投票）とその他の市民活動によって決定される。政治に関心をもつ市民が各種のメディア・プラットフォームを利用するとき，その種別によって得られる政治情報は変わると考えられる。伝統的なメディアとソーシャルメディアとでは，寄与する要素が異なる可能性があり，両方を検討すべきである。デジタル・ソーシャル・キャピタルを進化させるためのデジタル・ネットワークなど，メディア利用の重要性を踏まえ，本章では，日本における政治情報を得るためのメディア利用と政治参加に寄与すると思われる要素と傾向を検証する。

4-1　政治の情報の入手方法

　まずは政治の情報をどこから入手しているのかをみていこう（**表4-1**）。割当

第4章　メディア環境の変化と政治参加・政治意識

表4-1　政治の情報の入手頻度（%）

	新聞	TV報道	TV情報	雑誌	本	ウェブサイト
ほぼ毎日読む（見る）	13.8	23.0	11.4	1.2	0.7	10.8
よく読む（見る）	9.6	22.6	19.8	2.7	2.0	15.9
ときどき読む（見る）	18.2	31.4	34.5	10.4	8.5	32.1
あまり読まない（見ない）	14.6	10.6	17.5	21.5	18.5	15.1
ほとんど読まない（見ない）	43.8	12.4	16.8	64.3	70.4	26.1

	ブログ	Twitter	Facebook	LINE	Instagram	YouTube
ほぼ毎日読む（見る）	2.7	3.6	0.9	1.5	0.9	1.2
よく読む（見る）	6.0	6.3	2.4	2.7	0.9	4.8
ときどき読む（見る）	16.5	18.0	6.9	12.3	4.2	19.2
あまり読まない（見ない）	23.0	13.8	13.5	16.5	11.7	15.0
ほとんど読まない（見ない）	51.8	58.4	76.4	67.1	82.3	59.9

出所：2021年度ウェブ調査（意識モジュール）より筆者作成

　法の標本抽出の結果，本調査のサンプルの33.2%が60歳以上であったことも
あり，サンプルのオンライン・メディア利用率，特に政治情報を得る目的での
ソーシャルメディア・プラットフォーム利用率は総じて低いことが示された。
政治情報を得るためのメディアとしては，依然としてテレビが圧倒的に多く，
ウェブニュース，新聞，ブログ／まとめサイトがそれに続いた。ソーシャルメ
ディアの中では，他のメディアより低いものの，Twitter（現在のX）が最も利
用されているメディアである。

　次に，伝統的なマスメディアとソーシャルメディアの利用の傾向をわかりや
すくするために表4-1のメディア利用率を2値化した。利用頻度が大きく異な
るため，テレビの報道番組は「ほぼ毎日読む（見る）」，新聞，テレビの情報番
組・バラエティ番組，ウェブサイトは「よく読む（見る）」まで，それ以外は
「ときどき読む（見る）」までを利用頻度が高い層とした。そのうえで階層的ク
ラスター分析（ウォード法）によって類型化を試みた。分析の結果，3つのクラ
スターが抽出された。表4-2に，クラスターごとのメディア利用率を示してい
る。ここから，ソーシャルメディア接触層，伝統的メディア接触層，非接触層
と特徴づけられる。構成比率は，ソーシャルメディア接触層は29.5%，伝統的
メディア接触層は38.9%，非接触層は31.7%である。

　表4-3は，社会経済的地位（性別，年齢，居住都市人口，学歴，職業，年収）に

71

第1部　政治参加の不平等

表4-2　メディア利用クラスターの特徴（%）

	新聞	TV報道	TV情報	雑誌	本	ウェブサイト
ソーシャルメディア	18.8	16.3	28.7	12.4	14.4	34.3
伝統的メディア	46.0	46.9	58.5	27.3	17.9	42.7
非接触	0.0	0.0	0.0	0.0	0.0	0.0

	ブログ	Twitter	Facebook	LINE	Instagram	YouTube
ソーシャルメディア	54.8	51.7	19.3	28.6	16.3	51.9
伝統的メディア	23.4	11.6	6.2	10.6	2.8	8.4
非接触	0.0	0.0	0.0	0.0	0.0	0.0

出所：2021年度ウェブ調査（意識モジュール）より筆者作成

表4-3　社会経済的地位とメディア利用（%）

		ソーシャルメディア	伝統的メディア	非接触			ソーシャルメディア	伝統的メディア	非接触
性別	女性	25.6	36.6	37.9	学歴	中学・高校卒	27.0	35.1	37.9
	男性	33.4	41.2	25.4		短大・高専卒	24.1	42.9	33.1
	χ^2	39.3	**			大学卒	32.9	41.0	26.1
年齢	20代以下	43.7	19.8	36.5		χ^2	33.29	**	
	30代	40.1	25.6	34.3	職業	専門・管理	28.0	46.7	25.2
	40代	29.4	33.1	37.6		正規	33.9	34.4	31.8
	50代	22.7	39.8	37.5		非正規	23.9	34.6	41.5
	60代	22.0	54.1	24.0		無職	28.1	43.9	28.0
	70代	21.2	59.3	19.5		χ^2	38.8	**	
	χ^2	193.30	**		年収	300万円未満	27.2	37.1	35.6
居住都市人口	5万人未満	32.5	40.2	27.4		300-400万円	27.5	40.3	32.2
	5-20万人	28.4	37.7	34.0		400-600万円	29.8	39.6	30.6
	20-70万人	28.5	40.0	31.5		600-900万円	34.2	35.9	29.9
	70万人以上	30.5	38.2	31.4		900万円以上	33.6	39.0	27.5
	χ^2	4.39				χ^2	10.25		

** $p<.01$　* $p<.05$
出所：2021年度ウェブ調査（意識モジュール）より筆者作成

よって各メディア利用クラスターの割合を示したものである[2]。大きな差ではないが，男性のほうがソーシャルメディア，伝統的メディアとも多い。年代については，20代以下，30代でソーシャルメディアが多い反面，伝統的メディアは高齢ほど多く，とりわけ60代，70代で多い。学歴では，大学卒でソーシャルメディア利用が多く，非接触が少ない。職業では，専門・管理職と無職で伝統的メディアが多く，非正規職で非接触が多い。居住都市人口と年収については差がみられない。以上，年齢による差が最も特徴的であるが，男性，高学歴

といった属性がソーシャルメディアを利用する傾向にある。

4-2 政治の情報の入手と政治活動・政治意識

　クラスター分析の結果に基づき，次に20〜30代，40〜50代，60〜70代別にソーシャルメディア接触層，伝統的メディア接触層と非接触層の投票行動を比較したものが図4-1である。どの世代でも非接触層の投票行動が比較的低く，20〜30代および40〜50代では，わずかにソーシャルメディア接触層が伝統的メディア接触層よりも投票行動が高い。60〜70代では，伝統的メディア接触層が毎回投票する人数は多いが，ほとんど毎回投票する人と毎回投票する人を合わせたグループでは，ソーシャルメディア接触層が多くなる。つまりわずかであるが，ソーシャルメディア接触層はどの年代においても投票行動が高いということがこのデータから示唆できる。

　表4-4では政治活動の経験（5年以内の場合と5年よりも前の場合）もしくはするかもしれないという回答をメディア別に表している。ソーシャルメディア接触

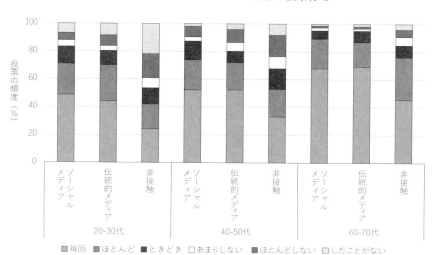

図4-1　年代別にみたメディア接触と投票行動

出所：2021年度ウェブ調査（意識モジュール）より筆者作成

第1部　政治参加の不平等

表4-4　メディア接触と投票以外の政治参加（%）

		5年以内	経験あり	可能性あり	経験なし
選挙運動の手伝い	ソーシャルメディア	3.4	11.8	12.9	71.9
	伝統的メディア	4.5	14.3	6.3	74.9
	非接触	1.7	6.4	3.6	88.3
政治家，政党，政治団体への寄付	ソーシャルメディア	2.6	2.1	12.2	83.0
	伝統的メディア	1.5	3.8	6.3	88.4
	非接触	0.6	0.6	2.0	96.8
政治や選挙に関する集会への参加	ソーシャルメディア	4.7	8.5	15.3	71.5
	伝統的メディア	5.8	9.8	10.9	73.6
	非接触	1.2	3.5	2.7	92.6
議会や役所への請願，陳情，要望	ソーシャルメディア	2.9	3.3	24.8	69.0
	伝統的メディア	3.1	4.6	20.2	72.2
	非接触	0.5	0.3	6.7	92.6
政治家や官僚に会う，手紙を書くなど	ソーシャルメディア	3.1	3.1	17.6	76.2
	伝統的メディア	3.5	3.0	10.6	82.9
	非接触	0.2	0.2	2.6	97.1
インターネットなどを通した政治についての意見の表明	ソーシャルメディア	6.0	1.5	28.9	63.6
	伝統的メディア	1.9	1.9	18.4	77.9
	非接触	0.6	0.0	5.3	94.1
署名する	ソーシャルメディア	13.4	12.7	33.6	40.3
	伝統的メディア	12.6	15.5	24.0	48.0
	非接触	4.3	6.7	14.3	74.8
環境保護・政治的・倫理的理由による製品の購入や不買	ソーシャルメディア	7.8	2.0	33.4	56.8
	伝統的メディア	4.9	3.0	28.8	63.3
	非接触	1.5	0.3	11.4	86.8
政治や社会問題についてのシンポジウム・フォーラム・講演会などへの参加	ソーシャルメディア	5.4	5.2	27.7	61.7
	伝統的メディア	4.9	6.8	21.9	66.4
	非接触	0.2	1.4	7.3	91.2
集会・デモなどへの参加	ソーシャルメディア	2.9	3.6	19.3	74.2
	伝統的メディア	2.6	6.2	12.0	79.2
	非接触	0.3	1.1	4.3	94.4
ストライキへの参加	ソーシャルメディア	0.2	3.4	17.8	78.6
	伝統的メディア	0.4	6.4	9.5	83.7
	非接触	0.0	1.2	5.3	93.5

出所：2021年度ウェブ調査（意識モジュール）より筆者作成

第4章　メディア環境の変化と政治参加・政治意識

図4-2　メディア接触とイデオロギー（%）

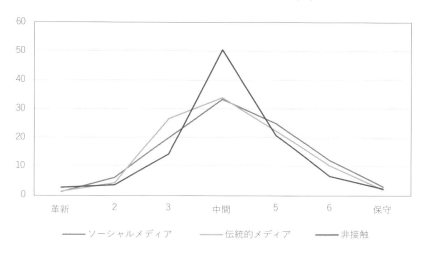

出所：2021年度ウェブ調査（意識モジュール）より筆者作成

層と伝統的メディア接触層で参加の経験はあまり変わりがないが，将来的にやるかもしれないという割合がソーシャルメディア接触層で多くみられる。特にインターネットなどを通した政治についての意見の表明において高い。ソーシャルメディア接触層と伝統的メディア接触層がともに高いものとして，署名，環境保護・政治的・倫理的理由による製品の購入や不買（ボイコット），政治や社会問題についてのシンポジウム・フォーラム・講演会などが挙げられる。一方で，政治家，政党，政治団体への寄付，ストライキへの参加，政治家や官僚に会う，手紙を書くなど（接触），集会，デモなどへの参加は比較的低かった。

図4-2は政治的イデオロギー傾向を比較している。ここでは，いずれも保革の中間と回答するものが多く，わずかではあるが，伝統的メディア接触層が革新と回答する傾向がソーシャルメディア接触層よりも強く，ソーシャルメディア接触層は伝統的メディア接触層よりもわずかに保守と回答する傾向がみられた。

図4-3は政治的有効性感覚の回答の平均値を表している。これらの設問の点数を逆転し，政治的有効性が高いほど点数が高くなるように加工している。特

第1部　政治参加の不平等

図4-3　メディア接触と政治的有効性感覚の平均値

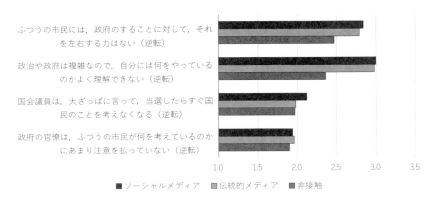

出所：2021年度ウェブ調査（意識モジュール）より筆者作成

に「ふつうの市民には，政府のすることに対して，それを左右する力はない」「政治や政府は複雑なので，自分には何をやっているのかよく理解できない」という内的政治的有効性感覚に関する設問に対して，ソーシャルメディア接触層と伝統的メディア接触層は顕著に高い。ソーシャルメディア接触層は「国会議員は，大ざっぱに言って，当選したらすぐ国民のことを考えなくなる」ではわずかに高い。メディア接触のある層の政治的有効性感覚が高いということが示唆できる。

　ここまでの調査の分析結果より，伝統的メディア接触層とソーシャルメディア接触層の間では大きな差はなかったが，わずかではあるが政治参加への意欲やイデオロギー傾向での差があった。伝統的メディアおよびソーシャルメディアを利用している人ほど政治参加に意欲があることがわかる。またメディア利用により，わずかではあるが，政治的有効性感覚が高くなることも確認できた。

5　おわりに

　本章の調査結果は，政治参加を促進するためのデジタル技術の導入において，日本が現在直面している多くの課題と可能性を示している。日本では政治的意見を述べるために様々なコミュニケーション・テクノロジーを利用している人

の割合が比較的少ないため，デジタル・ソーシャル・キャピタルの可能性は限られている。このことが，テクノロジーを使って市民が政治に主体的にかかわるという意識をもつことを妨げている。しかし個人のニーズが多様化する中で，政府が公共サービスを提供することには限界がある。市民の政治参加レベルの低迷が続く中，電子投票をはじめとするデジタル技術の政治プロセスへの導入による民主主義の活性化に期待が向けられている。現在，電子投票の実用化に関しては日本ではまだ初期の実験段階であり，地方自治体レベルで様々な導入を視野に入れた実験が行われる段階にとどまっている。一例として2022年茨城県つくば市でオンライン投票の実験が行われたほか，他の地域でも小規模な電子投票の実験が行われてきたが，それらも実験で終わり，実際の活用までには至っていない。この技術を広く採用することに対して，市民は比較的慎重である。その理由として，電子投票システムのセキュリティや信頼性に対する懸念があると考えられる。特に一般市民の間では電子投票のシステムの安全性に対する懸念がある。これまでに投票を容易にするタッチパネル端末やICカードで有権者を認証するマイナンバーの仕組みも開発されてきたが，それでもセキュリティの懸念が指摘され，投票の電子化が進まないのには，技術導入に対する根深い不信感があるものと示唆できる。したがって政府や選挙管理委員会は，電子投票による利便性やスピードよりも，紙媒体を継続することで安全性や信頼性を優先し，電子投票の導入に至っていない。

　一方，シビックテックやオープンデータは，日本ではまだ新しい分野だが，近年，その活用を促進する取り組みもみられる。政府は2016年に国のオープンデータ・ポータルを立ち上げるなど，オープンデータの普及に力を入れている。また，東京都でも幅広いデータセットを掲載したオープンデータ・ポータルを立ち上げるなど，一部の地方自治体もオープンデータの公開が始まっている。また民間レベルでも近年，透明性，市民参画，災害対応などの課題に焦点を当てたシビックテックの新興企業や団体が台頭している。代表的なものとしては，社会問題を解決するためのデジタルツールの作成に取り組むシビックテック団体であるCode for Japanや，持続可能な社会の実現のためのイノベーションの創出以外に災害時の管理も対象とするNEDOのロボットプロジェクトなどが挙げられる。

第1部　政治参加の不平等

　日本政府は，テクノロジーによる行政サービスの向上を目指す「デジタル社会推進会議」や，民間企業におけるオープンデータ活用の推進に取り組む「オープンデータ流通推進コンソーシアム」など，シビックテックやオープンデータを推進するためのイニシアティブをいくつか立ち上げている。日本におけるシビックテックやオープンデータの導入にはまだ多くの課題が残っているが，近年はいくつかの地域で一定の進展がみられ，政府や市民社会組織は，透明性や説明責任を促進するためのこれらのコンセプトの重要性を認識しつつあり，日本における政治参加の促進に向けた取り組みが進められている。

　市民社会組織の中には，市民を政策議論に参加させ，政府の透明性と説明責任の向上を促進するために活動しているところもある。例えば，トランスペアレンシー・インターナショナルは，汚職撲滅と政府の透明性促進に取り組む世界的組織であるが，同団体の日本支部は，日本における透明性と説明責任の向上を促進するため，調査，アドボカシー，啓発活動を行っている。SDGsに関する日本市民社会ネットワーク（SDGs Japan）は，国連が定めた持続可能な開発目標（SDGs）の達成に向けて活動する市民社会団体のネットワークである。日本における持続可能な開発を促進するため，アドボカシー活動，啓発活動，能力開発活動を行っている。また，日本国際ボランティアセンター（JVC）は，日本と諸外国における社会正義と持続可能な開発を推進する非営利団体である。社会，経済，環境問題に取り組み，政策決定プロセスへの市民参加を促進するため，地域社会と協力している。

　このように日本の民主主義は実際には機能している面も多くみられ，日本独自の政治的・経済的・社会的状況に適応しているという意見もある（Rosenbluth 2011）。投票率の低さなど，日本の政治制度が直面している課題はいくつかあるが，日本の民主主義は固有の状況に適応し，多くの点で比較的うまく機能し続けている面もある（Imada 2010）。

　ここまで民主主義国家である日本で，選挙の投票率をはじめとする市民の政治参加率の低下や，政治への意見表明機会の減少など，様々な問題や転換点に直面していることを指摘してきた。また，議員や官僚といった政治エリートによる政策形成プロセスの不透明性は，市民の政治不信や無力感を招いている。このことが多くの日本人の間で権威主義的な政治指向を育む一方で，政治に民

意が反映されていると感じられなくなり，政治への関心や参加の低下を招いているのではないだろうか。こうして，民意に基づくはずの民主主義制度において，政治と社会が切り離され，国民の間に政治的疎外感が広がっている。

メディアは世論と政治言論の形成に決定的な役割を果たしているが，政治情報を取得する際に，メディア不信，娯楽優先の報道などの問題点もある。近年，メディアに対する信頼は，バイアス，センセーショナリズム，フェイクニュースの蔓延などの要因により，低下している。市民がメディアを信用しなくなると，別の情報源からの誤情報に騙されやすくなったり，政治プロセス自体から離脱したりする可能性がある。また，メディアは，視聴率やウェブトラフィック（アクセス回数）の向上を追求するあまり，実質的な政治報道よりもエンターテインメント性を優先する場合がある。その結果，重要な政治問題が単純化され，センセーショナル化されてしまい，市民が複雑な問題を理解し，情報に基づいた政治参加を行う能力が低下するおそれがある。

現状では，市民の間で信頼できる情報と誤情報やデマを見分けるための批判的思考能力が十分に養われているとは言い難い。メディアリテラシー教育を受けなければ，個人は意図せずに偽りや誤解を招く内容を消費したり共有したりして，その拡散を助長してしまうおそれがある。デジタル時代において，誤った情報や誤解を招く情報が悪意なく拡散される誤情報と，人を騙す目的で意図的に拡散されるデマが，ソーシャルメディア・プラットフォームや従来のメディアチャンネルを通じて蔓延しているため，混乱が生じ，政治言論の歪曲がもたらされる可能性があり，これはなんとしても避けなければならない。今後，この調査結果が，国家と市民社会の関係を変革し，新しいガバナンス（統治形態），あるいは新しいデジタル・デモクラシーの構想への道を開く一助となることを期待する。

第1部　政治参加の不平等

註

1　デンドログラムから判断すると2つのクラスターが適切であるが，実質的な意味を考慮して3つのクラスターを採用した。デンドログラムはオンライン付録OA4-1に掲載している。

2　各変数の操作化については第2章に準拠しているので，参照されたい。

第5章

外国人の政治参加と政治的不平等

◆◆◆

明石 純一・山本 英弘

1　はじめに

　自国民と外国人の違い，より限定的には両者間の権利上の差異は，移民やシティズンシップをめぐる議論において古典的なテーマとして知られているが，昨今の日本においてこそ重要性が高まっている。世紀の変わり目である2000年末には約169万人であった在日外国人の数は，その後四半世紀を待たずにその数を倍近くの約322万人超にまで伸ばしている。この間，リーマンショック，東日本大震災，パンデミックなど，人の国際的な移動・移住を抑制する事態も数度にわたり生じ，実際，その際には日本に暮らす外国籍住民の数は減った。しかし振り返れば，こうした減少は一時的であり，その事実により私たちは，むしろ日本における外国出身の住民の増加基調を，つまりは日本社会の多国籍化・多文化化の不可避性を確認したともいえる。

　その外国籍人口の趨勢において留意したいのは，300万人を超える外国籍人口の法的地位上の内訳において，永住者が最も多くを占めているという事実である。また，外国から日本に移り住む人々の増加が，日本人の人口減少を伴って生じていることを鑑みれば，国籍にかかわらず地域社会を構成する住民として享受しうる権利や社会・政治への参加形態，その条件について理解を深めることには一定の意義を見出せよう。

　本章では，上述の時代状況を念頭に置き，外国人の政治的不平等と政治参加の現状を検討してみたい。以下では，第1に，近年の日本における外国人関連

第 1 部　政治参加の不平等

政策の潮流に触れつつ，外国人の政治的な権利や政治参加に関して概念的整理を行う。第 2 に，外国人の政治参加の手段や制度についての現状と論点の整理を行う。第 3 に，外国人の政治参加についてのホスト社会側の受け止めについて，2023 年度ウェブ調査の結果をもとに，考察を加える。それにより，日本社会における外国人の政治参加のあり方を考えるための視点，材料を提供したい。

2　日本における外国人関連政策の潮流と外国人の政治的諸権利

　冒頭に述べたように，現代の日本社会では，日本人人口の減少に伴う多文化化が進んでいる。国立社会保障・人口問題研究所がまとめている「日本の将来推計人口」（令和 5 年推計）によれば，2024 年現在は 2% 台にある日本の外国人比率は，2070 年には 10.8% と推計され，その水準は現在の OECD（経済協力開発機構）平均（14.3%）には及ばないが，イタリアやデンマークなどの欧州諸国のそれに近い[2]。

　最近の日本国内の政策展開をみれば，政府は，2018 年の入管法改正により「特定技能」という人手不足対策のための在留資格を導入し，その後 2023 年には，家族の滞在も認め，継続的に就労が可能な「特定技能」の 2 号の職種を大幅に拡充している。2024 年には「技能実習制度」が今後廃止されることが決まり，代わりに 2027 年開始予定の「育成就労制度」が設けられた。すなわち日本における外国人関連政策の展開においては，技能実習に代表される有期雇用，すなわちローテーション型の労働力の確保から，それよりも定住可能性が高まるであろう外国人材の獲得へ，その力点が移っているといえる。

　それに先立つ 2018 年 12 月に，政府は，「外国人材受入れ・共生のための総合的対応策」を示し，外国人関連施策における政府全体の方向性を打ち出している。「共生」あるいは「多文化共生」の推進を図ろうとする現行の施策の方向性や妥当性については議論の余地はあろうが，いずれにしても上述の一連の展開は，日本における外国人材への依存を深める要因たりえ，総じて，外国人の受け入れにかかわる政策の優先順位の上昇を物語っているといえるだろう（明石 2020）。

　加えて近年に特徴的なのは，人道的な措置により，日本への在留が認められ

るケースの増加である。とかく難民の受け入れに消極的な点で国内外からの非難を招きやすい日本ではあるが，2021年以降，ミャンマー人への緊急避難措置，アフガニスタン退避者の受け入れ[3]，そしてウクライナ避難民の受け入れなど，先に述べた労働力不足解消とは異なる背景と論理に基づき，外国人にとってのホスト国としての色合いを近年は強めている。さらに2023年の改正入管法では，条約難民の条件を満たさないものの他国での保護を要する外国人を念頭に置いた「補完的保護対象者認定制度」が導入されている[4]。人道的な見地からも，外国人の定住可能性を制度的に広げている以上，外国人の社会構成員としての性質がこの先も強まることは想像に難くなく，こうした状況下において，外国人とホスト社会の権利関係や，前者の後者への政治的な参加のありようが問われている。

　ホスト社会における外国人の政治的な立場を国際比較の視点からみるならば，「移民統合政策指標（Migrant Integration Policy Index: MIPEX）」において日本は36番目と決して高くなく[5]，その理由の1つは，外国人の政治的権利を他の国と比べて強く制限しているためである。また，日本において外国人が自国民と同等の政治的権利を享受するには帰化が求められるが，日本政府は重国籍を禁じているため，その点でも政治参加のための制度的ハードルは高い[6]。つまり，社会を構成する外国籍住民の増加は，彼らの政治的権利そのものを拡張しているわけではない。

　共同通信社が実施した地方公共団体に対する2種のアンケート結果は，この状況を反映している。2023年に全国の自治体首長に対して実施された人口減少問題に関するアンケート（回答率94%）の中で，「外国人材の受入れ推進が必要」，そして「どちらかといえば必要」とした回答の合計は全体の86%を占める一方[7]，その前年11月〜2023年1月に都道府県と市区町村の全1,788議会の議長を対象とした，外国人住民の地方行政への参加についてのアンケート（回答率99.7%）では，「議論を進めるべき」との回答は16%にとどまった[8]。繰り返しになるが，労働市場における外国人依存の高まりが，その政治的プレゼンスにつながらないのが現状である。外国人の政治や社会一般への参加の実態や，その背景にある意識を，ホスト社会はどのように，どの程度汲み取るべきかという問いが，今度はより深刻なものとして惹起されるであろう。

第 1 部　政治参加の不平等

3　外国人の参政権と政治参加

3-1　外国人の参政権をめぐる動静

　外国人の政治的権利，あるいは参政権のうち中核的なそれは選挙権・被選挙権であり，日本における外国人参政権をめぐる議論は，それを主たる対象としている。ただし，外国人参政権については，憲法や国籍規定をしている関連法令，すなわち地方自治法や公職選挙法の解釈をめぐる学説や，参政権の範囲や権利行使者の対象をめぐる考察については枚挙に暇がない。そのため本節では，概要のみを論じるにとどめる。そして実際のところ，外国人の政治参加における主要な論点は，権利それ自体から，参加の経路や手法にシフトしてきているように思える。

　外国人参政権は，法分野において，1990年代に広範かつ専門的に論じられたテーマである。その背景には，外国人の国政参政権をも問うたヒッグス・アラン参議院選挙権訴訟（1993年棄却）や，地方参政権を求める特別永住者の在日コリアンが提訴し，1995年2月の最高裁判決にて上告棄却となった事案がよく知られている。後者の判決は，その傍論と呼ばれる部分の内容において，外国人参政権の決着は政治的に図られるべきといった意味合いの文章により注目を集めた。同判決は，憲法第8章の地方自治の趣旨として，「民主主義社会における地方自治の重要性」に言及している。その文脈と絡めて以下に引用するならば，この判決は，「我が国に在留する外国人のうちでも永住者等であってその居住する区域の地方公共団体と特段に緊密な関係を持つに至ったと認められるものについて，その意思を日常生活に密接な関連を有する地方公共団体の公共的事務の処理に反映させるべく，法律をもって，地方公共団体の長，その議会の議員等に対する選挙権を付与する措置を講ずることは，憲法上禁止されているものではないと解するのが相当」とする一方で，こうした「措置を講ずるか否かは，専ら国の立法政策にかかわる事柄であって，このような措置を講じないからといって違憲の問題を生ずるものではない」とした。

　外国人参政権を「専ら国の立法政策にかかわる事柄」とした上の判決に後

84

第5章　外国人の政治参加と政治的不平等

押しされるかたちで，1990年代後半以降の日本では，外国人の地方参政権の付与を目指す動きが活発化したことは周知のとおりである。例えば1998年の第143回国会に提出された永住外国人に対する地方選挙権付与に関する法案は[9]，衆議院倫理特別委員会で継続審議がなされていた時期でもある1999年10月における三党連立政権政治・政策課題合意書においても，政治行政改革の項目の中で取り上げられている[10]。その後も2000年代には公明党議員が永住外国人の地方参政権を認める法案を提出しているほか，民主党政権時代にも同政権は法案提出を試みる動きをみせた。これらの試みは実現しておらず，永住者の地方参政権運動はやがて下火となるのであるが，直近でも，従来から永住外国人への地方参政権の付与に賛成の立場をとる与党の一角を構成する公明党は，直近2021年の総選挙時に示した公約においても，これまでの路線を踏襲している[11]。

　なお国際的文脈においては，日本における外国人，特に在日コリアンの参政権の問題は，人種差別撤廃委員会の2018年における総括所見において（22段落），「地方参政権及び公権力の行使又は公の意思の形成への参画にも携わる国家公務員として勤務することを認めること」との勧告を行っているほか[12]，2022年の自由権規約委員会の総括所見においても（42・43段落），在日コリアンの地方投票権を認める法改正の検討をすべきとしている[13]。

3-2　住民投票

　外国人による参政権の行使，あるいは政治参加の仕方は，前述の選挙という手段に限らない。政治参加を広くみれば，SNSでの発信，デモへの参加，署名活動，陳情なども，ホスト社会の政治へのかかわりの一形態といえるだろう。しかしより制度化された，外国人の政治参加を促す制度的な仕組みとして，住民投票が挙げられる。

　住民投票への参加が認められるのは一般的には日本国籍を有する者に限られており，外国籍住民にその機会を開いている自治体は例外的である（麻野2006）。政府は，2010年の国会答弁において外国人に住民投票を認めている地方公共団体の数を把握していないとしつつ[14]，支持・不支持についてのその姿勢を明らかにしていない。

85

第1部　政治参加の不平等

　この問題が広く扱われたものとして，武蔵野市の事例は記憶に新しい。2021年，当時の市長が外国籍住民も投票できる住民投票を制度化しようと提案したが，市議会において反対14，賛成11で否決されている[15]。多様な意見を市政に反映させようと，18歳以上で住民基本台帳に3ヶ月以上登録されていれば国籍にかかわらず投票を認めるというのが提案の中身であり[16]，実現はしなかったが，この動きを機に，2023年7月には有識者による懇談会が始まり，外国籍住民を住民投票における投票資格者として認めるか否かについては市民を巻き込んだいわば熟議の過程が生まれている[17]。とはいえ，条例で定める住民投票に法的拘束力は認められず，厳密な意味で「参政権」と呼べるのかは自明ではない[18]。また，もとより外国籍住民に住民投票を認める自治体の数が限られていることを鑑みれば，外国籍住民の政治参加や政治的意思表明の機能を果たしているとも言い難い。

3-3　外国人会議

　選挙や住民投票への参加以外で，外国人の政治参加を制度的に認める機能を果たすのは，自治体に設置されることがある「外国人会議」である。外国籍住民が参加するこの種の会議体は，1992年における大阪府の「在日外国人問題有識者会議」が最初といわれており（麻野 2006），1990年代には在日コリアンが多く住む関西圏で発展をみせる一方，関東圏ではその先駆的存在として研究者からの注目を集めた川崎市の「外国人市民代表者会議」などがある[19]（山田 2000）。別に「外国人住民会議」など様々な呼称があるが，会議を構成するメンバーの選ばれ方や会議の位置づけ，機能においては一様ではなく（樋口 2000, 2001; 麻野 2006; ホール 2014），法的拘束力はもたない。

　このことは，外国人が公的な会議体を通じて政治に参加するルートの多様性とともに，自治体の裁量により影響が異なることを意味する。また，会議参加者の代表性，「外国人住民の要求を集約するネットワーク」（竹ノ下 2000: 109）を構築するための機会費用や，会議の委員として参加することのコスト（樋口 2000）の低減などが，外国人会議を通じた外国籍住民の政治参加にとっての課題としても今も残されている。

86

こうした課題を受けて，2010年代後半のアンケート調査を基礎とする研究
においては，「設置根拠や委員構成等による政策反映度の違い」（吉田 2018）が
検討されており，条例を根拠とする設置期間が長く外国人委員のみからなる外
国人住民会議が，より高い実効性を備えているとしている。別の調査では（吉
田 2019），40を超える自治体において外国人住民会議といえるものが設置され
ており，過去と比べてその数が増えているほか，必要との認識も高まっている。[20]

　補足するならば，住民投票と外国人住民会議のほか，地方公務員の国籍条項
の撤廃の動きもまた，外国籍住民の地方自治という広い意味での「政治」への
参加のルートを広げるものといえないだろうか。最近では，群馬県や，人口の
2割を外国人が構成する同県の大泉町などにこうした動きがみられる。[21]外国人
の政治参加は，法的な根拠を備えたものではなく，地域限定的であるが，地方
政治においてはそのあり方が今も模索されている。

　本節までの議論を振り返ると，少なくとも法制度上において，外国籍住民の
増加は，彼らの政治参加の促進や政治的不平等の解消には結びついていない。
すなわち日本においては「国民」という成員資格が政治的参加の権利を担保し
ており，その「必然性」を疑う人々は国政や世論において多数派を形成してい
るわけではない。

　一方で，増加する一途の外国人を住民として社会的に包摂すべしという，こ
れもまた一般には有されつつある観点からは，彼らの政治参加や国民との政治
的不平等の解消ないし軽減は，1つの課題である。よって外国人の政治参加や
付与される権利の範囲や条件は，多国籍化・多文化化が進む現在の日本におい
ては，前提とすべき与件というよりはむしろ，文脈依存的に定まっていくもの
ではないだろうか。こうした問題意識を念頭に置きつつ，次節では，ホスト社
会（日本人）側の受け止めについて，一般市民の外国人の参加に対する意識か
ら考えていきたい。

第1部　政治参加の不平等

4　調査と分析：
　　日本人は外国人の政治参加をどのように評価しているのか

4-1　分析の目的

　外国籍住民が政治に参加することについて，日本人はどのように評価しているのだろうか。本章では，政策形成における手続き的公正性という観点からこの問題を考察する。政策の評価において，実際の利益分配が公正であるか（分配的公正）と同様に，政策形成の過程が公正な手続きで進められているかどうか（手続き的公正）も重要な観点である（Tyler et al. 1997=2000）。民主政治では，政策形成の過程において人々の意思を表明する機会が保障されていることが，公正な手続きだといえる（柳 2021）。実証研究から，結果として導入された政策の好みも考慮に入れたうえで，市民が参加しているほうが公正な決定手続きだとみなされることが明らかにされてきた（Gangle 2003; 広瀬・大友 2015; Esaiasson et al. 2019; Nakatani 2021）。

　本章の関心に寄せると，外国籍住民が政治に参加することが，政策形成プロセスにおいて手続き的に公正だとみなされるかどうかが焦点となる。日本の人々は，外国人にも意見を表明する機会があるほうが公正な意思決定だと評価するのだろうか。あるいは，外国人には資格がないため，参加は不当だと評価するのだろうか。これに加え，結果の好みという観点も重要である。人々は，外国籍住民の望むとおりに政策が実現することに対して，それを肯定的に捉えるのだろうか，否定的に捉えるのだろうか。以上の課題を検討するにあたり，日本人の一般有権者を対象とした，架空のビニエットに基づくサーベイ実験を用いて検討する。

4-2　調査の概要

　本章で用いる調査は2024年1月に実施した2023年度ウェブ調査である。対象は楽天インサイトのモニターであり，そこから2,193サンプルの回答を得た。

サンプルは日本全国にわたり，年代（10歳刻み），性別，居住地域ブロックを国勢調査の結果に応じて割り当てた。

調査においては，下記の架空のビニエットを用意した。

もし仮に次のようなことが起きた場合を想定して，あなたのお考えを教えてください。

お住いの市区町村で，定住外国籍住民の支援策を導入しました。この決定過程で，(a)当事者である外国籍住民／広く一般市民／提示なしの意見を取り入れる場を設けました。できあがった支援策は，外国籍住民の要望に(b)沿う／沿わないものでした。

質問1：上の仮のシナリオにおいて，あなたは支援策を導入する過程は，どれくらい公正な手続きだったと思いますか。

質問2：上の仮のシナリオにおいて，あなたは導入された支援策をどれくらい支持しますか。

想定する状況は，市区町村における定住外国籍住民の支援策である。ビニエットのうち，(a)と(b)は各回答者によって異なる条件が提示されている。(a)は政策形成における参加であり，当事者である外国籍住民について言及したもの，広く一般市民の参加について言及したもの，そして，参加に関する一文を提示しないものという3つの条件を用意した。外国籍住民は政策に大きな影響を受ける当事者の参加，一般市民は多様な意見の反映という点で，参加することに公正性が認められうるものである。参加者を提示しない条件と比較することで，それぞれの参加に対する公正性の評価を明らかにすることができる。(b)は結果としての政策であり，当事者である外国籍住民の要望に沿う場合と沿わない場合を設けた。(a)と(b)を組み合わせることで，6通りの条件が生じる。回答者をこれらに無作為に割り当てた[22]。

そのうえで，下記の質問によって，回答者に割り当てた条件に対する政策導入過程の公正性評価と導入された政策に対する支持の程度について回答を求めた。これらは7件尺度の質問で尋ねており，値が大きいほど肯定的であるよう

第1部 政治参加の不平等

に変換している。なお，「わからない」という選択肢も設けたが，これを回答
したサンプルは欠損値として扱った。

4-3 仮説

分析は条件ごとの公正性と政策評価の平均値を比較するかたちで行う。ただ
し，これらは，各回答者がそもそももっている外国人支援に対する態度に大き
く左右されるだろう。先行研究で指摘されているように，結果自体の好みが手
続き的公正評価に影響を及ぼしうる（Brockner and Wiesenfeld 2005; Leung et al. 2007;
Esaiasson et al. 2019）。

そこで，このサーベイ実験の前に設けられた「定住する外国人の支援を充実
させるべきだ」という5件尺度の質問を用い，外国人支援賛成派（「そう思う」
「ややそう思う」と回答，$N=647$），中立派（「どちらともいえない」と回答，$N=890$），
反対派（「あまりそう思わない」「そう思わない」と回答，$N=656$）の3つのグループ
に分けて分析を行う。ただし，統制変数の欠損により実際のサンプル数は減少
している。

手続き的公正の議論に従うならば，広く一般市民が参加している場合，人々
は政策形成プロセスを公正だと評価すると考えられる。外国籍住民については
参加資格を認めているならば，参加している場合に公正だと評価する。外国人
支援に中立的な人々は，上記の参加条件に規定されて公正評価が決まると予想
できる。外国人に対する支援に賛成する人々は，参加条件に加え，結果の好み
の影響を勘案するならば，自分の好む政策，すなわち外国籍住民の要望に沿う
政策が実現するほうが政策形成プロセスを公正だと評価すると考えられる。こ
れに対して，外国人の支援に否定的な人々は，外国籍住民の要望に沿わない政
策が実現するほうが政策形成プロセスは公正だと評価すると考えられる。

政策そのものに対する支持については，結果の好みに従って賛成派は外国籍
住民の要望に沿う政策は支持し，沿わない政策は支持しない。逆に反対派は外
国籍住民の要望に沿わない政策は支持し，沿う政策を支持しない。中立派は外
国籍住民の要望に沿うかどうかで政策の支持に差はみられないと考えられる。

第 5 章　外国人の政治参加と政治的不平等

4-4　分析結果

　政策形成プロセスの公正性および政策に対する支持をそれぞれ従属変数とし，参加と結果およびその交互作用を独立変数に投入した重回帰分析（OLS推定）を行った。なお，各ビニエットにはサンプルを無作為に割り当てているが，外国人支援に対する態度によって3群に分けたため分布が偏っている可能性がある[23]。そのため，性別，年齢，学歴，職業，世帯収入も統制のために独立変数として投入している[24]。表5-1に重回帰分析の結果を示す（非標準化係数。統制変数および定数の結果は省略。オンライン付録OA5-2を参照されたい）。そして，これをもとに参加と結果の条件ごとに算出した推定平均値と95％信頼区間を図5-1〜図5-6に示す。ここでは主に各図をもとに結果を検討していく。図の実線は外国籍住民の要望に沿う場合，破線は沿わない場合である。

　図5-1，図5-2は，外国人支援賛成派についての分析結果である。図5-1からは政策形成の公正性，図5-2からは政策の支持について，外国籍住民の要望に沿うほうが肯定的である。図からは，参加を提示しない場合よりも，外国籍住民および一般市民が参加しているという条件のほうが評価が高いようにみえる。しかし，表5-1より，公正性，政策支持のどちらについても重回帰分析の各係数の統計的検定の結果において，外国人の要望に沿う条件の主効果のみが1％水準で有意であった。外国人支援に積極的な人々は，当事者である外国籍住民あるいは幅広く募った一般市民の参加にかかわらず，政策の結果が自らの好みに合致することで公正の評価も政策支持も高まっている。

　図5-3，図5-4は外国人支援中立派についての結果である。どちらも外国籍住民または一般市民が参加していて，外国籍住民の要望に沿うときに，政策形成過程が公正だと評価される傾向がみてとれる。ただし，表5-1から，政策の公正性について統計的に有意であるのは一般市民の参加と外国籍住民の要望に沿うこととの交互作用項のみである（5％水準）。政策支持については，外国籍住民の要望に沿うことが統計的に有意な効果をもっている（5％水準）。外国人支援に対して中立的であったとしても，当事者の要望が実現することが重要なようである。

　図5-5，図5-6は，外国人支援反対派についての結果である。どちらの図か

91

第1部　政治参加の不平等

表5-1　外国籍住民支援政策の公正性，評価：重回帰分析

		政策の公正性					
		外国人支援賛成派		外国人支援中立派		外国人支援反対派	
		B	S.E.	B	S.E.	B	S.E.
参加	外国籍住民参加	0.358	0.203	0.157	0.148	0.896	0.228 **
	一般市民参加	0.329	0.198	0.050	0.151	0.769	0.223 **
	条件なし（基準）	—	—	—	—	—	—
政策	外国籍住民の要望に沿う	1.276	0.207 **	0.099	0.149	-0.211	0.229
	沿わない（基準）	—	—	—	—	—	—
	外国籍住民参加×要望に沿う	-0.150	0.288	0.375	0.208	-0.823	0.315 **
	一般市民参加×要望に沿う	0.204	0.287	0.516	0.213 *	-0.442	0.311
調整済みR2		0.178		0.071		0.072	
N		603		755		588	

		政策の評価					
		外国人支援賛成派		外国人支援中立派		外国人支援反対派	
		B	S.E.	B	S.E.	B	S.E.
参加	外国籍住民参加	0.115	0.190	0.252	0.138	0.896	0.231 **
	一般市民参加	0.143	0.186	0.216	0.141	0.614	0.224 **
	条件なし（基準）	—	—	—	—	—	—
政策	外国籍住民の要望に沿う	1.089	0.191 **	0.308	0.138 *	-0.368	0.229
	沿わない（基準）	—	—	—	—	—	—
	外国籍住民参加×要望に沿う	0.163	0.269	0.112	0.195	-0.730	0.317 *
	一般市民参加×要望に沿う	0.493	0.267	0.230	0.199	-0.078	0.311
調整済みR2		0.198		0.052		0.075	
N		611		766		588	

** $p<.01$　* $p<.05$　統制変数および定数の結果は省略
出所：2023年度ウェブ調査より筆者作成

らも，統計的検定の結果も含めて同様の結果が得られている。賛成派や中立派とは異なり，外国籍住民の要望に沿わない政策のほうが公正な手続きであり，支持されている。また，外国籍住民の要望に沿わない場合，外国籍住民，一般市民とも参加しているほうが公正であり，政策が支持されている。ただし，**表5-1**からは，公正性，政策支持のどちらについても，外国籍住民の要望に沿う政策であることの主効果は統計的に有意ではない。外国籍住民および一般市民の参加の主効果がともに1%水準で統計的に有意であり，さらに外国籍住民の

第 5 章　外国人の政治参加と政治的不平等

図 5-1　政策の公正性評価（外国人支援賛成派）

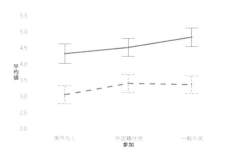

図 5-2　政策の支持（外国人支援賛成派）

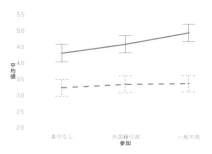

図 5-3　政策の公正性評価（外国人支援中立派）

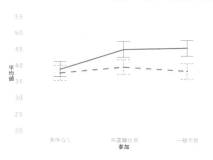

図 5-4　政策の支持（外国人支援中立派）

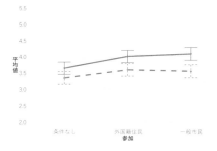

図 5-5　政策の公正性評価（外国人支援反対派）

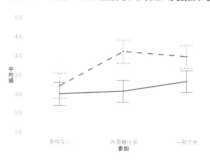

図 5-6　政策の支持（外国人支援反対派）

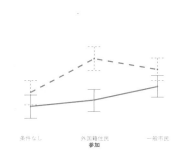

註：実線は「要望に沿う」，破線は「要望に沿わない」。
出所：2023年度ウェブ調査より筆者作成

93

参加と政策の結果との交互作用項は5%水準でマイナスに有意である。分析結果から，外国籍住民の参加が公正性や政策支持にとって重要であり，外国人に参加資格を認めないという態度はみてとれない。ただし，手続きとしての参加の価値は認めたうえで，外国人の利益になる政策は評価しないようである。

5　おわりに

　本章では，日本に在留する外国人の政治参加とその不平等構造の現状を制度や政策の側面から振り返り，さらにホスト国である日本の一般市民の認識という点から検討してきた。日本においては，少なくとも法制度上において，外国籍住民の政治参加の促進や政治的不平等の解消が図られているわけではない。しかし，外国籍住民が増加し，多国籍化・多文化化が進む中で，外国人の政治参加は文脈によって対応すべき重要な課題である。

　その際，日本の一般市民が政策形成の公正性という観点から，外国人の参加をどのように評価しているのかは確認すべきポイントである。本章では，サーベイ実験をもとにこれを検討した。分析からは，外国人支援に賛成の人々にとっては，当事者である外国籍住民の要望に沿う政策であるほど評価が高く，外国籍住民および一般市民の参加の効果はみられなかった。しかし，外国人支援に対して中立的および反対の人々にとっては，政策の好みに条件づけられるものもあるが，外国籍住民および一般市民の参加がともに，手続き的公正に対する評価に正の効果をもたらすことが示された。つまり，外国籍住民であっても参加することが民主的手続きにとって重要だと考えられているのである。現在の日本においては，外国人に対する支援についての議論が先行し，実際に施策面での整備も進んでいるが，上記の分析結果は，外国人を含めた参加制度を検討していくうえでの有益なエビデンスを提供しているといえる。

※本章は，第1～3節を明石，第4～5節を山本が執筆した。

第 5 章　外国人の政治参加と政治的不平等

註

1　出入国在留管理庁「在留外国人統計表」．https://www.moj.go.jp/isa/policies/statistics/toukei_ichiran_touroku.html（最終閲覧日 2024 年 9 月 05 日）

2　出生と死亡が中位という前提での推計である．帰化した者など，外国にルーツがある人々は含まれていない．国立社会保障・人口問題研究所「日本の将来推計人口」（令和 5 年推計）．https://www.ipss.go.jp/syoushika/bunken/data/pdf/20230831.pdf（最終閲覧日 2024 年 9 月 5 日）

3　アフガニスタン退避者の一定数はすでに難民として認められている（法務省難民統計）．

4　法務省入国在留管理庁「補完的保護対象者認定制度」．https://www.moj.go.jp/isa/applications/procedures/07_00038.html（最終閲覧日 2024 年 9 月 5 日）

5　2000 年代前半に当時の EU 15 ヶ国から始まり，現在は 56 ヶ国を対象としている．

6　MIPEX における日本のスコアについては近藤（2022）の解説を参照．

7　東京新聞 2023 年 9 月 17 日「外国人材受け入れ必要 86%　人口減・人手不足　自治体『消滅』に強い危機感」．

8　東京新聞 2023 年 2 月 26 日「外国人の行政参加『議論推進』は 14% にとどまる　首都圏 1 都 6 県の自治体議長　多文化共生進む一方で」．

9　正式名称「永住外国人に対する地方公共団体の議会の議員及び長の選挙権等の付与に関する法律案」．

10　財務省財務総合政策研究所財政史室編（2019）『平成財政史：平成元〜12 年度』第 8 巻 652 頁．https://www.mof.go.jp/pri/publication/policy_history/series/h1-12/8_3_13.pdf（最終閲覧日 2024 年 9 月 5 日）

11　公明党ウェブサイト「衆院選 政策集」．https://www.komei.or.jp/special/shuin49/wp-content/uploads/manifesto2021.pdf（最終閲覧日 2024 年 9 月 5 日）

12　United Nations, 2018, Committee on the Eliminaton of Racial Discrimination (CERD/C/JPN/CO/10-11), https://www.mofa.go.jp/files/000406781.pdf（最終閲覧日 2024 年 9 月 5 日）．本文中の引用は外務省の仮訳を用いている．

13　United Nations, 2022, Human Right Committee, Concluding Observations on the seventh report of Japan (CCPR/C/JPN/CO/7), https://www.nichibenren.or.jp/library/pdf/activity/international/library/human_rights/no_7_soukatsu_shoken.pdf（最終閲覧日 2024 年 9 月 5 日）

14　参議院ウェブサイト「住民投票条例に基づく外国人の投票権に関する質問主意書」への答弁．https://www.sangiin.go.jp/japanese/joho1/kousei/syuisyo/176/touh/t176151.htm（最終閲覧日 2024 年 9 月 5 日）

15　当時の松下玲子市長は次期衆院選に出馬のため 2023 年 11 月に市長を辞任し，翌月には立憲民主党第 90 回常任幹事会にて公認内定者として承認されている（第 90 回常任

95

幹事会選挙対策委員会資料）。https://cdp-japan.jp/files/download/sYL4/iMlg/h4RG/XCAF/sYL4iMlgh4RGXCAFpSutNBuy.pdf（最終閲覧日 2024 年 9 月 5 日）

16　朝日新聞朝刊 2023 年 12 月 16 日東京北部・1 地方「2 年前，市を二分　次の市長は」。なお，2023 年 12 月に実施された武蔵野市の次期市長選では市議時代に条例案に反対していた自公推薦の小美濃安弘氏が僅差で当選している。

17　武蔵野市ウェブサイト「住民投票制度に関する有識者懇談会」，https://www.city.musashino.lg.jp/shiseijoho/shisaku_keikaku/sogoseisakubu_shisaku_keikaku/1044160/1044161/index.html（最終閲覧日 2024 年 9 月 5 日）

18　住民投票は法的拘束力を有さず，意見表明のためのツールであり，参政権の付与とは異なることが，武蔵野市の考え方として示されている。武蔵野市ウェブサイト「『武蔵野市住民投票条例案』に対するよくあるお問い合わせについて（12 月 21 日時点）」，https://www.city.musashino.lg.jp/shiseijoho/shisaku_keikaku/sogoseisakubu_shisaku_keikaku/1044160/jumintohyoseido/jumintohyojoreian_otoiawase/index.html（最終閲覧日 2024 年 9 月 5 日）

19　2005 年に策定し，2024 年 3 月に改訂がなされた川崎市の「多文化共生社会推進指針」においては，外国人の地方参政権の実現を国に働きかけることを検討する旨，記載されている。川崎市ウェブサイト「川崎市多文化共生社会推進指針」，https://www.city.kawasaki.jp/250/cmsfiles/contents/0000040/40959/20240325sisinn.pdf（最終閲覧日 2024 年 9 月 5 日）

20　なお，移民の本国との政治的結びつきは，一般には在外投票が想起されるが，日本においてそれ以外の形態でみると，在日ブラジル人コミュニティと領事館を結ぶ「市民評議会」の活動がある。非政治的な性質であるとはいえ，その存在や活動は日本社会における生活と不可分であり，ホスト社会への参加を促すものと理解されうるだろう（佐々木2022）。

21　産経新聞 2023 年 12 月 28 日「来年度から職員採用の『国籍条項』を撤廃　外国住民が 2 割を占める群馬県大泉町」，https://www.sankei.com/article/20231228-6OPEZGWJ5JBVLGDQ2QDQPYKLYU/（最終閲覧日 2024 年 9 月 5 日），朝日新聞 2023 年 12 月 27 日「外国籍でも町職員に　住民の 2 割が外国人の町，採用の国籍条項撤廃」，https://www.asahi.com/articles/ASRDV6TSPRDVUHNB008.html（最終閲覧日 2024 年 9 月 5 日）。

　　外国人の公務就任については，「公権力の行使または国家意思の形成への参画」には日本国籍を要するという，1953 年 3 月に示された内閣法制局の見解（昭和 28 年 3 月 25 日法制局一発第 29 号），いわゆる「当然の法理」が準用されている。管理職等には就けない制約などを課しつつ，職務の内容によって国籍条項を適用しないという運用も認められる。本テーマについても多くの議論の蓄積があるが本章では割愛したい。

22　無作為に割り当てた結果，性別，年代，学歴，年収，職業については，実験条件との

クロス集計においてχ^2検定に統計的に有意な関連がみられなかった。ここから属性間で各実験条件はバランスがとれていると判断する。なお，詳細はオンライン付録OA5-1を参照されたい。

23　実際に，年齢と世帯年収では，各群の割合がカテゴリー間で10ポイント程度異なるところもみられた。

24　性別は，男性と女性の2値変数（「答えたくない」は欠損値），年齢は，18～29歳／30～39歳／40～49歳／50～59歳／60～69歳／70～79歳の各カテゴリー，学歴は，中学・高校卒／短大・高専卒／大学・大学院卒の各カテゴリー，職業は，専門・管理職／正規雇用／非正規雇用／無職の各カテゴリー，年収は，300万円未満／300～400万円／400～600万円／600～900万円／900万円以上／わからないの各カテゴリーとして投入している。

第6章

不平等是正政策に対する態度

◆◆◆

関 能徳

1 はじめに

　「一億総中流」という言葉に象徴されるように，第二次世界大戦後の日本は経済的に平等な社会へと変容した。その一方で，1980年代以降，国民の所得格差は拡大を続け，本章執筆時点の2024年では日本を格差社会と特徴づける見方が広く浸透している。森口（2017）によれば，1980年代以降の格差の拡大は，等価市場所得（1人当たりの課税前所得）におけるジニ係数の増加傾向によって確認される。また，日本において，成人人口の上位0.1%や1%の高額所得者の所得が総個人所得に占める割合が1950年代以降大きく変化していない一方で，2人以上労働年齢世帯（世帯員が2名以上で世帯主が25～59歳の世帯）の所得の推移をみると，所得の下位層に格差の拡大が観察される。森口はこのことから，日本の格差社会の特徴の1つとして，高所得層の富裕化を伴わない低所得層の貧困化を挙げている。

　等価市場所得に注目した際に格差の拡大が観察される一方で，等価可処分所得（1人当たりの再分配後の所得）に基づくと，他の先進国と比べて日本は1995年以降，経済的平等性が決して高くなかった（森口 2017）。戦後一貫して社会保障支出が低い水準にあること（Estevez-Abe 2008），再分配が社会保障（年金や医療保険など）を中心として行われており，公的扶助（生活保護など）による所得移転がきわめて限定的だったために（阿部 2013），日本型平等社会は再分配前の所得における平等を意味していた。

これらの事実を踏まえると，現代日本で経済的不平等を解消するためには，所得再分配がよりいっそう求められるのではないだろうか[2]，また所得再分配のあり方も再検討が必要ではないだろうか（酒井 2020）。しかしながら，市民の所得再分配に対する意見や態度は多様で，再分配を強く望む人たちがいる一方でそれに反対する声も常に存在する。市民の所得再分配選好は何によって規定されるのだろうか。

2 再分配の政治経済学

2-1 先行研究

Kuznets（1955）の予想に反し，経済の発展した先進国で不平等が縮小するどころか再拡大している現代世界において[3]，社会の分断や閉鎖的な一国主義など，様々な次元で政治経済的な緊張関係が高まっている（山村 2018）。上述したとおり，日本でも1980年代以降不平等が拡大している（森口 2017）。不平等是正政策の1つとしての所得再分配政策に対する人々の支持態度は，政治経済学の古典的テーマである。所得再分配選好を説明する要因として，先行研究は大きく分けて3つの要因，すなわち物質的自己利益，外部性，利他主義を挙げている[4]（Rueda and Stegmueller 2019）。

第1に，Romer（1975）やMeltzer and Richard（1981）を嚆矢とする理論研究は，個人の物質的な自己利益が再分配選好を規定すると論じている。具体的には，所得が低い（高い）人々は再分配をより望む（望まない）と予想された。初期の理論モデルは個人の現在の所得に着目したが，のちの研究は将来の期待所得の高さ（低さ）が再分配の不支持（支持）に影響していることも指摘した（Bénabou and Ok 2001）。

第2に，富裕層の中にも再分配支持が存在することを説明するために，様々な議論が発展した。失業などによる所得の喪失に対する保険として再分配政策を位置づけた研究が発表された一方で（Iversen and Soskice 2001; Moene and Wallerstein 2001），不平等がもたらす負の外部性に特に富裕層が懸念を示すため[5]，彼らの中にも再分配支持が存在しうると論じられた（Alesina and Giuliano 2011）。

第1部　政治参加の不平等

　第3に，社会心理学の提唱する内集団贔屓や外集団差別に着想を得た研究は，人々の抱く社会的アイデンティティも，再分配選好を規定する要因の1つであると主張している。普遍的ではない，例えば人種，宗教，民族などに基づく偏狭な利他主義（parochial altruism）に基づき，人々は自分が所属する（と認知している）集団の効用が高まることを望む（Shayo 2009）。自分が所属する集団の地位が向上することは，自らの非物質的な効用を高めるためである。内集団贔屓のメカニズムにより，ある国の市民は移民よりも自国民を所得再分配の受益者として好ましく思う（Seki 2023; 関 2023b）。そしてその傾向は物質的な自己利益にあまりとらわれていない人たち，つまり富裕層の間でより顕著となる（Rueda and Stegmueller 2019）。

2-2　本章の目的

　所得再分配の政治経済学が発展させてきたこれらの議論について，Rueda and Stegmueller（2019）は主に西ヨーロッパから得られた社会調査データを用いて包括的な実証分析を行い，①現在の所得および将来の期待所得が高いほど再分配への支持が減少すること，②富裕層は不平等に起因する負の外部性を懸念するため再分配を支持すること，そして③アイデンティティの多様性が富裕層の再分配支持を減じることを示した。本章では，2020年度ウェブ調査（コロナモジュール）から得られたデータを用い，これらの仮説を検証する。

3　データと記述統計

　本章で分析するデータは，2021年1月に18歳から79歳の日本人を対象として実施した2020年度ウェブ調査（コロナモジュール）から得られたものである。楽天インサイトに調査票の配布を依頼し，同社のモニターパネルから2,001人の回答者を対象に調査を行った。本章の実証分析で用いる変数に関して欠損値を含まない回答者の数は1,614人だった。欠損値のほとんどは年収に関する質問に回答しなかった調査参加者に占められる（330人）。

100

3-1 再分配選好

従属変数である再分配選好は，「政府は豊かな人からの税金を増やしてでも，恵まれない人への福祉を充実させるべきだ」という意見に対する回答から測定した。具体的には，「あてはまる」「ある程度あてはまる」「どちらともいえない」「あまりあてはまらない」「あてはまらない」の5つの選択肢から1つを調査参加者が選んだ。「あてはまる」が最も値の大きくなるように調整し，再分配への支持の程度を測定した。

3-2 現在の所得と将来の期待所得

調査参加者は世帯の課税前所得（市場所得）を7点尺度で回答した。具体的には，「100万円未満」「100〜300万円」「300〜500万円」「500〜700万円」「700〜1000万円」「1000〜1500万円」「1500万円以上」の中から1つを選んだ。「わからない・答えたくない」も選択肢として設け，330人がこの選択肢を選んだ。Rueda and Stegmueller（2019）に倣い，現在の所得を連続変数として扱い，変数の値としてそれぞれの選択肢の中間の値を用いた。例えば「100万円未満」を選んだ回答者の所得を50万円，「100〜300万円」を選んだ回答者の所得を200万円とみなす。最も高い「1500万円以上」と答えた回答者の所得は1750万円とした。計量分析の際は，このようにして測定された現在の所得の自然対数を取った。

将来の期待所得についてもRueda and Stegmueller（2019）に倣い，以下の最小二乗法モデル(1)から得られた推定値を将来の期待所得とした。[8]

$$現在の所得_i = f\left(学歴_i + 年齢_i + 年齢_i^2\right) \qquad (1)$$

ここで，学歴はカテゴリカル変数であり，最終学歴が中学校，高校，短大または高専，大学，大学院の5つの値をとる。(1)の推定の際には「中学校」を参照カテゴリーとした。したがって(1)は切片と誤差項に加えて，学歴と年齢，学歴と年齢の二乗の交差項とその構成項に基づくモデルとなる。**図6-1**は横

第1部　政治参加の不平等

図6-1　学歴と年齢から推定される将来の期待所得

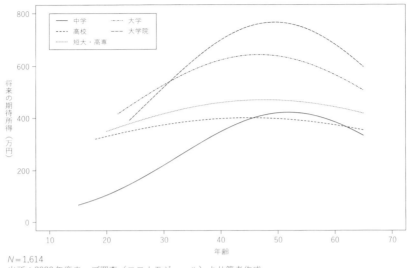

N=1,614
出所：2020年度ウェブ調査（コロナモジュール）より筆者作成

軸に年齢を，縦軸に(1)より得られた推定値を学歴ごとに図示したものである。各推定値の年齢は，最低就業開始年齢（例えば大卒であれば22歳）から65歳までを表示している。概して，学歴が高いほど期待される将来の所得は高く，特に大学卒業以上とそれ以下の差が大きい。40代半ば以降の中学卒業の期待所得が高校卒業の期待所得より高く推定されているが，1,614人のサンプルのうち最終学歴を中学校と答えた調査参加者は34人と非常に少ないため，これが一般的な傾向を示しているかは留意する必要がある。

3-3　不平等がもたらす負の外部性

　富裕層が不平等のもたらす負の外部性を懸念し再分配を支持するという仮説を検証するにあたり，負の外部性の測定にはRueda and Stegmueller（2019）に倣い都道府県レベルでのジニ係数を用いる。森口（2017）によれば日本では等価市場所得において不平等の拡大傾向が確認されているため，等価市場所得における都道府県レベルでのジニ係数をここでは利用する。利用可能な最新のデー

タである2019年全国家計構造調査を用いた。

3-4 アイデンティティの多様性

　特に富裕層がアイデンティティの多様性を憂慮するという仮説を検証するにあたり，まずRueda and Stegmueller（2019）と同様に地域（都道府県）における外国人住民の割合の指標を用いる。人口推計より2020年10月時点での都道府県人口を，在留外国人統計より2020年12月時点での都道府県における在留外国人人口を測定し，各都道府県における外国人住民の割合を算出した。

　なお，欧米と異なり，日本における在留外国人人口は2022年時点でも300万人程度である。人口に占める在留外国人率が必ずしも人々の抱く彼らへの脅威認識と一致しない可能性もあるため（永吉2017），外国人に対する脅威認識の指標も代替的に用いる。調査票の中で外国人に対する意見を聞いた質問項目のうち，「外国人が増えれば，犯罪発生率が高くなる」「外国人は，日本人から仕事を奪っている」「外国人の援助にお金を使い過ぎている」という主張に対する回答の平均値を脅威認識の指標とした。それぞれの主張に対し，調査参加者は6点尺度で「あてはまる」「ある程度あてはまる」「どちらかといえばあてはまる」「どちらかといえばあてはまらない」「あまりあてはまらない」「あてはまらない」のうちから自身の意見に最も近い選択肢を1つ選んだ。

3-5 統制変数

　以下に示す実証分析の中で用いられた統制変数は次のとおりである。個人レベルの変数としては，調査参加者の性別，最終学歴，職業，世帯規模，労働組合加入状況がある。都道府県レベルの変数としては失業率があり，これは社会生活統計指標より2020年度の完全失業率のデータを入手した。

3-6 記述統計

　表6-1は実証分析で用いられた変数の記述統計を記している。仮説の検証に

第 1 部　政治参加の不平等

表6-1　記述統計

変数	平均値	標準偏差	最小値	最大値
個人レベルの変数（$N=1,614$）				
再分配への支持（従属変数）	2.39	1.11	0	4
世帯年収（100万円未満）	0.05	0.22	0	1
世帯年収（100-300万円）	0.18	0.39	0	1
世帯年収（300-500万円）	0.29	0.45	0	1
世帯年収（500-700万円）	0.19	0.40	0	1
世帯年収（700-1000万円）	0.17	0.37	0	1
世帯年収（1000-1500万円）	0.09	0.29	0	1
世帯年収（1500万円以上）	0.03	0.17	0	1
log（現在の所得）	6.11	0.77	3.91	7.47
最終学歴（中学校）	0.02	0.14	0	1
最終学歴（高校）	0.32	0.47	0	1
最終学歴（短大・高専）	0.16	0.36	0	1
最終学歴（大学）	0.44	0.50	0	1
最終学歴（大学院）	0.07	0.25	0	1
年齢	50.35	16.11	18	79
外国人への脅威認識	3.60	1.01	1	6
性別（女性＝1，男性＝0）	0.47	0.50	0	1
会社の経営者・役員	0.03	0.17	0	1
正社員・正職員	0.42	0.49	0	1
パート・アルバイト・内職	0.11	0.32	0	1
派遣社員・契約社員・嘱託職員	0.07	0.25	0	1
自営業主・自由業者・家族の経営する事業の従業員・社員	0.05	0.22	0	1
専業主婦・主夫	0.14	0.35	0	1
学生	0.02	0.15	0	1
仕事をしていない	0.15	0.36	0	1
世帯規模	2.58	1.25	1	8
労働組合員	0.20	0.40	0	1
都道府県レベルの変数（$N=47$）				
ジニ係数（等価市場所得）	0.42	0.02	0.37	0.50
外国人住民の割合	1.67	0.93	0.44	3.99
失業率	3.81	0.49	2.7	5.5

出所：2020年度ウェブ調査（コロナモジュール），2019年全国家計調査，2020年人口推計，2020年在留外国人統計，2020年社会生活統計指標より筆者作成

第6章　不平等是正政策に対する態度

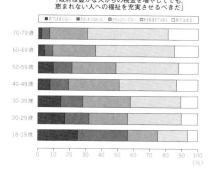

図6-2a　年齢層別の分布

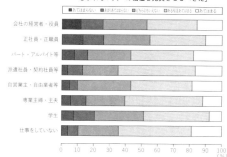

図6-2b　職業別の分布

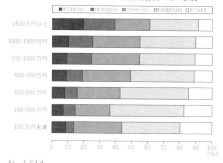

図6-2c　所得別の分布

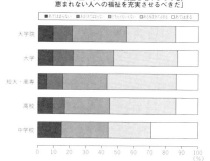

図6-2d　学歴別の分布

N＝1,614
出所：2020年度ウェブ調査（コロナモジュール）より筆者作成

　先立ち，本書全体の目的に鑑みて，従属変数である再分配選好と性別，年齢，社会経済的地位（職業，所得，学歴）の関係をみてみよう。なお，性別（男女）で再分配選好にほとんど違いがなかったため，紙幅の関係上図を割愛する[10]。

　第1に，年齢層別にみると，年齢が高いほど所得再分配に肯定的な回答をしていることがみてとれる（図6-2a）。60歳以上で所得再分配に否定的な意見を示す人は1割にも満たない。20代から40代の間では，再分配に肯定的な意見を表明する人は4割から5割程度いる。対照的に18〜19歳の回答者は半数以上が再分配に否定的で，肯定的な意見は2割強にとどまる。

105

第1部　政治参加の不平等

　第2に，職業別にみると，所得再分配に最も肯定的なのは派遣社員・契約社員と無職の回答者で，6割以上が肯定的な意見を表明した。パート・アルバイト，自営業主・自由業者，専業主婦・主夫がそれに続いた。会社の経営者・役員，正社員・正職員，学生で肯定的な意見をもつ人は5割弱だった。

　第3に，所得別にみると，世帯所得が高くなるほど再分配に肯定的な意見は少なくなっている。それでも，最も高所得な層（世帯所得が1500万円以上）でも，4割程度は所得再分配に対して肯定的な意見を述べている。一見すると反直感的なのは，世帯所得が最も低い層（100万円以下）が最も再分配に肯定的ではないことだが，すでにみたとおり若年層や学生が再分配に肯定的でないため，これらの変数も考慮に入れると異なる傾向が観察できる可能性が高い。

　最後に，最終学歴別にみると，年齢，職業，所得ほどの顕著な違いはみられなかった。大学院卒以外は半数以上が所得再分配に肯定的で，否定的な意見も大学卒および大学院卒で2割程度にとどまった。

　次節では，Rueda and Stegmueller（2019）に倣い，再分配選好の説明要因としての物質的自己利益，外部性，利他主義に関する仮説を順に検証していく。

4　実証分析

4-1　現在および将来の期待所得と再分配選好

　まず，物質的自己利益に関する仮説，すなわち現在の所得と将来の期待所得の高さが再分配に対する支持を減らすという仮説を検証する。現在の所得が再分配選好に及ぼす影響のみを検証する際には，世帯規模，労働組合加入，年齢を統制変数とした最小二乗法モデルを推定した（表6-2モデル1）。(1) 式に基づき将来の期待所得を推定し，その推定値をモデルに投入する際は，将来の期待所得の推定における不確実性を考慮に入れる必要があるため，2段階最小二乗法モデルを推定した[11]（表6-2モデル2）。

　分析の結果，最小二乗法モデルおよび2段階最小二乗法モデルともに，現在の所得が高いほど再分配を支持しないという傾向が確認され，それは統計的に0.1%水準で有意だった（両側検定）。その一方で，将来の期待所得について

第6章　不平等是正政策に対する態度

表6-2　所得と再分配選好

	モデル1		モデル2		モデル3		モデル4	
	β	S.E.	β	S.E.	β	S.E.	β	S.E.
従属変数：再分配選好								
log（現在の所得）	-0.166 ***	0.039	-0.171 ***	0.039	-0.267 ***	0.061	-0.259 ***	0.064
将来の期待所得			0.065	0.131			-0.060	0.186
世帯規模	0.037	0.024	0.035	0.024	0.043	0.034	0.041	0.034
労働組合員	0.042	0.066	0.034	0.064	-0.060	0.097	-0.062	0.095
年齢	0.016 ***	0.002	0.017 ***	0.002	0.015 ***	0.003	0.015 ***	0.004
切片	2.473 **	0.251	2.106 **	0.814	3.205 ***	0.379	3.534 ***	1.107
従属変数：現在の所得								
年齢			0.133	0.079			0.513 *	0.238
年齢^2			-0.0013	0.0007			-0.0057 *	0.0027
高校			2.817	2.041			10.337 †	5.255
短大・高専			2.751	2.071			10.677 †	5.314
大学			2.332	2.022			9.810 †	5.232
大学院			1.580	2.070			7.993	5.273
年齢×高校			-0.107	0.081			-0.478 †	0.240
年齢×短大・高専			-0.099	0.083			-0.483 †	0.244
年齢×大学			-0.065	0.080			-0.432 †	0.239
年齢×大学院			-0.032	0.083			-0.347	0.241
年齢^2×高校			0.0010	0.0008			0.0054 †	0.0027
年齢^2×短大・高専			0.0009	0.0008			0.0053 †	0.0028
年齢^2×大学			0.0006	0.0008			0.0048 †	0.0027
年齢^2×大学院			0.0003	0.0008			0.0039	0.0027
切片			2.560	1.998			-5.124	5.213
Estimator	OLS		2SLS		OLS		2SLS	
Standard errors	Robust		Bootstrap		Robust		Bootstrap	
N	1,614		1,614		678		678	
サンプル	18-79歳の男女		18-79歳の男女		20-65歳の男性		20-65歳の男性	

*** $p<.001$　** $p<.01$　* $p<.05$　† $p<.10$　両側検定
出所：2020年度ウェブ調査（コロナモジュール）より筆者作成

は，仮説の想定とは異なり，係数の傾きが正であり統計的にも有意ではなかった。したがって，現在の所得については欧米のデータ分析と同じ結論が得られた一方で，将来の期待所得については仮説を支持する結論は導かれなかった。

　なお，所得と再分配選好の関係を検証するにあたり，Rueda and Stegmueller（2019）は，将来の期待所得の推定に際し，退職金や世帯構成に由来する複雑さを回避するために分析の対象を20〜65歳の男性に限定している（p.46）。そ

第1部　政治参加の不平等

こで，**表6-2**のモデル1とモデル2についてサンプルを20〜65歳の男性に限定
して推定し，その結果を**表6-2**のモデル3とモデル4に報告した。結論は大き
く変わらず，現在の所得が高いほど再分配への支持は減る傾向にあるが，将来
の期待所得に関しては同様の傾向を確認できなかった。

4-2　不平等がもたらす負の外部性と再分配選好

　物質的な自己利益の観点から考えると，所得が高い富裕層は概して再分配を
支持しないと想定される。その一方で，社会の中で格差が広がることから生じ
る様々な不利益（労働生産性の低下や犯罪率の上昇など）を案じるのは，短期的な
自己利益にとらわれている貧困層ではなく富裕層の可能性が高い。ここで所得
の面で相対的に豊かな人々とそうでない人々を区別するために，富裕度の指標
として所得格差の変数を用いる。これは，先に利用した現在の所得から調査実
施時点での世帯所得の平均値を引いたものである[12]。

　仮説を検証する最小二乗法（OLS）モデルは，所得格差と等価市場所得にお
ける都道府県レベルのジニ係数の交差項とその構成項を主たる独立変数とし，
統制変数として回答者の年齢，性別，最終学歴，就業の有無，世帯規模，都道
府県レベルの変数として失業率と外国人住民の割合を含む。標準誤差には頑健
標準誤差を推定し仮説検定に用いた。仮説が正しければ，ジニ係数が高いほど
所得格差の限界効果が大きくなるはずである。推定結果の詳細は紙幅の関係上
割愛し，所得格差の限界効果とその95%信頼区間を**図6-3**に示す[13]。

　分析の結果，仮説の予測に反し，所得格差の限界効果はジニ係数が低い（比
較的平等性の高い）都道府県では負だが統計的に有意ではなく，ジニ係数が高い
（比較的平等性の低い）都道府県で負かつ統計的に有意だった（5%水準，両側検定）。
換言すると，経済的により不平等な都道府県において，富裕層は不平等の負の
外部性を懸念して所得再分配をより支持するのではなく，逆に彼らが再分配を
支持しない傾向にあるのである。

　この結果だけをみると，Rueda and Stegmueller（2019）が欧米のデータから得
た結論は日本にあてはまらないと結論できそうである。ただし，先に述べたと
おり，日本において1980年代から起こっている格差の拡大の特徴は，高所得

第 6 章　不平等是正政策に対する態度

図6-3　ジニ係数に条件づけられた所得格差の限界効果

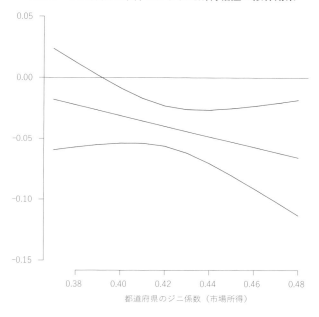

都道府県のジニ係数（市場所得）

95％信頼区間　N＝1,614
出所：2020年度ウェブ調査（コロナモジュール）より筆者作成

層の富裕化を伴わない低所得層の貧困化にあった（森口 2017）。その文脈では，再分配の政治経済モデルが想定するような，長期的視野に立ち，不平等がもたらす負の外部性を懸念する富裕層は日本では欧米ほど存在しない，あるいは日本における（相対的に豊かな人々という意味での）富裕層と低所得層の差が欧米社会ほど大きくないために，図6-3に示されるような分析結果となっている可能性も否定できず，慎重な解釈が求められる。

4-3　アイデンティティの多様性と再分配選好

最後に検証する仮説は，社会の成員のアイデンティティが多様であるほど人々は再分配を支持せず，そのような態度は富裕層に顕著であるという議論である。仮説の検証に用いる最小二乗法モデルは，所得格差と都道府県レベルで

第 1 部　政治参加の不平等

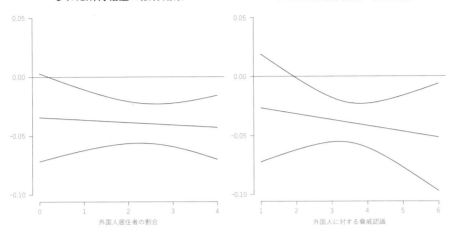

図6-4a　外国人居住者の割合に条件づけられた所得格差の限界効果　　図6-4b　外国人に対する脅威認識に条件づけられた所得格差の限界効果

95%信頼区間　N=1,614
出所：2020年度ウェブ調査（コロナモジュール）より筆者作成

の外国人住民の割合の交差項とその構成項を主たる独立変数とする。モデルに投入する統制変数は，個人レベルの変数として年齢，性別，最終学歴，就業の有無，世帯規模であり，都道府県レベルの変数は失業率とジニ係数である。仮説検定に用いた標準誤差は頑健標準誤差である。仮説が正しければ，外国人居住者の割合が大きくなるほど所得格差の限界効果は小さくなるはずである。推定結果の詳細は紙幅の関係上割愛し，所得格差の限界効果とその95％信頼区間を図6-4aに示す[14]。

　なお，上述したとおり，日本に在住する外国人の割合は欧米諸国と比べると小さいため，客観的な指標である外国人居住者の割合の代わりに，所得格差と外国人に対する主観的な脅威認識の交差項とその構成項を主たる変数とした最小二乗法モデルも推定し，所得格差の限界効果を図6-4bに表した。

　まず図6-4aをみると，たしかに所得格差の限界効果は外国人居住者の割合が増加するほどゆるやかに低下しているが，サンプル内の外国人居住者の割合の最小値が0.44（秋田県），最大値が3.99（東京都）であることに鑑みると，むしろ外国人居住者の割合の大きさにかかわらず，所得格差が高まるほど再分

配への支持がやや減少すると解釈するほうが自然である。したがって，Rueda
and Stegmueller（2019）の結論とは異なる。

　しかしながら，少なくとも都道府県レベルでは外国人居住者の割合の差が欧
米ほど大きくはないことから，外国人に対する脅威認識がどのように所得格差
の効果を条件づけるかも検討する意義がある。図6-4bによると，脅威認識が
非常に低い人々の間（最大値6の尺度のうち1から2）では，所得格差が再分配支
持に及ぼす影響は統計的に有意でない一方で，脅威認識が中程度以上の人々の
間では所得格差の限界効果が負かつ統計的に有意であることがみてとれ（5%
水準，両側検定），仮説と整合的な結果といえる。[15]

5　おわりに

　本章では，再分配の政治経済学から得られた知見を用い，不平等是正政策の
1つである所得再分配に対する現代日本人の態度を説明する要因について検討
してきた。第二次世界大戦後の高度経済成長期を経て経済的に平等度の高い社
会を実現してきた日本は，1980年代から格差の拡大を経験してきた。格差社
会という言葉を今日の私たちは新聞やメディアで頻繁に見聞きしている。

　詳しくデータをみると，格差の拡大は等価市場所得という1人当たりの課税
前所得にみられる。そのことの一因として再分配が社会保障を中心として行わ
れ，公的扶助の役割が限定的だったことが挙げられる。このことは，現代日本
の格差社会を是正するにあたり，再分配を通した所得移転の再考の必要性を意
味しており，現代日本人の所得再分配に対する支持態度が重要な研究課題とな
る所以である。

　近年の再分配の政治経済学の研究成果によれば，再分配選好の規定要因は
人々の物質的自己利益だけでなく，非経済的な側面，特に不平等の負の外部性
に対する態度や社会的アイデンティティに基づく利他性が重要な説明変数と
なっている。2020年度に実施したウェブ調査から得られたデータを分析した
結果，物質的自己利益に基づく説明のうち，特に現在の所得の高さが再分配の
支持の低さにつながることが実証された。アイデンティティに基づく利他性の
役割としては，外国人に対する脅威認識が高い富裕層ほど所得再分配への支持

第1部　政治参加の不平等

を減らすことが確認された。これらの分析結果は，欧米のデータに基づく先行研究の結論と整合的である。

　その一方で，物質的自己利益に基づく説明のうち，将来の期待所得が再分配選好を規定するという仮説は支持されなかった。また，富裕層は不平等の負の外部性を懸念し所得再分配を支持するという仮説を支持する分析結果も得られなかった。これらの結果が，今回分析したサンプルに特有の理由で得られたものなのか，それとも一般的な傾向なのかを結論づけるには今後さらなる研究の蓄積を要する。

　因果推論の観点からは，社会調査データの量的分析だけでなく，実験を行うことの有効性が近年は強調されている（山村 2018）。再分配選好の研究に限っても，すべての仮説が実験によって検証できるわけではないし，実験デザインによっては得られた結論の外的妥当性にも注意が必要だが，関心のある変数の因果効果を効果的に識別できる点で，社会調査に加えて実験研究が今後の実証分析では求められるだろう[16]。

第 6 章　不平等是正政策に対する態度

註

1　日本において総個人所得に占める割合が，上位0.1%が全体の2%前後で，上位1%が6
　　～10%の間で2010年までそれぞれ推移してきたのと対照的に，同時期のアメリカでは
　　上位0.1%が3%程度から8%程度に，上位1%が10%程度から19%程度に増大している
　　（森口 2017: 173）。

2　この疑問に対し，エリートの不平等認知と再分配選好について独自の社会調査データを
　　分析した研究として久保（2021）がある。

3　いわゆるクズネッツ仮説によれば，経済発展とともに不平等は拡大するが，所得水準が
　　高まると縮小すると考えられていた（Kuznets 1955）。Milanovic（2016=2017）は，先進
　　国において下位中間層の所得上昇が停滞する一方で，超富裕層のそれは大きく成長する
　　という，新たな形態の所得格差の出現を指摘している。

4　先行研究を概観した論文としては，研究アプローチの違い（理論研究，社会調査，実験
　　など）から整理した山村（2018）がある。Costa-Font and Cowell（2015）は社会的アイ
　　デンティティの役割について，Dimick et al.（2018）は利他主義の役割について，それ
　　ぞれ概観している。

5　富裕層は再分配から得られる限界効用が貧困層よりも少なく，その一方で富裕層は貧
　　困層よりも長い時間的視野を有しているため（O'Rand and Ellis 1974; Dynan et al. 2004），
　　労働生産性の低下や犯罪率の上昇などの不平等から生じる負の外部性により懸念を抱
　　きやすい。換言すれば，貧困層は短期的で物質的な自己利益にとらわれている（Rueda
　　and Stegmueller 2019）。

6　ヨーロッパについては2002年，2004年，2006年，2008年，2010年のEuropean Social
　　Surveyのデータを用いている。British Household Panel Study，German Socio-Economic
　　Panel Study，General Social Survey（アメリカ）のデータも補助的に用いている。

7　このウェブ調査では，質問項目の中に特定の選択肢を選ぶよう促す質問を2つ設け，調
　　査参加者が十分に注意を払いながら各質問に答えているかを確認しながら調査を進めた。
　　これらの質問の指示どおりの回答を行わなかった回答者や，選んだ回答が一定の傾向を
　　示す回答者（例えばすべての質問の回答に「1」を選ぶなど）は，分析対象となる2,001
　　人のサンプルに含まれていない。

8　理論的には(1)の回帰式で学歴と勤労経験を将来の期待所得の推定に用いるべきだが，
　　勤労経験の測定は非常に困難なため，Rueda and Stegmueller（2019: 46）と同様に年齢を
　　勤労経験の代理変数として用いた。

9　「会社の経営者・役員」「正社員・正職員」「パート・アルバイト・内職」「派遣社員・契
　　約社員・嘱託職員」「自営業主・自由業者・家族の経営する事業の従業員・社員」「専業
　　主婦・主夫」「学生」「仕事をしていない」「その他」の9つの選択肢から調査参加者が1

113

第 1 部 政治参加の不平等

つを選んだ。

10 オンライン付録OA6-1を参照。

11 具体的な手順として，将来の期待所得を最小二乗法で推定する際に，1,000のブートストラップ・サンプルを無作為に抽出し，サンプルごとに最小二乗法モデルを推定し，将来の期待所得を算出した。そして1,000の異なるサンプルごとに，得られた将来の期待所得の推定を投入した2段階目の所得再分配についてのモデルを推定し，点推定値と標準誤差を算出した。

12 厚生労働省（2021）によれば，2020年の平均世帯所得は564.3万円である。

13 推定結果の詳細はオンライン付録OA6-2を参照。統制変数を含まないモデルから得られた推定結果（OA6-2のモデル1）は，図6-3に表された結果とほとんど変わらなかった。都道府県レベルの変数が含まれるためランダム切片モデルも推定したが（OA6-2のモデル5からモデル8），得られた結論は実質的に変わらなかった。

14 推定結果の詳細はオンライン付録OA6-3を参照。図6-4aは同表のモデル2の結果に基づく。都道府県レベルの変数が含まれるためランダム切片モデルも推定したが（表A6-3のモデル6），得られた結論は実質的に変わらなかった。

15 推定結果の詳細はオンライン付録OA6-3を参照。図6-4bは同表のモデル4の結果に基づく。ランダム切片モデルも推定したが（OA6-3のモデル8），得られた結論は実質的に変わらなかった。

16 例えば日本の成人を対象にSeki（2023）はサーベイ実験，関（2023b）はコンジョイント実験をそれぞれ行い，再分配選好の規定要因としての社会的アイデンティティの役割を検証した。関（2023a）は，日本の成人を対象に行ったコンジョイント実験によって，物質的自己利益と不平等の負の外部性のどちらが所得再分配選好により大きな影響を及ぼしているかを分析した。

第 2 部

政治代表の不平等

第**7**章

利益代表認知と記述的代表にみる政治的不平等
──代表の不在と歪み──

◆◆◆

濱本 真輔

1　はじめに

　第2部では政治的代表を議論する。人々の参加が同程度であったとしても，自身と同じ属性や経験を共有するとみられる代表が選出されているかどうか，また代表者の政策や行動によって代表される程度に格差が生まれる。

　本章と次章は政治的代表を有権者の代表観という切り口から検討する。代表は代表する側とされる側の双方の関係を含む概念であり，代表者としての議員などだけでなく，有権者側の検討も要する。また，代表については政治思想でも多様な形が提起されるように，1つの形に限定されない。そのため，人々の代表，代表制に対する認知，態度で構成される代表観を分析する。

　代表観の一要素として，本章では人々は自らの利益が代表されていると認識しているのかどうかを扱う。脱組織化が進む中で，人々の利益が形成され，それが何らかの組織やその指導者によって媒介されることを自明視するのは難しくなっている。そのため，代表されているとみなしているのかどうかから議論する。

　また，本章では代表制の不平等，特に属性面での歪みも扱う。代表制は地域代表を出発点として，その後は地域を超えたイデオロギーの代表という面も強かった。しかし，それらが代表される面は後退する一方で，年齢，ライフサイクル，ジェンダー，文化などの身体的存在を代表させるという見解もある。ジェンダー平等をはじめ，様々な観点から政治的不平等が指摘され，その是正

策も論じられている。属性をめぐる議論の前提として，人々が代表制の歪みを認識しているのかどうか，またその規定因を検討する。

　本章の構成は次のとおりである。第2節では代表論の展開を踏まえつつ，日本の代表に関する実証研究を概観する。第3節では有権者が政党や利益団体を利益代表として位置づけているのかを記述する。第4節では有権者の代表制の歪みの認知と規定因を分析する。第5節では知見とその含意を述べる。

2　代表論

　本節では第2部の各章にかかわる代表論の展開を概観する。第2部の実証は規範理論から提示された概念を基礎としているため，規範と実証の接点を軸に概観する。特に，ピトキンの代表概念を中心に日本の実証研究を検討する。

2-1　代表論の展開

　代表は多次元的な概念で，規範理論と実証研究の双方から検討されてきた。代表はそもそも曖昧なもので，歴史的にも複雑な概念であり，確定的な定義はない。それゆえ，実証研究でも規範理論との接点をもちつつ議論が展開されてきた（Eulau et al.1959; Miller and Stokes 1963）。特に，ピトキンの代表概念の検討（Pitkin 1967=2017）は実証研究にも波及した。

　ピトキンの議論の中でも4つの代表概念が起点となっている。第1に，形式的代表である。代表者が他者のために法的に行動する権限を与えられる点を重視する。権威付与理論とアカウンタビリティ理論を含む。第2に，記述的代表である。これは代表者と代表されるものの間の構成上の類似性を指す。特に，代表する側とされる側の職業上の対応に焦点を当てた機能的代表と，性別，人種，民族性，階級などの社会的特性に注目する社会的代表が含まれる（Norris and Franklin 1997）。第3に，象徴的代表である。ここでは代表される者や観衆の心に働きかけ，感情的な同一化を引き出すような象徴を創出することを通じて代表関係が構築・維持される。

　第4に，実質的代表である。代表される人の利益のために，それに応じた形

117

第2部　政治代表の不平等

で行動すると定義されており，応答性が注目される。一般的には政策への対応力，または代表者が法律を制定し，政策を実施する範囲を指す。

2000年代以降は新しい代表論の流れが鮮明になっている。フェミニズム研究やマイノリティ研究を受けて，2000年代以降に規範理論で代表論の再考が進められている。その起点はMansbridge（2003）であり，その後もSaward（2006），Rehfeld（2009）などによる代表論の提起があり，議論が活性化している[1]。規範理論は現実に拘束されないとする理想理論派もいるが，ここでも実証研究との接点は継続している。

新しい代表論は実証研究に様々な示唆を与えている。まず，代表の範囲を議員や政党という選挙を通じた存在以外にも広げる必要性である。また，有権者が代表を選抜・選択する面ではなく，代表が代表される側を形成したり，影響したりする側面への注目を促している[2]。このように，新しい代表論では，選挙という公式的な次元のみに代表を制約することへの批判から代表が生成される過程への注目も生じた。

他方で，新しい代表論は規範と実証の間の相違点も浮き彫りにしている。例えば，応答性をめぐる評価である。応答性は実証研究者が最も重視し，一致して使用していると評されるものの（Sabl 2015），規範理論では政策応答性や一致にそこまでの力点が置かれていない。また，新しい代表論の流れにおいて，応答性は規範的基準としての意味が弱い。なぜなら，そもそも応答性が高いことが望ましいのかどうかに疑問があるだけでなく，熟議民主主義からみると，選好を所与のものとしている点，構築主義的転回の観点からみると，有権者の選好は代表する側による作用があるかもしれない点で再考の余地があるためである[3]。

注目する概念，規範的基準の相違だけでなく，新しい代表論は実証上も課題が残されている。2000年代以降の代表に関する規範理論と実証研究との溝として，Wolkenstein and Wratil（2021）は次の4点を指摘する。第1に，新しい代表論に顕著な，分析対象を議員以外にも広げていく傾向である。これには観察対象としての代表性を担保することが困難になるという課題がある。第2に，観察可能性である。例えば，Mansbridge（2003）では外部のインセンティブではなく自分自身の信念に従うコマ型代表がある[4]。ただ，内発的動機づけをどのように観察できるのかについては不明な点がある。また，観察された代表者の

行動が内なる原理や信念によって説明される可能性があり，これも実証上は障害となる。第3に，概念の識別可能性である。規範理論では複数の要素からなる理念型の提示が中心であり，類型の識別が実証的に可能かどうか，実証上も有益なものかどうかという課題がある。第4に，アメリカ中心主義的傾向である。例えば，それは小選挙区制を前提とした代表像も見受けられる点に端的に表れている。このように，2000年代以降の新しい代表論の流れは実証研究で受容するには課題も残っている。

これに対して，ピトキンの代表概念は実証研究に応用しやすい利点がある。それは1つひとつの概念が類似性，同一化，応答性のように比較的明確なことである[5]。そのため，本書および本章でもピトキンの代表概念を基軸として，日本の実証研究の展開を検討する。

2-2　日本における実証研究

正統化されにくい代表の現状

実証研究の乏しい象徴的代表を除く，3つの代表概念からみると，日本では多くの不平等が実証的に明らかにされている。

記述的代表の面をみると，著しい偏りとその要因が分析されている。日本の国会議員は50〜60代の男性が大半を占めており，その前職も地方議員，官僚，秘書出身者が半数以上を占める。世襲議員が世界的にも稀なほどに多く，他方で女性，若年層，障害者の過少代表も著しく（三浦編 2016; Smith 2018; Okura 2021），機能的代表と社会的代表の両面で偏りが著しい。これらは有権者や政党側の意識とともに，クオータ制の不在，小選挙区制の採用などの制度上の要因も大きい。記述的代表への有権者の態度は，党派性，アイデンティティの一致が主たる要因として議論されており，それらの交錯関係にも関心が向けられている。

実質的代表に関する有権者の意識については，利益代表意識として論じられてきた面がある（三宅 1987, 1989; 平野 2007, 2015）。社会的亀裂（階級，地域，宗教，民族等）が政党システムに反映されていない中で，職業利益を中心に政党支持との関連で議論されてきた。他に地元利益意識や地元利益代表観が指摘されて

第2部　政治代表の不平等

きた。

　実質的代表で最も言及される政策応答性については，政治家－有権者間の不一致や応答性の低さが明らかになっている（小林 1997; 谷口 2020; 竹中ほか 2021; 曽我 2022）。議員は公約を遵守せず，議会活動では公約との不一致も多いが，選挙ではそれが罰せられていない（小林ほか 2014）。政策応答性は低下し，代表の4つの側面（記述型・約束型・コマ型・予測型）のいずれからも外れており，正統化されない状態にある（谷口 2020）。有権者，官僚，政治家の三者の分析によると，有権者は選好の異なる候補者を削いでおり，選挙の機能は認められるが，三者の中では政治家の選好が特に逸れている（曽我 2022）。マスメディアや団体なども包含するエリート調査によると，自民党は高所得層に近い位置にある（山本 2021）。

　3つの代表概念のいずれも十分に成立しているとはいえず，偏りや不平等が指摘されている。記述的代表は低く，実質的代表という点でも政策応答性の低さは一致しており，形式的代表という点では一定の候補者を除きつつも十分に一致する程度には削いでいないことがうかがえる。代表制の機能面でも批判は多く，代表制民主主義の機能不全も指摘される（小林ほか 2014）。

代表論からみる第2部の位置と本章の問い

　政治的代表を扱う第2部の諸章は2つの点で，2000年代以降の代表論の流れに共通する部分がある。まず，代表を論じるにあたって，選挙や議員以外の側面にも広げている点である。これまでの実証研究では議員に焦点が当たってきたが（第8章も参照），本書では有権者側に着目し，官僚制，利益団体，マスメディア，現在の選挙の枠外にある人々も含めて代表を議論している。

　次に，応答性，特に政策応答性以外の側面も対象としている点である。約40年ぶりのエリート調査を実施した竹中ほか（2021）では，エリート側やエリート・有権者間の政策応答性に主眼を置いて代表次元の不平等を検討してきた。それに対して，本書では記述的代表や象徴的代表，代表の行動様式など，政策応答性以外の側面も包含しながら代表をより多角的に検討している。

　本章では次の2つの問いを扱う。第1に，どのような人々が代表を得ているのかである。逆にみれば，どのような人々の代表が不在になっているのか。前

120

述のとおり，代表は様々な点で十分に成立していないとみられている。その中で，有権者は利益がそもそも代表されているとみているのかどうかを検討する。特に，選挙，代表制度上の存在だけでなく，団体も含める。新しい代表論では選挙を経ない代表も重視されているが，政党などの制度上の代表がどこまでの地位を保っているのかは検討を要する。第2に，どのような人々が現在の代表に歪みがあると認識しているのかである。記述的代表の需要（第8章），是正策（第9章）の前提として，代表制の歪みがどのように認識されているのかを複数のカテゴリーの比較の中で検討する。

3　有権者の利益代表認知

　本節では有権者の利益代表認知を検討する。そのうえで，政党や団体が利益代表として位置づけられているのかをみる。調査データは2020年度ウェブ調査（政策モジュール）と2021年度ウェブ調査（代表モジュール）を用いる。

3-1　利益代表認知

　調査では次の形で利益代表の認知を尋ねた。質問文は「次に挙げる人々の利益（A〜N）を，各政党は重視しているでしょうか。重視している政党があるとお考えであれば，いくつでも選んでください。そのような政党がないとお考えであれば，『なし』を選んでください」である。社会経済的なカテゴリーに依拠しつつ，その利益が政党によって代表されているのかをみている。

　表7-1は，利益代表の認知である。上段は回答者全体の中での割合，下段は外形的に該当するとみられるカテゴリーの中での割合を示しており，カッコ内に使用した変数を記している。例えば，57.1%の回答者が自民党は大企業の経営者の利益を重視していると認識している。

　表からは，次の4点がうかがえる。第1に，有権者の中での各党の位置づけがうかがえる。自民党は大企業経営者，高所得者，大企業正社員，農林漁業者，高齢者，中小企業経営者の順に利益代表として認知されている。これら以外の層でも相対的には利益代表政党として位置づけられており，包括政党の一端が

第2部　政治代表の不平等

表7-1　利益代表の認知

	自民党	公明党	立憲民主党	国民民主党	日本維新の会	共産党	ない	わからない	N
A.大企業の経営者の利益	57.1	9.9	3.9	4.3	5.6	1.7	7.3	33.8	2,090
B.大企業の正社員の利益	34.5	6.9	6.8	6.5	6.8	2.7	13.7	44.0	2,090
C.中小企業の経営者の利益	20.7	7.1	9.4	6.5	10.0	6.9	15.7	46.4	2,090
D.中小企業の正社員の利益	12.7	5.7	11.9	7.3	9.4	9.5	18.6	47.4	2,090
E.契約・派遣・パートなど非正規労働者の利益	9.3	4.4	10.6	6.0	8.1	15.6	21.6	44.1	2,090
F.農林水産業従事者の利益	30.6	4.1	5.0	3.2	4.0	4.5	13.3	49.6	2,090
G.消費者の利益	12.2	5.0	8.9	5.8	10.7	9.1	22.7	46.7	2,090
H.高所得者の利益	48.9	8.5	2.8	3.5	4.7	1.9	9.7	39.1	2,090
I.貧困層の利益	7.8	5.7	9.0	4.0	7.9	19.2	21.9	42.9	2,090
J.高齢者の利益	24.3	8.1	6.7	3.8	4.7	8.1	17.1	47.9	2,090
K.若者の利益	9.7	3.7	5.7	3.5	10.7	3.8	26.2	48.9	2,090
L.女性の利益	8.3	4.1	8.1	3.3	4.9	6.8	24.7	51.8	2,090
M.障害者の利益	8.1	4.6	6.6	2.8	4.4	8.4	22.7	53.9	2,090
N.外国人の利益	8.4	3.5	7.3	2.5	2.6	5.5	22.5	58.7	2,090
大企業の経営者の利益(経営者・役員)	68.2	9.1	1.5	3.0	7.6	0.0	7.6	19.7	66
大企業の正社員の利益(規模・正社員)	33.9	4.1	6.6	8.3	5.8	2.1	16.9	40.5	242
中小企業の経営者の利益(経営者・役員)	31.8	12.1	9.1	6.1	18.2	4.5	18.2	28.8	66
中小企業の正社員の利益(規模・正社員)	12.6	5.0	8.7	6.3	7.6	6.3	23.2	46.0	461
非正規労働者の利益(非正規労働)	9.1	3.0	7.9	4.4	6.2	13.6	23.7	46.2	405
高所得者の利益(世帯年収1000万円以上)	50.0	8.6	1.8	5.0	5.9	1.4	12.2	35.1	222
貧困層の利益(世帯年収100万円未満)	3.8	1.3	6.3	1.3	5.1	19.0	24.1	43.0	79
高齢者の利益(65歳以上)	20.1	8.5	11.2	4.7	7.9	12.4	18.1	43.9	492
若者の利益(40歳未満)	8.5	2.7	3.5	3.3	8.0	1.8	24.7	54.7	660
女性の利益(女性)	4.6	2.8	5.3	2.1	3.7	5.0	22.6	60.9	1,045

出所：2021年度ウェブ調査（代表モジュール）より筆者作成

うかがえる。対照的に，共産党は貧困層，非正規労働者，障害者の利益代表として認知されている。これらに対して，立憲民主党，国民民主党，日本維新の会は明確な位置づけがみられない。

　第2に，政党が誰の利益を重視しているのかについて，位置づけが明確でない面も強い。ほとんどの項目で「わからない」が4割から5割を占めている。大企業の経営者の利益は「わからない」が33.8%で相対的に低いものの，それ以外のものについては，各党が有権者の中で十分に位置づけられていない面が強い。また，過去の調査（平野2015）に比べて，政党の存在は不明瞭になっている。調査法の違いに注意を要するものの，2011年の調査よりも全体的に「わからない」の回答が10ポイント以上，増えている。

第7章　利益代表認知と記述的代表にみる政治的不平等

　第3に，相対的に代表されている利益と代表されていない利益の差がある。職業，高齢層や所得層に比べて，若者，女性，障害者の利益は代表している存在が認知されておらず，相対的に代表の程度が低い領域になっている。

　第4に，回答者を当事者に限定した場合，女性と若年層ではどの政党が代表しているのかの位置づけがより不明瞭になっている。表の下段は該当する可能性の高いカテゴリーに限定した場合である。特に興味深いのは女性の利益である。調査対象全体（上段）では「わからない」が51.8%であるが，女性に限定した場合はそれが60.9%と10ポイント近く上昇している。若者でも5ポイント程度の差があり，より不明瞭になっている。他のカテゴリーでは変化がないもしくは利益代表がより明確になっているのとは，対照的な結果である。

3-2　利益代表の主体

利益代表政党

　次に，政党は有権者にとって利益代表として位置づけられているのだろうか。調査では，「次に挙げる政党のうち，あなたやご家族の生活やお仕事上の利益を最もよく代表しているのは，どちらでしょうか。1つだけお答えください」として尋ねた。これまでの調査では職業利益を重視していたが，この質問文は仕事だけでなく生活も含めている点に特徴がある。

表7-2　利益代表政党

自民党	26.0	33.1
公明党	2.0	2.5
立憲民主党	3.8	4.8
国民民主党	0.6	0.8
日本維新の会	2.5	3.2
共産党	2.0	2.6
社民党	0.4	0.5
その他	0.3	0.4
ない	40.9	52.0
DK/NA	21.4	
N	2,001	1,573

出所：2020年度ウェブ調査（政策モジュール）より筆者作成

第 2 部　政治代表の不平等

表7-3　利益代表政党と長期的党派性

		利益代表政党							N
		自民党	公明党	立憲民主党	国民民主党	日本維新の会	共産党	なし	
長期的党派性	自民党	75.9	1.0	0.8	0.0	0.8	0.4	21.2	518
	公明党	21.6	70.3	0.0	0.0	0.0	0.0	8.1	37
	立憲民主党	13.3	1.7	41.7	0.8	0.8	5.8	35.8	120
	国民民主党	26.3	0.0	10.5	36.8	0.0	0.0	26.3	19
	日本維新の会	21.6	0.0	1.8	0.9	39.6	0.0	36.0	111
	共産党	5.1	0.0	6.8	0.0	1.7	44.1	35.6	59
	なし	8.2	1.1	1.4	0.2	0.0	0.5	88.3	622

出所：2020年度ウェブ調査（政策モジュール）より筆者作成

　表7-2からは，半数近い有権者にとって，利益代表政党がない。DK/NA（無回答）を除かない場合，40.9%の回答者が「ない」を選択しており，DK/NAを除いてみると，52%に及ぶ。生活も含めて幅広く尋ねたが，半数近い有権者には利益代表政党がなく，政党を通じた代表を欠いている状態にある。

　利益代表政党は政党支持に近いものなのであろうか。かつて，三宅一郎は利益代表政党と政党支持が8割の一致度であり，両者の結びつきの強さを指摘していた（三宅 1989）。本調査の政党支持は長期的党派性を尋ねる形であり，厳密に同じ測定ではないが，表7-3は利益代表政党と長期的党派性の関係である。

　利益代表政党と長期的党派性の一致度は，自民党，公明党とそれ以外の政党で大きな差がある。自民党では76%，公明党は70%の一致度であり，比較的高い。しかし，立憲民主党は42%，国民民主党は37%，日本維新の会は40%，共産党は44%というように，非自公側では一致度がかなり低い。

　非自公側をさらにみると，長期的な党派性に対して，利益代表政党であるとまでは位置づけられていない。長期的党派性はあるものの，利益代表政党はないとする支持者が3割程度存在し，国民民主党と日本維新の会では利益代表政党を自民党とする支持者が2割を超える。利益代表政党と政党支持の結びつきは非自公側を中心に大きく崩れた可能性がある。

利益代表団体

　次に，利益を代表する団体はあるのだろうか。利益代表は政党に限られない

第 7 章　利益代表認知と記述的代表にみる政治的不平等

表7-4　利益代表団体の有無

地域団体	7.9
同業者・専門職団体	5.2
農林漁業協同組合	2.4
労働組合	7.4
生協・消費者団体	4.6
NPO・市民団体	2.3
社会運動・住民運動	0.8
政党・政治団体	1.7
宗教団体	1.7
その他	0.4
なし	76.7
N	2,001

出所：2020年度ウェブ調査（政策モジュール）より筆者作成

ため，次に団体の経路をみる。調査では「加入しているかどうかはともかく，あなたやご家族の生活やお仕事上の利益を代表している団体はありますか。ある場合は，あてはまるものをいくつでもお答えください」と尋ねた。**表7-4**は利益代表団体の有無である。

　表からは，76.7%の回答者がそのような団体がないと認識している。そのうえで，地域団体が7.9%，労働組合が7.4%，同業者・専門職団体が5.2%であり，やや高い。ただ，団体が利益代表の経路として認知されている有権者は2割程度であり，かなり限定的である。

　団体の加入者の中で属している団体を利益代表団体と回答しているのは13.1%である。団体での活動の程度も考慮すると，「積極的に活動している」層で利益代表団体と回答するのは32.1%，「ある程度活動している」層で19.9%，「ほとんど活動していない」層で7.7%になる。団体への加入が利益代表の経路となる可能性はもちろんあるものの，加入している層でも利益を代表する存在として十分に位置づけられているとまではいえない。

代表の有無と格差

　どれほどの人々が政党や団体を通じた利益代表を有しているのだろうか。**表7-5**は利益代表政党と団体の関係をみたものである。

　表をみると，次の2点がうかがえる。第1に，半数近い人々には利益代表が

第2部　政治代表の不平等

表7-5　利益代表政党，利益代表団体の関係

		利益代表団体		*N*
		なし	あり	
利益代表政党	なし	44.4%	7.6%	818
	あり	31.2%	16.8%	755
N		1,189	384	1,573

出所：2020年度ウェブ調査（政策モジュール）より筆者作成

ない。利益代表政党と利益代表団体の有無をみると，両方なしが44.4%であり，半数近くを占める。利益代表政党と団体の両方を有する人々は16.8%であり，複数の経路を有する人はかなり限定的である。

　第2に，利益代表の存在として，政党の占める位置の大きさもうかがえる。利益代表政党はないものの，利益代表団体を有する人は7.6%である。団体はないものの，代表政党のある人々は31.2%であり，団体を大きく上回る。利益表出は団体，政党の双方が担うものであるが，有権者の認識の中では政党の占める位置が大きい。

　どのような人々が政治的代表を有していないのか。**表7-6**は利益代表政党，団体の有無と社会経済的属性との関係を示したものである。統計的に有意な差がみられたものは性別，階層意識，職との関係であった。「両方なし」をみると，男性では38.7%であるが，女性は51.2%で約13ポイント高い。階層意識をみると，1．一番下から6までは「両方なし」が4割から5割を占めるが，7以上では3割前後に減少している。また，職との関係をみると，経営者・役員は「両方なし」が27.5%とかなり低い。他のカテゴリーでは「両方なし」が4割を超えており，特に非正規雇用と専業主婦・主夫では5割に達している。

　本節では利益代表認知，利益代表政党と団体の有無をみてきた。半数程度の人には政党や団体を通じた利益代表の経路がない。また，政党がどのような人々の利益を代表しているのかが認識されにくくなり，職業利益や生活に根差したものという面も弱まっているとみられる。このように，政党や団体を通じた代表の経路は細くなり，代表する利益の意味も曖昧になっている。

126

第 7 章　利益代表認知と記述的代表にみる政治的不平等

表7-6　利益代表の有無と社会経済的属性との関係

	両方なし	団体あり・政党なし	団体なし・政党あり	両方あり	N	
男性	38.7	7.0	33.5	20.9	848	**
女性	51.2	8.3	28.4	12.1	725	
20代以下	48.7	7.5	23.0	20.9	187	
30代	38.1	6.9	33.7	21.3	202	
40代	50.3	6.5	29.1	14.1	306	
50代	45.8	7.7	32.6	13.9	273	
60代	42.5	9.5	31.0	17.0	306	
70代	40.8	7.0	35.5	16.7	299	
中学	48.1	3.7	37.0	11.1	27	
高校	47.6	8.3	28.8	15.3	483	
短大・高専	45.7	6.4	31.7	16.2	265	
大学	42.4	7.9	32.9	16.7	681	
大学院	34.4	5.4	31.2	29.0	93	
100万円未満	48.6	5.7	35.7	10.0	70	†
100-300万円	44.8	6.3	31.8	17.2	239	
300-500万円	44.6	10.6	31.5	13.4	359	
500-700万円	41.4	5.5	29.1	24.0	292	
700-1000万円	38.6	6.6	33.8	21.1	228	
1000-1500万円	38.2	7.3	35.8	18.7	123	
1500万円以上	34.0	7.5	32.1	26.4	53	
1.　一番下	49.1	7.5	24.5	18.9	53	**
2	40.2	4.9	36.6	18.3	82	
3	52.7	9.8	23.1	14.4	264	
4	46.7	6.9	28.6	17.8	259	
5	48.1	5.4	32.8	13.7	424	
6	39.3	7.9	34.5	18.3	290	
7	31.3	12.3	35.6	20.9	163	
8以上（10.　一番上）	28.9	2.6	39.5	28.9	38	
経営者・役員	27.5	9.8	27.5	35.3	51	**
自営業主・自由業者・家族経営社員	40.7	12.0	27.8	19.4	108	
正社員	40.8	8.0	31.8	19.4	578	
パート・アルバイト・内職	44.6	8.0	38.3	9.1	175	
仕事をしていない	47.0	7.3	30.4	15.4	247	
学生	47.7	6.8	20.5	25.0	44	
派遣・契約・嘱託社員	50.6	3.4	31.5	14.6	89	
専業主婦・主夫	53.3	5.7	29.9	11.1	261	

** $p<.01$　* $p<.05$　† $p<.10$
出所：2020年度ウェブ調査（政策モジュール）より筆者作成

第2部　政治代表の不平等

4　記述的代表の不平等認知とその規定因

　前節では女性や若年層のように代表されにくい利益があるだけでなく，代表の有無には社会経済的属性による格差があった。それでは，記述的代表の歪みはどの程度認知されているのだろうか。本節では記述的代表の不平等とその規定因を検討する。

4-1　記述的代表の不平等認知

　本調査では「あなたは，次の特徴や経歴（A〜F）をもつ国会議員の数について，どのようにお考えですか。最も近いものをそれぞれ1つ選んでお答えください」と尋ねた。**表7-7**は過少代表，過剰代表の認知を示している。

　表をみると，代表の不平等認知の差は代表される属性によって異なる。「少なすぎる」「少ない」を合計すると，女性は81.2%，若者は79.7%，障害のある人は66.6%であり，過少代表が認識されている。職業団体，労働組合等の役員については現状を適切とする人々が54%を占め，過少代表，過剰代表と評価する人も分かれており，分布が他のカテゴリーと異なる。「多い」「多すぎる」を合計すると，タレント・芸能人は56.8%，世襲は66.5%であり，過剰代表であると認識されている。

表7-7　過少代表，過剰代表の認知

	1.少なすぎる	2.少ない	3.適切である	4.多い	5.多すぎる	N
若者（40歳未満）	30.7	49.0	13.9	2.7	3.6	2,090
女性	33.4	47.8	16.2	1.6	1.0	2,090
障害のある人	24.7	41.9	28.2	3.2	2.1	2,090
職業団体，労働組合等の役員	3.2	15.4	54.0	21.1	6.5	2,090
タレント・芸能人	1.8	7.0	34.5	36.3	20.5	2,090
家族や親せきが政治家である人（世襲）	5.6	7.3	20.7	31.0	35.5	2,090

出所：2021年度ウェブ調査（代表モジュール）より筆者作成

4-2 不平等認知の規定因

　このような不平等認知はどのような要因によって規定されているのだろうか。
　従属変数は不平等認知であり，歪みの程度の順にリコードしたものである。
具体的には，「適切である」が0，「少ない」と「多い」が1，「少なすぎる」と
「多すぎる」が2である。ベースカテゴリーは0である。
　独立変数は社会的属性と党派性である。従属変数に関連する社会的属性とし
て，性別，年齢，団体所属，パーソナルネットワークを扱う。性別は男性が
0，女性やその他の回答が1である。年齢は回答者の年齢であり，18歳から80
歳までである。団体所属は地域団体系，労組市民系，政治団体系で分けている。
団体研究では団体によって政治過程における位置づけが異なることが繰り返し
明らかにされてきた（村松ほか 1986; 辻中・森編 2010）。そのため，地域団体系と
して，自治会，同業者・専門職団体，農林漁業団体を1つのカテゴリーとして
加入数を算出した。労組市民系として，労働組合，市民団体・NPO・ボラン
ティア団体，生協・消費者団体を1つのカテゴリーとして集計した。政治団体
系は，政治家の後援会と政治団体の加入数を集計した。パーソナルネットワー
クとして，アジア系の外国人，欧米系の外国人，シングルマザー・ファザー，
障害のある人，LGBTQ+の人が知り合いにいるかどうかを集計した変数を使
用する。
　党派性は長期的党派性を使用する。具体的には，自民，公明，立憲，国民，
維新，共産・社民（社会民主党）・れいわ（れいわ新選組）・諸派支持である。支
持なしをベースカテゴリーとしている。
　社会的属性，党派性と従属変数の両方に関連する可能性がある変数として，
学歴，都市規模を考慮する。学歴は中学が1，大学院が6である。都市規模は
人口5万人以下が1，100万人以上が6である。**表7-8**は記述的代表の不平等認
知に関する多項ロジスティック回帰分析の結果である[9]。
　社会的属性をみると，性別と年齢は関連する部分の不平等だけでなく，他の
面での不平等認知にも関連性がみられる。女性は女性の記述的代表について不
平等を認知する傾向にある。ただ，それだけでなく女性は若者に関する代表制
の歪みを，男性はタレント・芸能人，職業・労働団体，世襲に関して不平等を

表7-8 記述的代表の不平等認知に関する多項ロジスティック回帰分析

	若者				
	少ない，多い			少なすぎる，多すぎる	
	β	S.E.		β	S.E.
性別	.265	.141	†	.075	.149
年齢	.001	.004		-.016	.005 **
周囲の人びとの多様性	.052	.057		.062	.060
学歴	.003	.051		-.044	.054
人口規模	-.005	.042		.026	.045
労組市民団体	.122	.105		.132	.112
地域団体	.112	.094		-.034	.100
政治団体	-.442	.149 **		-.299	.159 †
自民党支持	-.335	.158 *		-.304	.171 †
公明党支持	-.298	.478		-.322	.522
立憲民主党支持	.670	.331 *		1.076	.341 **
国民民主党支持	.312	.643		1.249	.630 *
日本維新の会支持	.484	.270 †		1.054	.274 **
共産党・社民党・れいわ・諸派支持	.687	.343 *		.992	.353 **
切片	1.011	.362 **		1.520	.379 **

Cox & Snell	.056
Nagelkerke	.065
McFadden	.029
N	2,080

	タレント・芸能人				
	少ない，多い			少なすぎる，多すぎる	
	β	S.E.		β	S.E.
性別	-.102	.105		-.289	.127 *
年齢	.016	.003 **		.019	.004 **
周囲の人びとの多様性	.014	.041		.015	.049
学歴	-.019	.038		.169	.047 **
人口規模	.045	.032		.068	.038 †
労組市民団体	.064	.078		.048	.093
地域団体	-.008	.071		-.022	.084
政治団体	-.129	.121		-.135	.145
自民党支持	-.075	.127		.159	.155
公明党支持	.387	.413		.488	.512
立憲民主党支持	.150	.206		.355	.242
国民民主党支持	-.505	.376		-.046	.427
日本維新の会支持	-.025	.170		.418	.196 *
共産党・社民党・れいわ・諸派支持	.316	.222		.866	.246 **
切片	-.616	.267 *		-2.351	.337 **

Cox & Snell	.044
Nagelkerke	.050
McFadden	.021
N	2,080

** $p<.01$ * $p<.05$ † $p<.10$
出所：2021年度ウェブ調査（代表モジュール）より筆者作成

女性						障害のある人					
少ない，多い			少なすぎる，多すぎる			少ない，多い			少なすぎる，多すぎる		
β	S.E.		β	S.E.		β	S.E.		β	S.E.	
.423	.133	**	.317	.141	*	.125	.111		.135	.126	
.008	.004	*	.013	.004	**	.006	.003	†	.002	.004	
.109	.056	†	.197	.058	**	.050	.045		.127	.049	**
.039	.048		.046	.051		.036	.040		.026	.046	
-.074	.040	†	-.001	.042		-.050	.033		.002	.038	
.075	.099		.040	.105		.028	.083		.175	.093	†
-.063	.088		-.086	.094		-.015	.074		-.074	.084	
.049	.154		.048	.163		.008	.126		-.235	.148	
-.173	.151		-.314	.166	†	-.532	.131	**	-.467	.153	**
-.432	.477		-.168	.498		-.327	.429		.078	.467	
.672	.344	†	1.374	.342	**	.490	.252	†	.987	.264	**
.472	.562		.887	.569		.102	.439		.692	.451	
.180	.224		.508	.231	*	-.417	.172	*	-.233	.196	
.141	.302		.882	.299	**	.219	.255		.985	.259	**
.534	.329		-.493	.356		.269	.283		-.448	.323	
.052						.047					
.060						.053					
.026						.022					
2,080						2,080					

職業団体，労働組合等の役員						家族や親せきが政治家である人（世襲）					
少ない，多い			少なすぎる，多すぎる			少ない，多い			少なすぎる，多すぎる		
β	S.E.		β	S.E.		β	S.E.		β	S.E.	
-.217	.100	*	-.327	.163	*	.139	.127		-.344	.128	**
.015	.003	**	.001	.005		.019	.004	**	.030	.004	**
.108	.039	**	-.019	.065		-.003	.050		.082	.050	†
.040	.037		.084	.060		.046	.046		.095	.046	*
.004	.030		.068	.049		-.031	.038		.007	.038	
.250	.073	**	.039	.121		-.069	.092		-.032	.094	
-.105	.067		.069	.107		-.032	.084		-.080	.085	
.097	.112		-.148	.199		-.057	.141		-.105	.145	
-.190	.122		-.130	.211		.093	.146		-.565	.152	**
-.115	.396		.515	.575		.526	.438		-.803	.558	
.624	.188	**	.596	.310	†	.509	.301	†	.903	.285	**
.007	.371		.877	.463	†	.298	.513		.688	.478	
.400	.158	*	.802	.237	**	.481	.217	*	.446	.214	*
.196	.197		.813	.283	**	.685	.307	*	1.051	.294	**
-1.420	.260	**	-2.494	.423	**	-.501	.316		-.978	.321	**
.052						.083					
.062						.095					
.029						.041					
2,080						2,080					

認知する傾向にある。年齢をみると，高齢層は若者の過少代表を認識しにくい。年齢は女性，障害のある人，タレント・芸能人，職業・労働団体，世襲でも有意な変数であり，これらでは高齢層ほど不平等を認知する傾向にある。

パーソナルネットワークも代表の不平等認知に関連している。周囲の人々の多様性が高い人ほど，女性，障害のある人，職業・労働団体，世襲の代表について不平等を認知する傾向にある。

団体所属はより限定的な形で不平等認知との関連性がみられる。政治団体系の所属は若者の不平等を認知しにくい傾向にある。労組市民系の所属は障害のある人，職業・労働団体の代表について不平等を認知する傾向にある。

次に，党派性をみると，一貫した差異がみられる。自民党支持層は若者，女性，障害のある人，世襲について代表の不平等を認知しにくい傾向にある。他方，立憲民主党，共産党，社会民主党，れいわ新選組，諸派支持層は反対に上記の代表の不平等を認知する傾向にある。日本維新の会支持層は概ね非自公側と似た傾向にあるが，障害のある人の代表については自民党と同様，不平等を認知しにくい。また，職業・労働団体の不平等について，係数は立憲民主党等と同様に正であるが，過剰代表であるとの方向で不平等を認知する傾向にあり，他の政党と異なる。このように，記述的代表に関する歪みは女性や若年層などの多くのカテゴリーについて認識されており，それらの認知は属性（なかでも性別，年齢）と党派性によってかなり一貫した形で規定されていることがうかがえる。

5　おわりに

本章では代表論の展開を振り返りつつ，2つの問いを検討してきた。どのような人々が代表を得ているのか。また，どのような人々が現在の代表に歪みがあると認識しているのかを2020年度ウェブ調査（政策モジュール）と2021年度ウェブ調査（代表モジュール）データから検討した。

分析からは次の5点がうかがえた。第1に，利益代表政党がある人々は5割，利益代表団体は2割にとどまり，半数程度の人々にとっては政党や団体という形での利益代表の主体がいない。第2に，利益代表政党と長期的党派性の関係

は自民党，公明党で一致度が高いものの，立憲民主党や国民民主党，日本維新の会などでは一致度が低い。第3に，利益代表政党，利益代表団体の有無は性別，社会階層認識，職業によって異なる。第4に，女性，若者の過少代表は8割，障害のある人は7割近い人々に過少代表であると認識されている。第5に，記述的代表の不平等認知は社会的属性，党派性の双方に規定されており，比較的一貫した傾向がみられる。つまり，有権者の意識からみると，代表の経路は細く，その意味が曖昧になり，しかも担い手には歪みがあると認識されている。

　これらの結果は次の2点を含意している。第1に，利益代表において政党が占める中心的な位置とその限界である。団体と政党を比較すると，政党が利益を代表する中心に位置するとみられるものの，利益代表政党，団体を認知しない人々が半数近くを占めており，それら以外のものが代表を果たしている可能性にも着目する必要性が高い。この点で，2000年代以降の代表制論的転回で比較的共通する認識は実証的にもあてはまる面があり，選挙制度や組織に依拠しない代表の可能性を探る必要性を示唆する。

　第2に，記述的代表の不平等認知は政党間対立の軸上にあり，是正されにくい背景も示唆されている。過少・過剰代表の認知は女性，若者，障害のある人，世襲のように多くの属性で一方に偏っている。ただ，支持者層のレベルで認知に差異がある。そのため，是正の進展は政党間の勢力分布の変化を前提とする面も強い。不平等認知が是正策への賛否に関連しているとすれば，記述的代表の不平等が是正されにくい背景の存在を示唆しているであろう。

　今後の課題として，代表されていないという意識のさらなる分析である。本章では属性を中心に記述してきたが，他の政治意識との関連性をはじめ，分析を進める必要がある。

第 2 部 　政治代表の不平等

註

1 2000年代以降の構築主義的転回については田畑（2017），「新しい代表論」は大場（2021），規範理論の展開も踏まえた実証研究の展開については芦谷（2020）が詳しい。

2 代表する側と代表される側の非対称性を考慮することは指摘されてきた。例えばEulau（1967=1970）では，代表者と被代表者の間には代表者が関係を方向づける地位の差が組み込まれており，その前提に立った研究が求められた。その場合，代表関係で通常想定される因果関係は逆転する可能性も指摘されてきた。構築主義的転回ではその非対称性が明確になっている。

3 実証研究で頻繁に引用される論者（ダール，ピトキン）も応答性に重きを置いているかどうかには注意を要する（Disch 2011; Sabl 2015）。また，政策選好のみが代表関係ではないこと，代表が一致，政策応答性だけではないことは実証研究側からも繰り返し指摘されてきた（Eulau and Karps 1977）。

4 谷口（2020）はMansbridge（2003）の概念をもとに実証を進めた。特に，コマ型代表の実証化の提案としても貴重な試みである。

5 ピトキンの議論ではこれらは別々のものではなく関連するものであった。

6 利益誘導を分配応答性として捉えるならば，補助金配分を中心に自民党国会議員がいる地域ほど配分を受けてきたとされ，それは政治改革後も持続性がある（小林 1997, 2016; 名取 2002）。

7 淺野（2024）は自民党の右傾化，政策応答性の低下したメカニズムを3つの側面から検証している。

8 役割モデルに依拠した分析が続けられており，1970年代までの展開については伊藤（1977-78）がある。その後のレビューとしてはAndré and Depauw（2017）があり，そこでも有権者側の代表観が残された課題とされていた。役割モデルの展開については濱本（2019）で部分的に検討している。

9 順序ロジスティック回帰分析において，平行性の検定の結果，帰無仮説が5%水準で棄却され，独立変数の効果はすべてのカテゴリーにわたって同じであるという，平行性の仮定（比例オッズの仮定）が満たされなかった。そのため，回帰式ごとに個別に係数が推定される多項ロジスティック回帰分析を行った。

第**8**章

有権者はどのような代表を求めているのか
——代表観・地位・政策——

◆◆◆

出口　航

1　はじめに

　議員と有権者の間でどのような代表関係が構築されているのかは，代表制民主主義において重要な論点である。伝統的に受託者（trustee）と代理人（delegate）という異なるモデルが代表者の理念型として提示され，どちらが望ましいのかが議論されてきた（Pitkin 1967=2017: 191-221; Rehfeld 2009; 上神 2010）。受託者としての代表者は，有権者によって拘束されず，国全体の利益を追求することが求められる。他方，代理人としての代表者は，選出地区や選出母体の支持者の意向に従って振る舞うことが期待される。この古典的な対立は委任–独立論争（mandate-independence controversy）とも呼ばれる論点である。

　他方で，今日の代表制が置かれる環境の変化を考慮するなら，受託者と代理人という二項対立では，実際の代表関係を捉えることはできない。行政過程や市民社会におけるアドボカシーのような選挙以外の手段を通じた利益表出や，グローバル化の進展による1つの領域に限定されない代表といった新たな現象がみられるようになった（Urbinati and Warren 2008）。

　本章では2021年度ウェブ調査（代表モジュール）をもとに，有権者の政治代表に対する態度を検討する。具体的には，代表観についてどのような意識が形成されているのか，これらの意識が有権者の政策関心・社会経済的地位・不平等認知とどのように関連しているのか，という2つの問いに取り組む。これらを通じて，誰が何を議員に求めているのかを示し，代表観と社会経済的不平等

第2部　政治代表の不平等

の関係を明らかにする。

　本章の構成は次のとおりである。第2節では，代表論と実証研究から代表観
を検討する。第3節では，分析する調査項目を概観し，代表観についてどのよ
うな意識が形成されているのかを検討する。第4節では，政策選好，属性，不
平等認知といった変数と代表観の関連性を明らかにする。第5節では，本章の
議論を整理する。

2　政治代表と代表観

2-1　代表論における代表観

　はじめに代表論の展開を振り返る。代表論は規範理論と実証研究が相互に研
究蓄積を参照しながら進展してきた。本章ではPitkin（1967=2017）と2000年代
以降の類型論を踏まえたうえで，実証研究の展開を検討する。[1]

　代表論の嚆矢となったPitkin（1967=2017）の論考は，複数の代表観を提示し
た。代表者の正統性を本人からの権限付与に求める「権限付与理論」，代表者
の行動を事後的に判断する「答責的代表観」，代表と代表される者の間の類似
性を重視する「記述的代表」，感情や信仰などの非合理な要素も含めて代表す
ることを重んじる「象徴的代表」が挙げられる。また，代表される者の利益が
真に促進されているかを重視する「実質的代表」も提案されている。

　2000年代以降，さらなる代表概念の検討が進められた。Mansbridge（2003）
は，代表概念を4つに分類している。「約束的代表観」は，本人が選挙などを
通じて代理人を権限づけ，公約などの約束を破った場合には代理人を制裁する
というモデルである。約束的代表観が事前制裁を重んじる一方で，事後的な業
績投票によって代理人を統制するモデルとして「予測的代表観」がある。「コ
マ型代表観」は，外的な統制から離れて，代理人が自律的に自身の目標を達成
することが重視される。「代用的代表観」は，政治献金などを通じて，ある選
挙区にいる人々が他の選挙区の代表者によって代表されることである。

　Rehfeld（2009）は，3つの次元から代表概念を検討している。1つ目は代表の
目標（aims）で，代表者が全体の善と部分の善のいずれを追求するかである。2

136

つ目は判断の根拠（source of judgement）である。代表者は，自身の考えに従って行動するのか，あるいは自身より支持者や政党など他人や組織の考えに従うのかという面から区別される。3つ目は制裁への応答（responsiveness）で，選挙などに反応して行動を変える程度が強いか弱いかである。

　これらの組み合わせ（2×2×2＝8通り）から，レーフェルドは代表観の類型化を試みている。例えば，全体の利益を追求し，代表者自身の判断に頼り，自身の方針を重視して行動する人は受託者型（Burkean trustees）に該当する。他方で古典的な受託者と代理人にはあてはまらない類型として，公務員やボランティアなどによる非選挙的な代表のあり方が示唆される。

　代表概念の整理に加え，構築主義的転回（Constructivist Turn）という潮流から，受託者と代理人という二項対立やPitkin（1967=2017）への批判が論じられた（Disch 2015）。Saward（2006）は，代表を「代表しているという主張（representative claim）」がつくられ，受容あるいは拒否される動的な過程として捉える。そのため代表される利益は，所与のものではなく，流動的に構築されるものとみなされる。また，主張の作成者は選挙で選ばれた公職者だけに限られないため，選挙によらない代表関係も射程に収められている。

2-2　実証研究における代表観

　規範理論分野での代表概念の分析に触発され，これらの枠組みを援用した実証研究が増加している（Wolkenstein and Wratil 2021）。以下では議員と有権者に分けて先行研究の動向を検討する。

　議員研究の文脈では，議員がどのような役割認識（role orientation）をもつのかという面から研究が進められてきた[2]。Eulau et al.（1959）は，代表の焦点（foci）とスタイル（style）を区別している。先行研究は，いわば議員が「誰を」「どのように」代表すべきと考えているかを検討している。それぞれ全国と地元のいずれを追求するか，自身の判断と他者の判断のいずれに従うのかが問われる。

　議員は，代表の焦点とスタイルについてどのような役割を有しているだろうか。この点についてサーベイ調査から国際比較研究が進められている（蘇 1998; Dudzińska et al. 2014; Önnudóttir and von Schoultz 2021）。代表の焦点については，国

137

によって程度差があり，地元と国民全体のいずれかに比重を置く傾向にある（Önnudóttir and von Schoultz 2021）。代表のスタイルについては，支持者の意見より政党や議員自身の意見を優先する[3]。

　有権者側の分析からは，議員と有権者で優先するスタイルが異なることが示唆される。議員研究と比べて国際比較研究は少ないものの，イギリス（Carman 2006），スペイン（Méndez-Lago and Martínez 2002），フィンランド（Bengtsson and Wass 2011）などで分析が進められている。これらの研究の結果から，対立する意見がある場合には，政党や議員自身の意見よりも，有権者の意見を優先する傾向にあった。三宅一郎は日本の有権者の利益志向を「地元利益志向」と「大政治志向」に整理したうえで，社会経済的地位・政策関心・党派性といった変数との関係を論じている（三宅 1995）。また研究手法についても洗練化が図られている。ヴィネット実験によって代表観のどの要素が候補者評価に影響を与えるのかを測定する研究もみられる（Doherty et al. 2019; Dassonneville et al. 2021）。

　ただし，次の課題が残されている。第1に，日本の有権者は，議員は「誰を」「どのように」代表すべきだと考えているのだろうか。日本政治研究では，地方議員（村松・伊藤 1986），国会議員（建林 2018; 濱本 2019），神奈川県と福井県の有権者（中谷 2011）を対象とする研究があるものの，有権者についての分析は低調である。

　これらの研究は議員研究・役割認識論の延長線上にあり，規範理論との関連はやや希薄である。誰を代表すべきか（代表の焦点）については，役割認識論では国全体／選挙区など代表される対象に着目する。ただし，日本では議会に占める女性や若年層は少なく[4]，記述的代表についても分析に加える必要がある。

　また，どのように代表すべきか（代表のスタイル）についても検討の余地がある。例えば，国際サーベイ調査では政党，支持者，議員本人が対立した際に，誰の意見を優先するのかから議員を「政党代理」「支持者代理」「受託者」に分類している（Dudzińska et al. 2014）。ただ，先に述べたように規範理論からは，代理人と受託者という類型のみでは代表関係全体を把握できないことが示唆される。そこで有権者が議員を統制するタイミングや手段の違い（Mansbridge 2003）や，代表関係が必ずしも議会や選挙によらないこと（Saward 2006; Rehfeld 2009）を考慮する必要がある。

第8章　有権者はどのような代表を求めているのか

　第2に，政策関心，社会経済的地位，不平等認知といった変数と代表観はどのような関係にあるだろうか。議員と有権者の重視する代表観が異なる可能性があることはすでに述べたが，この代表観の不一致が有権者の政治不信を生むことが指摘されている（Bøggild 2020）。また先行研究によると，支持政党や政策位置によって有権者が重視する代表観は異なる（Doherty et al. 2019）。仮に過少代表されている属性の人々ほど議員と異なる代表観をもっている場合，これらの層に不信感が醸成される可能性があるため検討の余地がある。

3　有権者は議員に何を望んでいるのか

　本節では，有権者がどのような代表のあり方を望んでいるのかを測定し，その特徴を明らかにする。2021年度ウェブ調査（代表モジュール）（2,090サンプル）において，次に紹介する項目に対して調査会社のモニターから回答を得た。得られた回答に多次元項目反応理論を応用したカテゴリカル因子分析を用いて有権者の代表観を推定する。

3-1　どのように代表観を測定するのか

　質問内容は代表される対象，代表者の評価方式，記述的代表という代表の3側面からなる。具体的には次の項目である。
　第1に，議員が誰の利益に対して応答的であるべきかという，代表される対象である。
　①議員は，自分の選挙区の利益のために行動すべきだ
　②議員は，国民全体の利益のために行動すべきだ
　③議員は，選挙区にとらわれず，支持者の利益のために行動すべきだ
　第2に，議員の代表スタイルや有権者の政治的関与などを含む，代表者の評価方式である。
　④議員は，政党の意向ではなく，自身の意見に従い，行動すべきだ
　⑤議員は，選挙時の公約を守ったかによって評価されるべきだ
　⑥議員は，業績によって評価されるべきだ

139

⑦重要な政府の決定に関して，もっと国民が参加できるようにしたほうがよい

⑧選挙があるからこそ，有権者の声が政治に反映するようになる

第3に，記述的代表をどの程度重視しているかである。「次に挙げるような特徴が自分と同じ人に国会議員になって欲しいと思いますか」と前置きをしたうえで，⑨同じ性別，⑩同じ年齢，年代，⑪同じ職業経験，⑫同じ団体への所属，⑬同じ出身地について尋ねた。

いずれも5件尺度であり，①〜⑧では意見に賛成する選択肢，⑨〜⑬では同じ属性の国会議員に肯定的な選択肢が大きな値になるようリコードした。

3-2 代表観の分布

図8-1は，上記の設問についての回答の単純集計である。左図は代表される対象と代表者の評価方式について，右図は記述的代表について，集計した結果である。いずれの図も右側に行くほど，その代表観に肯定的（「そう思う」あるいは「非常になってほしい」）であることを示している。

全体としては肯定的な意見が多い。いずれの設問でも肯定的な意見が否定的な意見を上回る。「そう思う」「ややそう思う」という肯定的な回答を合計すると，左図では少なくとも4割以上，右図では2割以上である。ただし記述的代表については「どちらともいえない」という回答が多く，少なくとも3割を超えている。

代表される対象に着目すると，国民全体の利益を追求する議員が最も好まれている。左図の上から3つ目までの結果を検討すると，回答者が重視している利益は順に国民全体，支持者，選挙区であることがわかる。特に国民全体の利益は肯定的な意見が86.4%と高水準であり，否定的な意見は3.5%にとどまる。

他方，支持者や選挙区の利益代表は賛成が多数派であるものの，やや意見が分かれている。支持者重視は賛成54.7%，反対20.1%であった。選挙区重視の場合，「どちらともいえない」が30%であり，賛否の差は約11.4ポイントにとどまる。これらの結果からは，全国代表と比べて地元代表は意見が分かれており，有権者は地元代表を最も重視しているわけではないと考えられる。

次に代表者の評価方式に着目すると，特に業績や公約による評価や重要争点

第8章 有権者はどのような代表を求めているのか

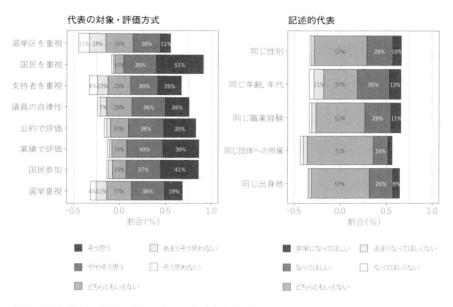

図8-1 代表観に関する回答割合

出所：2021年度ウェブ調査（代表モジュール）より筆者作成

への国民参加が好まれている。回答者の約7割強が議員は業績や公約で評価されるべきだと考え，業績評価のほうが5ポイントほど好まれている。また，政党の意向より議員の考えが重要だと考える層が6割程度存在している。

最後に記述的代表の結果を確認する。**図8-1**の右側について，「非常になってほしい」「なってほしい」を合計すると，世代（47.6%），職業経験（39.4%），性別（37.9%），出身地（33.1%），団体所属（20.5%）の順で肯定的な評価が多い。同じ年齢世代は他の属性と比べて賛否が分かれており，反対派も15.6%存在する。一方，性別や出身地については反対が5%を下回っている。

次に，**図8-2**には記述的代表への態度を回答者の属性別に示した。各点は属性ごとの平均値を表しており，カッコの中にはその値を記載している。本章では5件法の設問を用いているため3が中立の見解であり，値が大きいほどその属性の代表が求められていると解釈できる。結果は次の3点に整理できる。

第1に，男性・高齢層と比べて，女性・若年層が同属性の議員を必要だと考

141

第 2 部 政治代表の不平等

図8-2 記述的代表への属性別態度

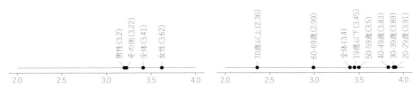

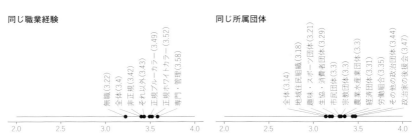

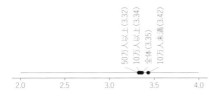

出所：2021年度ウェブ調査（代表モジュール）より筆者作成

えている。同性の代表をみると、男性で3.2、女性で3.6であった。世代の代表をみると、19歳以下を除いて、若いほど同属性の代表を求めていることがわかる。20代から40代の回答者は「なってほしい」という意見に近い立場をとっている。

　第2に、社会経済的地位が高い、あるいは組織化に関与している層が同属性の議員を必要だと考えている。職業別にみると、専門・管理職、正規職ホワイトカラー、正規職ブルーカラーといった社会経済的地位が高い層が肯定的な意見をもっている。これに続いて、非正規職や無職が位置している。また何らかの団体に所属している場合、全体平均と比べて、同じ団体所属の議員に肯定的

142

第8章　有権者はどのような代表を求めているのか

である。団体の種類別にみると，後援会や政治団体が上位に位置し，労働組合，経済団体，農業水産業団体といった生産者セクター団体が続く。さらに宗教団体，市民団体，消費者団体といった市民社会組織がその下位に存在する。

　第3に，他の属性と比べると，居住地域の都市度によるばらつきは小さい。10万人未満の非都市部が地縁代表を求め，50万人以上の都市部はそうではない傾向にある。ただしその差は0.1程度であり，例えば男女差での0.42など他の代表観と比べるとその程度は小さい。

3-3　代表観の因子分析

　上記の代表観に関する諸変数を用いて，代表観にまつわる意識を検討する。得られた回答に多次元項目反応理論を応用したカテゴリカル因子分析を用いて，有権者の代表観を推定した。項目反応理論は，もともとは学力テストから直接測定できない潜在特性（能力や学力など）とテスト項目に関するパラメータを推定するためのモデルである。通常，潜在特性は一次元だと仮定されるが，多次元項目反応理論では複数の能力を想定して多次元での潜在特性を推定する。本章は代表観が複数存在することを想定し，順序尺度にこのモデルを適用した。因子数を設定するため並行分析やベイジアン情報量規準（BIC）を求めたところ，4つの潜在的因子が存在する可能性が示唆された。

　表8-1は，因子数を4としたうえで，多次元項目反応理論を用いて推定した結果である。表はプロマックス回転後の因子負荷行列であり，因子負荷量の絶対値が0.35を超える項目は網掛けで示した。なお因子負荷平方和が大きい順に因子を並べた。

　第1因子は，国民全体の利益代表，評価方式全般が大きい値を示しており，他の軸と比べると「全国代表」を示す軸だと考えられる。第2因子は，特に職業経験や団体所属といった記述的代表に関連する項目が大きい値を示しているため，この因子は「職域・団体代表」を表す。

　第3因子は，選挙区利益の因子負荷が大きく，「選挙区代表」の因子である。第4因子は，記述的代表のうち性別や年代の値が大きく，「社会的属性代表」の因子といってよいだろう。

143

第 2 部　政治代表の不平等

表8-1　多次元項目反応理論による代表観の推定結果

	全国代表	職域・団体代表	選挙区代表	社会的属性代表
選挙区重視	0.00	0.00	0.99	0.00
国民重視	0.64	0.02	-0.15	0.03
支持者重視	0.37	0.00	0.21	0.08
議員の自律性重視	0.59	-0.06	0.00	0.09
公約で評価	0.76	0.03	0.08	-0.05
業績で評価	0.76	0.05	0.00	-0.10
重要決定への国民参加	0.50	-0.09	0.01	0.32
選挙を通じた利益代表	0.21	0.10	0.02	0.00
同じ性別	0.00	0.13	0.03	0.64
同じ年齢，年代	0.01	0.41	0.07	0.42
同じ職業経験	0.06	0.75	-0.05	0.17
同じ団体への所属	-0.01	0.91	0.02	-0.09
同じ出身地	0.04	0.45	0.10	0.21
因子負荷平方和（回転後）	2.34	1.81	1.07	0.81

出所：2021年度ウェブ調査（代表モジュール）より筆者作成

　まとめると，代表の対象ないし評価方式と記述的代表で代表観が識別された。先行研究では評価方式の面で代表概念を区別している（Mansbridge 2003）。予測に反してそのようには識別されず，全国代表と地域代表という代表観が見出された。

4　誰がどのような代表観をもつのか

　前節ではウェブ調査の結果から代表観の分布を明らかにしたうえで，代表観にまつわる意識を検討した。検討の結果，代表観は代理人か受託者かという一次元的なものではなく，より複層的な構造を有していることが明らかになった。多次元な代表観を前提とするなら，有権者によって重視する代表観は異なると予測される。本節は政策関心，回答者の属性，不平等認知によって，代表観がどのように異なるのかを検討する。

4-1　代表観と政策関心

　代表観と政策関心の関連性を明らかにするため，政策関心に関する設問を設

けた。政策関心については「社会や政治には様々な問題がありますが，以下に挙げる中で，あなたが重要だと思うものをすべてお答えください」として，25項目の政策争点について回答を得た。先行研究の基準（Pekkanen et al. 2006）に依拠して，政策争点を「分配領域」「高次領域」「公共財領域」という3つの政策領域に分類した。

表8-2は，代表観と政策関心の相関関係を示したものである。各政策領域で

表8-2　代表観と政策関心の相関関係

政策関心	関心割合	職域・団体代表	社会的属性代表	選挙区代表	全国代表
分配領域					
産業・景気・物価	.409	.085	.084	−.005	.122
原発・エネルギー	.369	.011	.041	−.059	.138
社会資本・インフラ	.256	.079	.070	−.047	.135
地域振興・地方創生	.228	.080	.084	.066	.115
農林漁業	.194	.060	.068	−.030	.108
地方分権	.125	.030	.026	−.037	.091
高次領域					
税金	.544	.142	.162	.026	.151
外交・安全保障	.391	−.005	−.009	−.074	.141
財政・金融	.389	.061	.067	−.012	.166
治安	.339	.034	.040	.005	.129
憲法（護憲・改憲）	.243	.056	.057	−.038	.166
移民・外国人	.188	.090	.107	−.022	.158
公共財領域					
社会保障・年金	.568	.075	.108	.012	.168
医療・保健	.556	.103	.137	.040	.161
福祉・介護	.494	.066	.106	.041	.140
教育・子育て	.486	.161	.210	.041	.163
雇用・労働	.486	.162	.186	.048	.180
新型コロナ感染症対策	.470	.059	.083	.068	.118
政治倫理・政治とカネ	.368	.028	.069	−.036	.208
防災・復興	.367	.039	.056	.033	.130
環境・公害	.344	.030	.064	−.029	.101
政治・行政改革	.281	.021	.045	−.039	.189
科学技術	.243	.038	.022	−.062	.122
女性	.207	.157	.210	.021	.109
選挙制度・一票の格差	.140	.010	.023	−.101	.148
関心の範囲		.123	.156	−.010	.258

出所：2021年度ウェブ調査（代表モジュール）より筆者作成

関心が高いものから順に政策争点を並べた。その程度を「関心割合」の列に示した。例えば回答者の40.9%が「産業・景気・物価」に関心があることがわかる。残る4つの列には前節で求めた因子得点とその政策関心の有無の相関係数[7]を示し，列ごとに絶対値が大きい5項目に網掛けを施した。

はじめに全体的な特徴を検討する。表の最下部には関心の範囲と各代表観の[8]相関係数を示している。政策関心の広さと全国代表には正の相関があり，係数も0.26と最も大きい。職域・団体代表や社会的属性代表についても正の相関がある一方で，選挙区代表とは負の相関をもつ。さらに政策内容によって係数が大きい項目は異なる。以下では，代表観ごとに相関の強い政策関心を検討する。

まず記述的代表を重視する場合，現役世代や女性に関連する争点に関心をもつ傾向にある。職域・団体代表と社会的属性代表のいずれも似たパターンを示している。具体的には，教育・子育て，雇用・労働，女性イシューへの関心との相関が比較的強い。

選挙区代表を重視する場合，正負の相関係数のいずれもみられる。絶対値が大きい係数に着目すると，コロナ対策や地域振興・地方創生といった地元関連の政策に関心をもっている。他方で外交・安全保障，科学技術や選挙制度・一票の格差といった高次領域の政策に関心をもたない傾向にある。ただし他の代表観と比べると相関係数の絶対値は小さいものにとどまっている。

全国代表はいずれの変数とも相関が比較的強いものの，特に統治機構改革への関心が強い傾向にある。相関が大きい順に，政治倫理・政治とカネ，政治・行政改革，財政・金融，憲法などの争点に関心をもつ傾向にある。また雇用・労働，社会保障・年金といった労働福祉争点とも相関が強い。

4-2 代表観と属性・不平等認知

次に，代表観と回答者の属性がどのように関連しているのかを検討する。この問いを検討するために，多重対応分析を実施した。[9]多重対応分析は，回答者の属性をはじめとする多数の質的変数の関連性を視覚化し，変数の空間構造を把握するうえで有用な手法である。

分析にあたって次の変数を投入した。第1に，代表観である。本章ではカテ

第8章　有権者はどのような代表を求めているのか

図8-3　代表観，属性，不平等認知の関係

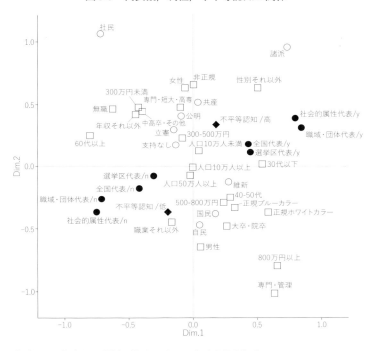

出所：2021年度ウェブ調査（代表モジュール）より筆者作成

ゴリカル因子分析を用いて4つの代表観を推定してきた。得られた因子得点は連続変数であるため，変数ごとに平均以上かどうかという基準からダミー変数に変換した。例えば全国代表の因子得点が平均以上なら「全国代表/y」，平均未満なら「全国代表/n」とした。

　第2に，回答者の属性である。性別，年齢，教育程度，職業，年収，選挙区の人口規模といった社会経済的地位を反映した変数を投入した。

　第3に，回答者の支持政党である。「長い目でみると，『何党寄り』か」を尋ねた設問から，自民党，公明党，立憲民主党，国民民主党，日本維新の会，社民党，共産党，諸派，支持政党なしのいずれかに分類した。

　第4に，回答者の不平等認知である。ウェブ調査では社会全体の不平等，収入や財産の不平等，男女の不平等についての認知を尋ねた。回答者は，1.「大

147

きい」から5.「小さい」という選択肢のうち，自身の考えに近いものを回答するように指示された。3つの不平等認知を合計した後，平均を基準としてダミー変数に変換した。平均以下のものを「不平等認知/高」，それ以外を「不平等認知/低」とした。[10]

図8-3は，多重対応分析の結果を示したものである。要素間の距離が近いほど対応関係が強く，遠いほど対応関係が弱いと解釈できる。ベンゼクリの修正を施した寄与率は，第1軸で65.1%，第2軸で20.9%であった。第2軸までの累積寄与率は86.0%であり，データのばらつきの大部分を要約しているものと理解できる。そのため図中には第1軸と第2軸を示した。変数のカテゴリーに応じて，代表観を●，回答者の属性を□，支持政党を○，不平等認知を◆で示した。

はじめに軸について解釈を試みる。第1軸は代表観全般の評価にかかわる軸だと考えられる。図の左右両端には「社会的属性代表」「職域・団体代表」という記述的代表が布置されている。また「全国代表」「選挙区代表」も含め代表観への賛否が原点を中心としておおむね対称に存在している。属性をみると「60代以上」「無職」は図の左側に存在し，第2節で確認したとおり，これらのグループが記述的代表に消極的であったことと整合的である。

第2軸は社会経済的地位の高低にかかわる軸だと考えられる。回答者の属性に着目すると，特に性別，教育程度，職業，年収で上下のばらつきが目立つ。図下部には「男性」「大卒・院卒」，正規雇用，相対的高収入（「800万円以上」「500～800万円」）といった社会経済的地位が高い層が位置している。一方で，図上部には「女性」，非大卒，非正規雇用・無職，相対的低収入（「300万円未満」「300～500万円」）がみられる。「不平等認知/高」も上側に存在するため，これらの層は不平等が大きいと認知する傾向が強いと考えられる。支持政党でみると，上部に「社民」「諸派」「共産」「公明」「立憲」支持が，下部に「自民」「国民」「維新」支持が配置されている。

不平等認知の面から代表観がどの要素と対応関係にあるのかを検討する。「不平等認知/高」の近くには，「全国代表/y」「選挙区代表/y」，「女性」「専門・短大・高専」年収「300～500万円」「非正規」，「共産」「公明」「立憲」支持といった項目がみられる。つまり，相対的に社会経済的地位が低く，不平等があ

ると認識しており，政治代表を重視する層があることがうかがわれる。

図からは対照的な層も確認できる。「不平等認知/低」の近くには，「男性」「大卒・院卒」年収「500〜800万円」「正規ブルーカラー」，「自民」「国民」支持という項目がみられる。高い社会経済的地位や低い不平等認知とともに，全国代表や選挙区代表に重心を置かない層である。

5　おわりに

有権者は代表観についてどのような意識をもっているのだろうか。また，これらの意識は有権者の政策関心・属性・不平等認知とどのように関連しているのか。本章はこうした問題意識から，2021年度ウェブ調査（代表モジュール）を通じて有権者が議員に何を求めているのかを検討した。

本章の知見は，次の3点に整理できる。第1に，有権者はいずれの代表観も重視しつつも，特に国民全体の利益，公約や業績による評価，同年代の記述的代表を重視している。ただし記述的代表をどれほど重視するかは回答者の属性に左右される。女性，若年，正規雇用労働者，政治団体・生産者セクター団体所属の場合，同属性の議員に肯定的であった。代表観に関する質問項目をカテゴリカル因子分析にかけると，「全国代表」「職域・団体代表」「選挙区代表」「社会的属性代表」といった4つの代表観が析出された。

第2に，有権者の代表観には重視する争点による差が認められる。記述的代表に肯定的であるほど，教育・子育て，雇用・労働，女性イシューに関心をもつ傾向にあった。次に選挙区代表を重視する場合，コロナ対策や地域振興・地方創生といった地元関連の政策に関心をもつ一方，高次領域への関心は低調であった。最後に全国代表を志向する場合，統治機構改革関連の争点を重視する傾向にあった。

第3に，社会経済的地位が相対的に低く，政治代表をより重視している層は，不平等認知が高い傾向にある。また，これらの層は立憲民主党や共産党などの野党や公明党を支持していることがうかがわれる。

以上の知見は，次の2点を含意している。第1に，代表観にまつわる意識は一元的ではなく，複数の概念からなる複層的なものである。本章では4つの

代表観を計量的に析出した。この知見は，代表論で展開されてきた政治代表が様々な概念によって構築されるという主張（Pitkin 1967=2017; Mansbridge 2003; Rehfeld 2009; 早川 2014: 102-137; 田畑 2017）を実証的に裏づけるものである[12]。

　第2に，代表者たる議員と有権者が必ずしも代表観を共有していない可能性がある。国際比較サーベイの結果によると，議員は政党の意向に従って行動することを重視する傾向にある（Dudzińska et al. 2014）。また日本でも「政党代理」「支持者代理」「受託者」の3つのタイプでは，政党代理を志向する国会議員が多い（建林 2018）。本章の知見によると，選挙区よりは国民全体の代表を，政党の意向よりは議員の自律性を重視する傾向にあった。質問項目が異なるため議員との厳密な比較はできないが，代表観の乖離が示唆される。このような代表観の相違が大きい場合，有権者は適切に政治代表がなされていないと認識する可能性もある（Bøggild 2020）。

　本章は一般有権者向けウェブ調査の分析を通じて，有権者が議員に何を求めているのかを検討してきた。しかし，残された課題も少なくない。政治代表は代表される者と代表する者の双方によって構築される営みであり，議員と有権者の双方を射程に収める必要がある。議員と有権者で代表観はどのように異なっているのかや，代表観の相違が有権者の有効性感覚にどのような影響を与えるかの調査・分析は重要な課題である。

第8章　有権者はどのような代表を求めているのか

註

1　2000年代以降の代表論の展開については，Urbinati and Warren（2008），早川（2014: 102-137），田畑（2017）を参照。また実証研究への含意を整理した論考として Wolkenstein and Wratil（2021），芦谷（2020）も参照。

2　1970年代までの実証研究の展開については，伊藤（1977-78）を参照。

3　ただし国，政党，選挙制度によって議員の代表観にはばらつきがある。議員の代表観は 必ずしも安定的なものではなく，戦略的に変更されることがうかがわれる（建林2018）。

4　列国議会同盟が公開するデータセットによると，執筆当時で衆議院（下院）に占める女 性比率は10.8%，182ヶ国中161位であった。データはhttps://data.ipu.org/women-ranking （最終閲覧日2024年7月16日）で公開されている。また若手議員（45歳以下）は17.2%， 一院制議会ないし下院147ヶ国中130位であった（Inter-Parliamentary Union 2023）。

5　推定には統計処理言語Rのltmパッケージを用いた。多次元項目反応理論の理論的背景 については豊田編（2005: 116-125）を参照。なお3つ以上の次元を推定するため，通常 用いられるEMアルゴリズムではなく，準モンテカルロEMアルゴリズムを使用した。

6　因子数の推定にはpsychパッケージを用いた。最小偏相関平均（MAP）基準からは1因 子モデルが提案されたが，これまでに取り上げたように代表概念が複数の次元からなる 可能性を考慮し，複数因子のモデルを適用した。

7　二値変数と連続変数の関連尺度である点双列相関係数を計算した。

8　関心の広さを測定するために各回答の合計を計算した。0～25のいずれかの整数をとり， 値が大きいほど関心が広いことを意味する。

9　多重対応分析の実施にあたってはFactoMineRパッケージを利用した。

10　3つの変数を集約せず別個の変数として多重対応分析を実施したところ，図8-3と大き な違いはみられなかった。そのため集約した不平等認知という変数を使用することとし た。

11　多重対応分析では各軸の説明力が過小に算出される傾向にあるため，修正を施した寄与 率の計算手法が提案されている（Le Roux and Rouanet 2010=2021: 56）。

12　ただ，これらの研究が想定する代表概念の類型とは異なることにも留意する必要がある。 例えば，公約評価と業績評価は概念的に識別されることが多いが，本章の分析ではそれ らは同一の代表観を構成する要素であった。

151

第**9**章

若年層の過少代表と是正策

◆◆◆

菅谷 優太

1 はじめに

　国際的にみて，多くの国で若年層の政治家は少なく，日本では特にその傾向が顕著である。衆議院に占める40歳未満の割合は6%であり，参議院，都道府県議会，市区町村議会，知事，市区町村長でも同様にその割合は少ない。18歳以上の人口に占める40歳未満の割合が25%であることを考えると，日本の若年層は過少に代表されているといえる。[2]

　ではなぜ，若年層政治家の存在は重要といえるのか。1つの根拠として挙げられるのは，若年層政治家は若年層有権者の利益を代表するため（McClean 2022, 2023），公平な政策帰結に寄与するというものである。ある社会的属性の政治家が同じ属性の有権者の利益を代表するメカニズムとして指摘されてきたのは，両者による経験の共有，両者の相互作用による社会化などである（Phillips 1995; Mansbridge 1999; Reher 2022）。日本を含む先進国の多くでは，政策帰結における世代間での不平等が指摘されており，若年層政治家の少なさの是正は，その改善につながる可能性がある。

1-1 世代間不平等の重要性

　政策帰結における不平等が生じているのは世代間に限らないが，世代間不平等が日本で改善を求められるほどに大きいことは，世代会計による推定から明

らかである。世代会計は，政府から個人が得られる受益を踏まえたうえでの生涯における純負担を世代間で比較し，その不均衡を明らかにしてきた（Auerbach et al. 1991）。世代会計を提唱したコトリコフらが17ヶ国を対象に行った国際比較によれば，0歳世代とまだ生まれていない将来世代の間での不均衡は，日本で最も大きかった（アゥアバックほか 1998）。コトリコフらの手法を拡張し，日本を対象に現在世代間での不均衡を比較した研究によると（Shimasawa and Oguro 2016; 島澤 2017），生涯所得に占める純負担は2015年時点の20歳で18.1%，70歳で5.7%となっており，若年層と高齢層との間で3倍程度の不均衡が生じている。

1-2 なぜ若年層政治家が重要か

それではなぜ，世代間の不平等を改善する主体として，若年層政治家というアクターが重要であるのか。これは，若年層政治家以外の，他の年齢層の政治家，政党，利益集団といったアクターを通じた経路で，若年層の利益を政策帰結に反映することは困難な可能性があるためである。この場合，不利益を受けている属性の政治家の存在が重要になり，少なさの是正が求められる点は，Mansbridge（1999, 2015）により指摘されている。

他の年齢層の政治家，あるいは政党を通じた代表が難しい背景には，高齢化がある。これは，政治家と政党は，集票戦略として，有権者に占める割合が若年層よりも大きい高齢層の利益を追求するためである。こうした現象は，シルバー民主主義（八代 2016; 島澤 2017）といった言葉で表現されることもある。高齢層割合の増加が政策帰結の偏りをもたらしているのかは，両者の利益が対立する可能性が高い年金，教育を対象に検証されてきた。こうしたグレー・パワー（grey power）仮説は年金支出で支持されていない一方で，教育支出では支持されている（Vlandas et al. 2021）。高齢化に伴って，1人当たりの教育支出が低下する傾向は，日本（大竹・佐野 2009）をはじめ，アメリカ（Poterba 1997），スイス（Grob and Wolter 2007）といったOECD諸国で指摘されてきた。

また，利益集団による代表も難しい可能性がある。「女性」というカテゴリーは「強制」も「選択的誘因」も働きようがないため組織化が困難との指摘があるが（堀江 2005），この傾向は若年層にもあてはまる。したがって，若年

第2部　政治代表の不平等

層による組織化が，かつて労働者階級でみられたような組織化による影響力をもつことは難しいと考えられる。このように，政策帰結を左右する他の経路が機能しにくい点を踏まえれば，その経路となりうる若年層政治家の存在，その少なさの是正がもつ意味は大きい。

1-3　是正策，本章の目的

ここで重要になるのが，本章が分析の対象とする是正策である。若年層政治家の少なさの是正につながる制度として主に挙げられるのは，定年制，被選挙権年齢の引き下げ，若年層クオータであるが，これらはいまだ全面的には導入されていない。一定年齢以上の政治家の退出を義務づける定年制は，自民党の比例区，公明党で導入されているものの，一部の選挙区，一部の政党にとどまっている[4]。被選挙権年齢の引き下げは，選挙権年齢が引き下げられた2016年参院選で，各党が公約に掲げたものの，いまだ実施はなされていない[5]。議席や候補の一定比率を若年層に割り当てる若年層クオータは，一部の国で導入されているものの，日本ではほとんど議論されていない[6]。

本章では，こうした是正策への有権者の態度を分析する。具体的には，2つの問いを扱うことでこれを検討する。第1の問いは，是正策の導入を支持する有権者はどの程度いるのか，である。これにより，有権者が支持していないために導入されていない，あるいは導入されていても一部にとどまる可能性を検討する。是正策の導入を決めるのは政治家であるが，有権者の態度は，政治家の判断を左右する要素の1つといえる。また，是正策の導入が正統性（legitimacy）の低下，低調な政治参加につながる可能性についても検討する。

第2の問いは，どのような有権者が是正策の導入に賛成あるいは慎重なのか，である。これにより，是正策が導入されていない一因となりうる有権者からの限定的な支持の背景を検討する。また，導入による正統性の低下，低調な政治参加は，どのような有権者において生じやすいのかについても検討する。

本章の構成は次のとおりである。次節では，若年層の政治的代表，是正策の導入に関する先行研究を検討する。第3節では，有権者および政治家の賛否をみる。第4節では，どのような有権者が賛成あるいは慎重なのかを明らかにす

154

る。これらの分析を踏まえて，第5節では得られた知見をまとめる。

2　先行研究

　若年層政治家の少なさを扱う研究はほとんどなされてこなかった。これまで政治家の少なさを分析する際，注目されてきた社会的属性は，女性や移民・エスニックマイノリティであった。しかし，近年の政策帰結における世代間不平等の指摘に伴って，若年層政治家の少なさの原因を問う研究が始まっている（Stockemer and Sundström 2018, 2022; Eshima and Smith 2022; McClean and Ono 2024）。

　ただ，こうした研究が近年始まったばかりであることからもわかるように，本章が扱う若年層政治家を対象とした是正策についての分析はほとんどなされてこなかった。これまでの是正策についての研究は，ジェンダークオータの導入に関するものが中心であったといえる（Krook 2007, 2009; 三浦・衛藤編著 2014）。先行研究は導入をもたらす条件として，女性の代表を求める女性運動，国内の平等や代表に関する規範，戦略的目的を追求する国内の政治エリート，規範や情報を広める国際的な機関やネットワークに着目してきた。Belschner（2021）は，こうした研究を援用したうえで，若年層クオータがチュニジア，モロッコで導入された原因を分析しており，国内の政治エリートが現状の政治体制を維持する目的で導入したことが明らかになっている。

　ただ，これらの条件に加えて，有権者からの支持も是正策の導入には重要であることが指摘されている（Barnes and Córdova 2016; Kim and Kweon 2022）。Barnes and Córdova（2016）によると，有権者のジェンダークオータへの支持が，政治エリートに対する圧力となり，導入，そうした制度の強化につながってきた。政治エリートは，集票や党内議員の統制という戦略的目的から，クオータ制を導入してきたとされる（Krook 2007）。これを踏まえると，有権者からの支持の程度は，政治エリートが集票を目的として是正策を導入するかの判断を左右すると考えられる。

　また，有権者の是正策への支持の程度は，民主主義体制の正統性，有権者の政治参加といった観点からも重要であるとされる（Barnes and Córdova 2016; Kim and Kweon 2022）。有権者が，代表を選出する政治制度をその社会において最適なものとみなさない場合，政治体制の正統性は低下することになる（Lipset

第2部　政治代表の不平等

1983）。したがって，有権者からの支持が低い是正策の導入は，正統性の低下につながる可能性がある。これにより，有権者の政治参加が低調になる可能性も指摘されている（Clayton 2015）。

3　是正策の導入を支持する有権者はどの程度いるのか

　本節では，第1の問いである是正策の導入を支持する有権者はどの程度いるのか，を分析することで，是正策が導入されていない一因について検討する。この際，導入を支持する政治家はどの程度いるのかも分析に加える。また，導入が正統性の低下，低調な政治参加につながる可能性についても検討する。

　本章で主に用いるデータは，2023年2月に有権者を対象に実施された2022年度ウェブ調査（3,103サンプル）である[7]。この調査では，定年制，被選挙権年齢引き下げ，若年層クオータを導入することへの賛否を，衆議院，参議院，都道府県議会，市区町村議会，知事，市区町村長ごとに尋ねている。尺度は調査時のものを賛成であるほど値が大きくなるようにリコードしたため，5（導入すべきだ）〜1（導入には慎重であるべきだ）である。以下では，この質問への回答の分布をみていく。また，政治家の態度をみるため，定年制に関して，NHK地方議員アンケート調査（2019年[8]），NHK衆院選2021候補者アンケート，被選挙権年齢引き下げと若年層クオータに関して，東京大学谷口研究室・朝日新聞社共同調査を用いる（2016，2017，2022年[9]）。[10]

　まず，定年制の導入は有権者の支持が高い[11]一方で，政治家の支持は限定的である。図9-1をみると，国および地方のいずれのレベルへの定年制の導入も大半の有権者は賛成しており，賛成とやや賛成が約8割を占めている。一方，地方議員や衆院選候補者の賛成とやや賛成は約4〜5割にとどまる。こうした傾向からは，政治家が有権者からの集票よりも現在あるいは将来，再選するための前提である被選挙権の確保を重視している可能性が示唆される。また，有権者の支持が高いことを踏まえると，導入が正統性の低下や低調な政治参加につながる可能性は低いと考えられる。

　次に，被選挙権年齢引き下げは，有権者の支持が限定的である[12]一方で，政治家の支持はやや高い。図9-2をみると，導入に賛成，やや賛成の有権者は約3

156

第 9 章 若年層の過少代表と是正策

図9-1 定年制導入への態度

註：カッコ内は回答者と調査年度を表す，調査年度の記載がない場合はすべて2022年である．回答は有権者，政治家の順に示している．カッコ外は導入の対象を示しており，「指定なし」は尋ねた質問が導入の対象を明示していない場合である（図9-2，図9-3も同様）．
出所：2022年度ウェブ調査，NHK地方議員アンケート調査（2019年），NHK衆院選2021候補者アンケートに基づき作成

図9-2 被選挙権年齢引き下げへの態度

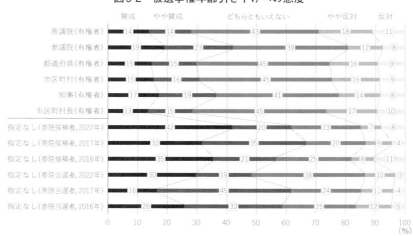

出所：2022年度ウェブ調査，東大谷口研・朝日調査（2016，2017，2022年）に基づき作成

157

第 2 部　政治代表の不平等

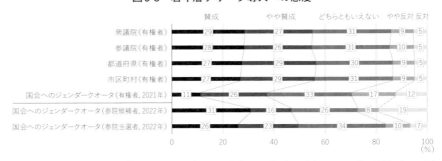

図9-3　若年層クオータ導入への態度

出所：2021年度ウェブ調査（意識モジュール），2022年度ウェブ調査，東大谷口研・朝日調査（2022年）に基づき作成

〜4割にとどまるとともに，どちらともいえないの割合が高く，約4割を占めている。一方，衆参における候補者，当選者では，賛成，やや賛成が約6割を占める。こうした傾向からは，有権者の支持が限定的であるため，政治家による集票を目的とした導入は生じにくい可能性が示唆される。また，有権者の支持は限定的であるものの，やや反対，反対の割合が低いことを踏まえると，導入が正統性の低下や低調な政治参加につながる可能性は低いといえる。

　最後に，若年層クオータへの有権者の支持は，高いとは言い難い[13]。図9-3をみると，国および地方のいずれのレベルでも賛成，やや賛成の有権者は約半数である。若年層クオータは政策としての認知度が高くないため，政治家が導入を検討してきた可能性は低いといえる。また，仮に認知していたとしても，有権者からの支持は高いとは言い難いため，政治家による集票を目的とした導入は生じにくいと考えられる[14]。正統性の低下や低調な政治参加に関しては，導入への有権者の支持が高いとは言い難いものの，やや反対，反対の割合は低いため，生じる可能性は低いといえる。

　また，各是正策に対する回答の平均を年代ごとに示したのが，**表9-1**である。表からは，高齢の有権者ほど，定年制の導入に賛成の傾向，被選挙権年齢引き下げ，若年層クオータの導入に慎重な傾向がみられる。被選挙権年齢引き下げに関して，おおむね若い候補者，当選者ほど賛成の傾向もみられる。

　ここまで，政治家の態度も加えつつ，是正策の導入を支持する有権者はどの程度いるのかを検討してきた。次節では，第2の問いを検討する。

158

第9章　若年層の過少代表と是正策

表9-1　各是正策に対する各年代の平均

		18-29歳	30-39歳	40-49歳	50-59歳	60-69歳	70歳以上
定年制	衆議院(有権者)	4.12	4.21	4.32	4.36	4.38	4.33
	参議院(有権者)	4.07	4.23	4.31	4.38	4.37	4.33
	都道府県(有権者)	4.07	4.19	4.31	4.37	4.38	4.34
	市区町村(有権者)	4.04	4.17	4.29	4.34	4.35	4.29
	知事(有権者)	4.04	4.13	4.26	4.31	4.32	4.32
	市区町村長(有権者)	3.98	4.08	4.24	4.29	4.26	4.26
被選挙権年齢引き下げ	衆議院(有権者)	3.25	3.17	3.10	2.91	2.80	2.77
	参議院(有権者)	3.54	3.51	3.42	3.27	3.14	3.04
	都道府県(有権者)	3.31	3.19	3.16	3.03	2.94	2.87
	市区町村(有権者)	3.33	3.23	3.17	3.07	2.99	2.90
	知事(有権者)	3.45	3.38	3.31	3.14	3.05	2.91
	市区町村長(有権者)	3.28	3.16	3.12	2.99	2.92	2.79
	指定なし(参院候補者,2022)	4.16		3.98	3.77	3.40	3.41
	指定なし(衆院候補者,2017)	4.03		3.86	3.70	3.82	3.52
	指定なし(参院候補者,2016)	3.98		3.73	3.63	3.36	3.16
	指定なし(参院当選者,2022)	3.75		3.39	3.85	3.52	3.10
	指定なし(衆院当選者,2017)	3.74		3.71	3.64	3.42	3.37
	指定なし(参院当選者,2016)	4.29		3.96	3.50	3.58	2.89
若年層クオータ	衆議院(有権者)	3.88	3.87	3.68	3.55	3.42	3.36
	参議院(有権者)	3.89	3.86	3.65	3.56	3.40	3.33
	都道府県(有権者)	3.90	3.87	3.69	3.58	3.42	3.37
	市区町村(有権者)	3.90	3.85	3.67	3.57	3.41	3.37
	国会へのジェンダークオータ(有権者,2021)	3.02	3.00	2.91	3.00	3.23	3.25
	国会へのジェンダークオータ(参院候補者,2022)	3.20		3.36	3.32	3.36	3.17
	国会へのジェンダークオータ(参院当選者,2022)	3.88		3.51	3.66	3.41	3.20

2.5-	3.0-	3.5-	4.0-

註：各値は，年代ごとに5点尺度の選択肢を平均した（1～5）ものである。値が大きいほど，是正策の導入に賛成であり，濃い色となっている。
出所：2021年度ウェブ調査（意識モジュール），2022年度ウェブ調査，東大谷口研・朝日調査（2016，2017，2022年）に基づき作成

4　どのような有権者が導入に賛成あるいは慎重なのか

　本節では，第2の問いであるどのような有権者が是正策の導入に賛成あるいは慎重なのか，を分析する。これにより，是正策が導入されていない一因となりうる有権者の限定的な支持の背景について検討する。また，どのような有権者において，導入による正統性の低下，低調な政治参加は生じる可能性があるのかについても検討する。第3節の分析からは，こうした可能性の低さが明ら

第2部　政治代表の不平等

かになったが，特定の有権者においてはこれが生じやすい可能性もある。

4-1　方法，着目する変数

　本章では，是正策の導入への有権者の態度に影響を及ぼす変数として，有権者の年齢，年齢ステレオタイプへの態度，権威主義への態度，支持政党に着目し重回帰分析（OLS推定）を行う。この際，定年制は高齢層の「退出」を促す是正策である一方で，被選挙権年齢引き下げ，若年層クオータは若年層の「参入」を促す是正策である点に着目し，各独立変数の効果を検討する。

　まず，年齢に関して，高齢の有権者ほど高齢層政治家の「退出」，若年層政治家の「参入」に慎重であると考えられる。これは，有権者は利益の促進を期待し自らと近い年齢の代表を求めるためである（Sevi 2021）。ただ，その一方で，高齢層の有権者は，高齢層の候補者を評価せず，その程度は若年層有権者以上との指摘もあるため（McClean and Ono 2024），高齢の有権者ほど高齢層政治家の「退出」に賛成する可能性もある。実際，**表9-1**からは，高齢の有権者ほど定年制の導入に賛成の傾向がみられた。

　次に，高齢層の政治家をよいリーダーとみなす年齢ステレオタイプをもつ有権者は，そうでない有権者に比べて高齢層政治家の「退出」，若年層政治家の「参入」に慎重と考えられる（Eshima and Smith 2022）。年齢ステレオタイプの測定には，「一般的に，高齢層の方が若年層より政治の指導者として適している」への回答を用いる。尺度は調査時のものをリコードしたため，1（そう思わない）～5（そう思う）である。

　また，垂直的な人間関係を好む権威主義的な価値観をもつ有権者は，高齢層政治家の「退出」，若年層政治家の「参入」に慎重である可能性がある。具体的には，「権威のある人々にはつねに敬意を払わなければならない」への回答を用いる。先ほどの変数と同様に尺度はリコードしており，1（そう思わない）～5（そう思う）である。

　最後に，支持政党について，左派政党は平等，多様性を重視するため（Miura et al. 2023），その支持者は高齢層政治家の「退出」，若年層政治家の「参入」に賛成すると考えられる。一方，右派政党の支持者については，これと対照的な

160

傾向がみられるはずである。分析では，無党派を基準カテゴリーとするダミー
変数を用いる。

4-2　結果

　まず，定年制について，**表9-2**をみると，年齢が高い有権者ほど導入に賛成
する傾向，年齢ステレオタイプ，権威主義的な態度をもつ有権者，自民党寄り
の有権者，国民民主党寄りの有権者（参議院のみ）ほど導入に慎重な傾向がみ
られる。定年制は大半の有権者から支持されており，賛成とやや賛成で約8割
を占めるが，年齢，年齢ステレオタイプ，権威主義的な態度，支持政党によっ
て支持の程度に違いもあるといえる。

　次に，被選挙権年齢引き下げについて，**表9-3**をみると，年齢が高い有権者，
年齢ステレオタイプをもつ有権者ほど，被選挙権年齢引き下げに慎重である。
また，自民党寄りの有権者ほど，衆議院，都道府県議会，市区町村長での引き
下げに慎重である。ここから示唆されるのは，こうした有権者の慎重な態度が，
有権者における被選挙権年齢引き下げへの支持を限定的にしている可能性であ

表9-2　定年制への態度についての重回帰分析

	定年制					
	衆議院	参議院	都道府県	市区町村	知事	市区町村長
年齢	0.005 ***	0.005 ***	0.006 ***	0.006 ***	0.006 ***	0.006 ***
年齢ステレオタイプ	-0.131 ***	-0.126 ***	-0.109 ***	-0.116 ***	-0.123 ***	-0.109 ***
権威主義	-0.074 ***	-0.084 ***	-0.082 ***	-0.075 ***	-0.078 ***	-0.092 ***
自由民主党	-0.235 ***	-0.193 ***	-0.185 ***	-0.190 ***	-0.197 ***	-0.197 ***
日本維新の会	0.019	0.045	0.011	-0.021	0.025	0.004
国民民主党	-0.065	-0.183 *	-0.083	-0.153	-0.131	-0.168
公明党	-0.198	-0.160	-0.220	-0.213	-0.170	-0.136
立憲民主党	-0.016	-0.021	-0.052	-0.043	-0.032	-0.054
社会民主党	-0.058	-0.080	0.040	0.033	0.086	0.123
日本共産党	-0.080	-0.114	-0.094	-0.123	-0.116	-0.131
その他	-0.051	-0.076	-0.092	-0.116	-0.107	-0.132
(Intercept)	4.593 ***	4.594 ***	4.502 ***	4.504 ***	4.488 ***	4.452 ***
R2 Adj.	0.049	0.046	0.042	0.040	0.045	0.042
Num.Obs.	3,103	3,103	3,103	3,103	3,103	3,103

*** $p < .001$　　** $p < .01$　　* $p < .05$
出所：2022年度ウェブ調査より筆者作成

第2部　政治代表の不平等

表9-3　被選挙権年齢引き下げ，若年層クオータへの態度についての重回帰分析

	被選挙権年齢引き下げ											
	衆議院		参議院		都道府県		市区町村		知事		市区町村長	
年齢	-0.009	***	-0.010	***	-0.008	***	-0.007	***	-0.010	***	-0.008	***
年齢ステレオタイプ	-0.127	***	-0.153	***	-0.146	***	-0.150	***	-0.176	***	-0.155	***
権威主義	0.021		-0.013		0.026		0.019		0.017		0.010	
自由民主党	-0.128	*	-0.015		-0.108	*	-0.097		-0.084		-0.111	*
日本維新の会	-0.038		0.092		0.005		0.045		0.032		0.012	
国民民主党	0.092		0.144		0.152		0.215	*	0.046		0.130	
公明党	0.093		0.071		0.057		0.021		-0.057		-0.053	
立憲民主党	-0.101		0.025		-0.035		-0.047		-0.085		-0.045	
社会民主党	0.082		0.432	*	0.296		0.330		0.652	***	0.301	
日本共産党	0.169		0.180		0.081		0.133		0.083		0.054	
その他	0.419	***	0.369	***	0.367	***	0.361	***	0.312	***	0.323	***
(Intercept)	3.733	***	4.197	***	3.755	***	3.797	***	4.104	***	3.821	***
R2 Adj.	0.044		0.048		0.040		0.041		0.055		0.045	
Num.Obs.	3,103		3,103		3,103		3,103		3,103		3,103	

	若年層クオータ							
	衆議院		参議院		都道府県		市区町村	
年齢	-0.011	***	-0.012	***	-0.011	***	-0.011	***
年齢ステレオタイプ	-0.196	***	-0.185	***	-0.173	***	-0.169	***
権威主義	-0.025		-0.026		-0.031		-0.029	
自由民主党	-0.221	***	-0.189	***	-0.164	**	-0.162	**
日本維新の会	0.199	**	0.199	**	0.169	*	0.156	*
国民民主党	0.011		-0.072		0.008		-0.035	
公明党	-0.038		0.018		0.051		0.090	
立憲民主党	0.089	.	0.067		0.045		0.026	
社会民主党	0.074		0.094		0.038		0.109	
日本共産党	0.238	*	0.232	*	0.181		0.227	*
その他	0.099		0.117		0.125		0.131	
(Intercept)	4.737	***	4.735	***	4.702	***	4.681	***
R2 Adj.	0.074		0.071		0.064		0.063	
Num.Obs.	3,103		3,103		3,103		3,103	

*** p<.001　** p<.01　* p<.05
出所：2022年度ウェブ調査より筆者作成

る。また，慎重な態度の有権者においては，正統性の低下，低調な政治参加が生じやすい可能性もある。

　最後に，若年層クオータについて，同じく**表9-3**をみると，年齢が高い有権者，年齢ステレオタイプをもつ有権者，自民党寄りの有権者ほど導入に慎重な傾向がみられる。有権者における導入への支持は約半数程度であり，年齢が高い有権者，年齢ステレオタイプをもつ有権者，自民党寄りの有権者が，導入への支持をとどめている可能性がある。また，こうした有権者においては，正統

性の低下，低調な政治参加が生じやすい可能性もある。

5　おわりに

　本章では，第1に，是正策を支持する有権者はどの程度いるのかを検討して
きた。まず，定年制の導入については有権者からの支持が高い一方で，政治家
の支持は限定的な傾向がみられた。政治家は，有権者からの集票よりも再選の
前提である被選挙権の確保を重視している可能性がある。これと対照的に，被
選挙権年齢引き下げ，若年層クオータは，それぞれ有権者における支持が限定
的，高いとは言い難いため，政治家による集票を目的とした導入は生じにくい
と考えられる。また，若年層クオータに関しては，政治家間での政策としての
認知度が高くないことも背景として挙げられる。

　これに加えて，支持の程度を分析することで，導入が正統性の低下，低調な
政治参加につながる可能性についても検討してきた。定年制に関しては，有権
者からの支持が高いため，こうした可能性は低いと考えられる。被選挙権年
齢引き下げ，若年層クオータについても，それぞれ有権者からの支持が限定的，
高いとは言い難いものの，不支持の割合が低いため，この可能性は低いといえ
る。

　第2に，どのような有権者が是正策の導入に賛成あるいは慎重なのかを検討
してきた。被選挙権年齢引き下げ，若年層クオータにおいては，年齢が高い有
権者，年齢ステレオタイプをもつ有権者，自民党寄りの有権者（被選挙権年齢
に関しては，衆議院，都道府県議会，市区町村長のみ）ほど導入に慎重であり，特
に被選挙権年齢に関して，こうした有権者の態度が導入されない一因となる可
能性が示唆される。また，慎重な態度の有権者においては正統性の低下，低調
な政治参加が生じやすい可能性もある。

　冒頭で述べたように政策帰結における世代間での不平等の大きさ，他の経路
での若年層の代表の難しさ，を踏まえれば，若年層政治家の少なさ，その是正
策は重要といえる。本章の分析の中心はあくまでも有権者の態度であり，同じ
く政治家の戦略的な判断を左右する若年層による社会運動，国際的な機関や
ネットワークについては今後，さらなる分析が求められている。

第 2 部　政治代表の不平等

註

1　2024年10月時点。NHKの衆議院選挙2024特設サイト（https://www.nhk.or.jp/senkyo/database/shugiin/，最終閲覧日2025年2月2日）を参照。

2　2022年10月時点。総務省統計局の人口推計（https://www.stat.go.jp/data/jinsui/2022np/index.html，最終閲覧日2025年2月2日）を参照。

3　コトリコフらの手法で比較できるのはあくまで0歳世代と将来世代であり，現在世代間の比較はできないため，手法の拡張がなされている。

4　自民党の公認基準は，衆院選比例区で原則として73歳未満，参院選比例区で原則として70歳未満となっている。公明党には任期中に69歳か在職24年を超える場合，原則公認しないという内規がある。

5　被選挙権年齢は，衆議院，都道府県議会，市区町村議会・市区町村長で25歳以上，参議院，知事で30歳以上である。ただ，国際的にみると，下院または一院の被選挙権年齢が24歳以下の国は約7割程度を占めるため，日本の被選挙権年齢は比較的高いといえる。列国議会同盟（IPU）が各国議会のデータをまとめたページ（https://data.ipu.org/compare/，最終閲覧日2025年2月2日）を参照。

6　若年層クオータは，14ヶ国の下院または一院で導入されている。具体的には，エクアドル，ガザフスタン，キルギス，フィリピン，ヨルダン，アフリカ諸国（アルジェリア，ウガンダ，エジプト，ギニア，ジンバブエ，チャド，ルワンダ，ブルキナ・ファソ，モロッコ）である。上記（列国議会同盟のデータ）を参照。

7　これに加えて，2021年度ウェブ調査（意識モジュール）をジェンダークオータに関して用いる。具体的には「女性の国会議員を増やすため，一定の割合を女性に割り当てる制度（クオータ制）を導入すべきだ」への態度を5点尺度で尋ねた質問を若年層クオータとの関連で用いる。

8　https://www.nhk.or.jp/senkyo/database/touitsu/2019/questionnaire/giin/pdf/01.pdf（最終閲覧日2025年2月5日）。「議員にも定年制が必要だ」への態度を4点尺度で尋ねた質問を用いる。

9　https://www.nhk.or.jp/senkyo/database/shugiin/2021/survey/touhabetsu.html（最終閲覧日2025年2月2日）。「国会議員に定年を設けることの必要性をどう考えますか」への態度を4点尺度で尋ねた質問を用いる。

10　https://www.masaki.j.u-tokyo.ac.jp/utas/utasindex.html（最終閲覧日2025年2月2日）。「被選挙権を得られる年齢を引き下げるべきだ」「国会議員の議席や候補者の一定割合を女性に割り当てるクオータ制を導入すべきだ」への態度を5点尺度で尋ねた質問を用いる。

11　「衆議院議員を対象とした定年制」への態度を5点尺度で尋ねた（2022年度ウェブ調査）。また，同様の質問を参議院議員，都道府県議会議員，市区町村議会議員，都道府県知事，

市区町村長でも尋ねた。

12 「衆議院の被選挙権年齢（25歳以上）の引き下げ」への態度を5点尺度で尋ねた（2022年度ウェブ調査）。また，同様の質問を参議院，都道府県議会，市区町村議会，都道府県知事，市区町村長でも尋ねた。

13 「衆議院を対象として議席や候補の一定比率を若年層（40歳未満）に割り振るクオータ制」への態度を5点尺度で尋ねた（2022年度ウェブ調査）。また，同様の質問を参議院，都道府県議会，市区町村議会でも尋ねた。

14 調査年度が異なるため単純な比較はできないが，ジェンダークオータへの有権者の支持は4割程度であり，若年層クオータへの支持のほうがやや高い傾向がみられた。また，政治家のジェンダークオータへの支持は約半数であり，有権者からの支持に比べてやや高い傾向がみられた。

第**10**章

公務員の代表性

◆◆◆

柳　至

1　はじめに

　本章では，公務員の政策選好や平等観の属性による違いや，公務員の属性に対する有権者の意識を検証する。公平さという要素は，効率性や有効性という要素とともに，行政活動の基本的な価値観となっている。行政活動を分析する際に，公平さという要素に着目する研究として，代表的官僚制（representative bureaucracy）研究がある（Cepiku and Mastrodascio 2021）。代表的官僚制研究では，官僚制の多様性を促進することにより，国家全体の社会的な公平さを促進することを念頭に置き（Riccucci and Van Ryzin 2017），公務員の人種やジェンダーなどの属性の代表性に着目してきた。

　代表的官僚制研究の嚆矢となったKingsley（1944）は，民主主義国家における公務員の属性の構成を問題とした。代表的官僚制研究では，まず公務員の人口統計学的な属性の構成が社会の構成を反映しているかという点が検証されてきた。その後に，特定の属性を有する公務員の存在が，そうした属性を有する市民に有利な政策的変化をもたらすかという点や市民の認識を変化させるかという点が検証されるようになっている。これらの研究では，公務員の政治的な考え方はその人がおかれている社会環境，ひいては人口統計学的な属性に規定されることを前提として検証しているが，必ずしも十分な裏づけがあるものではない（Meier and Nigro 1976; Webeck and Lee 2022）。

　そこで，本章では，日本の公務員の政策選好や平等観がその属性によって異

なるかを検証する。また，代表的官僚制研究においては，特定の属性を有する公務員が存在することで，そうした属性を有する市民の政策に対する態度が肯定的なものとなることが指摘されているが（Riccucci et al. 2016），そもそもどのような市民が自らの属性と同じ公務員が増えることを望んでいるのかという点についても検証する。

　本章では，前者の問いについて2021年度公務員調査のデータを，後者の問いについて2021年度ウェブ調査（代表的官僚制モジュール）のデータを用いて分析する。2021年度公務員調査は，2021年12月に職業が公務員として登録されている楽天インサイトのモニターを対象として実施された。本章における分析対象者は547名であり，国家公務員が82名で，地方公務員が465名であった。地方公務員の内訳は，福祉関係を除く一般行政部門が162名，福祉関係部門が58名，教育部門が148名，警察・消防部門が69名，公営企業等会計部門が28名であった。教員や警察官などの第一線公務員を含む幅広い類型の公務員が対象となっている。なお，回収されたサンプルには女性や若年層が少ない傾向がみられる。本章では重回帰分析を行い，属性の効果を一定とした場合の他の属性や認識の効果を明らかにする。2021年度ウェブ有権者調査（代表的官僚制モジュール）は，2021年12月に18歳以上80歳未満の楽天インサイトのモニターを対象として実施された。両調査の詳細は第1章とオンライン付録OA10-1を参照されたい。また，データの記述統計量については，オンライン付録OA10-2に記載している。

2　代表的官僚制研究

2-1　代表的官僚制研究の類型

　実証的な代表的官僚制研究の多くはアメリカの官僚制を対象としており，主に人種やジェンダーという人口統計学的属性に焦点を当ててきた（Bishu and Kennedy 2020）。その割合や行動に着目をする官僚制のレベルは，管理職もしくは第一線公務員であることが多い（Bishu and Kennedy 2020）。代表的官僚制研究は，これまでに官僚制の受動的な（passive）代表，能動的な（active）代表，象徴的

167

第2部 政治代表の不平等

な（symbolic）代表という側面に着目してきた（Riccucci and Van Ryzin 2017; Bishu and Kennedy 2020）。

2-2 受動的な代表

　初期の代表的官僚制研究では，公務員の人口統計学的な属性の構成が，国民の社会的構成を反映したものとなっているかを検証してきた。こうした研究を受動的ないし記述的な（descriptive）代表に着目した研究と呼ぶ（Bishu and Kennedy 2020）。先行研究では，人種的マイノリティや女性が官僚制の中で広く代表されているものの，上層部では十分に代表されていないことが指摘されている（Kennedy 2014）。受動的な代表に着目をする研究の多くは，1970年代から1990年代に発表された（Bishu and Kennedy 2020）。

　日本の官僚制で着目されてきた属性としてジェンダーという要素がある。OECDのデータによると，2020年時点で公的部門の雇用者に占める女性の割合はOECDの平均値が58.9%であり，日本では45.1%であった。日本の人口の男女比からすると若干低いものの，官僚制全体の中では女性もある程度代表されている傾向がある。[1] 他方で，上層部における女性の割合は著しく低い。[2] 2020年時点で国の行政機関の上級管理職に占める女性の割合は，OECDの平均値が37.2%であるのに対して，日本では4.2%であった。[3] その後に，女性幹部職員の割合は上昇しつつあるも，2022年時点で中央省庁の上級管理職（局長・審議官級）に占める女性の割合は5%にとどまっている。また，2022年時点の都道府県における本庁部局長・次長相当職に占める女性の割合は8.1%，市区町村の本庁部局長・次長相当職に占める女性の割合は11.5%と，中央省庁と比較すると若干高いものの，地方自治体の上層部でも過少代表の状況が続いている。[4]

　年齢という属性について，2022年時点の20代から50代の一般職の国家公務員，地方公務員と日本の人口における各世代の割合を示したものが**表10-1**である。国家公務員については，人口に占める割合と比較して，30代が低く，50代が高い傾向がある。30代が低いのは，この世代が大学や高校を卒業した時期に国家公務員の採用抑制がなされたことが影響している。[5] 地方公務員については，人口に占める割合と大きな違いはみられない。

第10章　公務員の代表性

表10-1　公務員と日本の人口における各世代の割合

	20代	30代	40代	50代	N
国家公務員	21.0	20.8	26.2	32.0	267,523
地方公務員	20.7	26.8	26.1	26.4	2,686,123
2022年人口推計	19.7	28.4	26.3	25.6	64,290,000

出所：人事院「令和4年度 一般職の国家公務員の任用状況調査」，総務省「令和4年 地方公務員給与実態調査結果」，総務省「人口推計（2022年（令和4年）10月1日現在）」より筆者作成

　学歴という社会経済的地位を表す属性については，大卒以上の高学歴の人が公務員に多い。2022年の一般職の国家公務員に占める大卒以上の割合は56.3%であり，一般行政事務職が該当する行政職俸給表（一）が適用される公務員においては61.7%となる[6]。2022年の地方公務員に占める大卒以上の割合は，一般行政職では69.3%，技能労務職では3.2%，高等学校教育職では95.6%，小・中学校教育職では94.7%，警察職では52.9%，全体では75.2%である[7]。2020年の国勢調査におけるデータでは，20歳から59歳の人口に占める大卒以上の割合は27.6%である[8]。単純に比較できるデータではないが，公務員には高学歴の人が多い傾向がみられる。

　以上をまとめると，日本では，公務員のジェンダー，年齢，学歴という属性について，必ずしも社会の構成をそのまま反映したものとはなっていない。とりわけジェンダーという要素については，官僚制の上層部において女性の著しい過少代表が生じている。

2-3　能動的な代表

　公務員の構成が社会の構成を反映し，少数派の属性，例えば人種的マイノリティや女性の公務員が増えることで，そうした少数派の属性を有する公務員が，自らのような市民を支援するように行動し政策に反映させるかという実質的な効果が研究されている。これは，官僚が自分と同じ属性を有する人々（自分が代表していると考える人々）の利益を追求することが期待されるという「能動的な代表」の概念に基づくものである（Mosher 1982 [1968]: 14）。

　先行研究では，少数派の属性を有する公務員が増加することで，これらの集

169

第2部　政治代表の不平等

団に有利な政策の変化が生じていることが指摘されている（Kennedy 2014）。政策の変化として，少数派の集団向けの政策や予算の優先順位が上がったり，プログラムの有効性が上がったり，差別的な取り扱いが減少したりするかという点に焦点を当てた研究がなされている（Bishu and Kennedy 2020）。例えば，高校における女性教員の割合に着目をした研究では，女性の数学教員の割合が高くなるほど数学の成績の良い女子生徒の割合が高くなることや，女性教員の割合が高くなるほど女子生徒のSAT（大学進学適性試験）の点数が高くなることが明らかにされている（Keiser et al. 2002）。

　先行研究の多くは公務員の構成と政策的帰結の関連性を検証する。その理論的な前提としては，公務員の出自が社会的な経験の違いをもたらし，そうした社会的な経験が政治的な考え方に影響し，政治的な考え方が公務員の行動に結びつくというロジックがある。しかし，公務員がその属性により政策選好や政治的な考え方が異なっているかという点は日本では十分に検証されていない。そこで，第3節では，公務員の政策観がその属性により異なるかという点を検証する。また，社会的公正研究では，公正さや平等に対する認識が，政策に対する態度に影響することが指摘されている（Van den Bos 2005）。自らの属性に対する不平等さを認識することにより，同じ属性を有する市民に有利な政策を志向するということが想定される。そこで，第4節では，ジェンダーなどの属性に対する平等観という政治的な考え方が公務員の属性により異なるのかを検証する。

2-4　象徴的な代表

　近年では，少数派の属性を有する公務員の存在自体が，社会にポジティブな影響を与えるかが検証されている。これらの研究では，少数派の属性を有する公務員が存在していることで，市民が公務員との共通性を感じて，市民の行動や態度に影響を与えるかという象徴的な要素の効果が検討されている。

　先行研究では，少数派の属性の公務員が存在することで，少数派の市民の政府への信頼や政策の満足度や協力度を高めることが指摘されている（Riccucci and Van Ryzin 2017）。例えば，地域のリサイクルプログラムに対する市民の協力意欲を測定する実験において，プログラムを監督する公務員の割合が全員女

170

性の場合，男女同数や全員男性の場合よりも，女性の協力意欲が高いことが示された（Riccucci et al. 2016）。ただし，この実験と同じ設定で行われた，緊急事態への備えや囚人の更生を対象とした他の研究では，効果は確認されていない（Van Ryzin et al. 2017; Sievert 2021）。象徴的な代表に関する研究は途上段階にあり，肯定的な効果がどのような文脈で生じるかを明らかにするには，より多くの研究の蓄積が必要となる。

先行研究では，少数派の市民が自らの属性と同じ公務員が存在することに，肯定的な反応を示すことが想定されているが，そもそもどのような市民が自らの属性と同じ公務員を望んでいるのだろうか。この点は先行研究では十分に検討されておらず，本章では第5節でこの問いを検証する。

3　公務員の政策観

3-1　外交・安全保障・社会に関する政策争点

本節では，公務員の政策選好がその属性ごとに異なるのかを検証する。現代日本における政策争点としては，外交・安全保障や社会，経済政策に関する争点が存在しており（谷口 2020），本節の分析ではこれらの幅広い政策争点を取り上げる。

まず，検討するのが外交・安全保障や社会に関する政策争点である。公務員調査では，以下の7つの外交・安全保障や社会に関する争点に対する賛否を尋ねた。選択肢は5件法であり，選択肢の数値は賛成すると数値が高くなるように調査時とは反転させた。

憲法への自衛隊の存在の明記
選択的夫婦別姓
永住外国人の地方参政権付与
性的マイノリティへの理解促進
原子力発電所の即時廃止
名護市辺野古での普天間飛行場の代替施設建設

第2部　政治代表の不平等

表10-2　公務員の外交・安全保障・社会に関する政策選好の因子分析

	第1因子 マイノリティ擁護	第2因子 安保権限強化
憲法への自衛隊明記	0.059	0.747
選択的夫婦別姓	0.653	0.036
外国人地方参政権	0.620	-0.129
性的マイノリティ理解促進	0.869	0.144
原発即時停止	0.315	-0.370
辺野古移設	0.086	0.475
敵基地先制攻撃能力保有	-0.056	0.740
固有値	2.574	1.615
寄与率（%）	36.772	23.073

註：網掛けは因子負荷量が0.4以上。
出所：2021年度公務員調査より筆者作成

　　敵基地先制攻撃能力の保有

　政策観の構造がわからないため，7つの質問への回答を対象とした探索的因子分析（最尤法，プロマックス回転）を行うことによって政策選好の構造を検討し，その因子得点を変数として用いた。固有値1以上を基準とした分析の結果，**表10-2**に示したように2つの因子が析出された。第1因子は，選択的夫婦別姓の導入，外国人への地方参政権の付与，性的マイノリティへの理解促進といった社会的争点について肯定的な志向であり，その因子得点をマイノリティ擁護志向と名づけた。第2因子は，憲法への自衛隊の存在の明記，名護市辺野古での普天間飛行場の代替施設建設，敵基地先制攻撃能力の保有に肯定的な志向であり，その因子得点を安保権限強化志向と名づけた。安全保障に関する争点は国会議員や有権者の保革イデオロギーと強い関連性がある争点でもある（蒲島・竹中 2012: 202）。

3-2　経済争点

　次に，現代日本における争点としては，経済争点も挙げられる。本節では，経済争点として新自由主義に関連した3つの質問を合成した指標を取り上げる。公務員調査では，①「働いた成果とあまり関係なく，貧富の差が少ない平

第10章 公務員の代表性

等な社会」よりも「自由に競争し，成果に応じて分配される社会」を志向する
か，②「税負担は大きいが，福祉などの行政サービスが充実した社会」よりも
「福祉などの行政サービスを最小限に絞り，税負担の少ない社会」を志向する
か，③「行政機関による多面的な規制を通じて，国民生活の安全や経済の安定
を守る社会」よりも「規制を可能な限り排除し，民間の自由な活動と自己責任
にゆだねる社会」を志向するかという新自由主義に関連した質問を尋ねた。選
択肢は7件法であり，選択肢の数値は新自由主義的な意見に肯定的であると高
くなる。本研究ではこれらの質問への回答について主成分分析を行い，析出さ
れた1つの主成分（固有値1.481）の得点を算出し，新自由主義志向と名づけた。

3-3 政策争点を従属変数とした分析

　以上の分析より析出されたマイノリティ擁護志向，安保権限強化志向，新自
由主義志向を従属変数とした重回帰分析を行う。いずれも得点の数値が高く
なるほど，それぞれの志向が強まることを意味する。独立変数としては，性
別，年齢，学歴という人口統計学的要素を取り上げるとともに，公務員の類型
を加えた。代表的官僚制研究では，その多くがアメリカの官僚制を対象として
いたことも影響し，人種とジェンダーに焦点が当てられた研究がなされてきた
（Bishu and Kennedy 2020）。それ以外の人口統計学的要素には焦点があまり当てら
れてこなかったが，政治参加を検討するうえでは，年齢，社会経済的地位（学
歴や収入，職業），居住地といった属性も重要となる（本書第1章参照）。また，人
口統計学的要素よりも公務員の所属のほうが公務員の政治的な考え方を規定す
るという研究もあるため（Meier and Nigro 1976），どの部門で働いているかとい
う公務員の類型の影響についても検討する。

　最小二乗法（OLS）による重回帰分析の結果を示したものが**表10-3**である。
マイノリティ擁護志向については，男性よりも女性が肯定的であり，学歴が大
卒未満よりも大卒以上であるほど肯定的な傾向がみられた。また，類型におい
ても，公営企業等会計部門の地方公務員と比べて，国家公務員や福祉関係部門
や警察・消防部門の地方公務員ではマイノリティ擁護に否定的な傾向がみられ
た。安保権限強化志向については，女性は男性に比べて否定的な傾向がみられ

173

第 2 部　政治代表の不平等

表10-3　公務員の政策選好を従属変数とした重回帰分析

| | マイノリティ擁護 | | | 安保権限強化 | | | 新自由主義 | | |
	推定値	S.E.		推定値	S.E.		推定値	S.E.	
女性ダミー	0.492	0.118	***	-0.284	0.116	*	-0.297	0.119	*
世代（vs.50代）									
20代	0.092	0.192		-0.180	0.189		0.138	0.197	
30代	0.086	0.107		0.204	0.106		0.191	0.116	
40代	-0.096	0.095		0.017	0.093		0.056	0.104	
大卒以上ダミー	0.215	0.095	*	0.052	0.093		0.076	0.103	
公務員類型（vs.地方公営企業）									
国家	-0.425	0.211	*	0.223	0.207		-0.510	0.218	*
地方（一般行政）	-0.388	0.197		0.069	0.194		-0.355	0.203	
地方（福祉）	-0.466	0.226	*	-0.201	0.223		-0.207	0.231	
地方（教育）	-0.138	0.201		-0.177	0.198		-0.490	0.208	*
地方（警察・消防）	-0.528	0.213	*	0.233	0.210		-0.159	0.223	
定数	0.096	0.195		-0.050	0.192		0.291	0.201	
N		481			481			545	
R2		0.102			0.076			0.040	
Adjusted R2		0.083			0.056			0.022	

*** $p<.001$　** $p<.01$　* $p<.05$　推定値は非標準化係数
出所：2021年度公務員調査より筆者作成

た。新自由主義志向については，女性だと男性に比べて否定的な傾向がみられた。公務員類型においても，公営企業等会計部門の地方公務員と比べて，国家公務員や教育部門の地方公務員では否定的な傾向がみられた。経済性の発揮をその原則の1つとする公営企業で勤務している職員は新自由主義的な考え方に親和的な傾向がみてとれる。

　結果をまとめると，公務員の政策選好はその属性や類型によって異なる傾向がある。とりわけジェンダーという属性の影響は大きく，男性か女性かによってマイノリティ擁護志向か安保権限強化志向か新自由主義志向かという点に統計的に有意な違いがみられる。また，公務員の類型によっても政策選好は異なる。公営企業等会計部門をベースラインとすると，国家公務員や福祉関係部門や警察・消防部門の地方公務員はマイノリティ擁護志向ではなく，国家公務員や教育部門の地方公務員は新自由主義志向ではない。**表10-2**に示した分析では，安保権限強化志向において統計的に有意な結果は出ていないが，福祉関係部門をベースラインにおいた分析を行うと，福祉関係部門の地方公務員よりも，

国家公務員や警察・消防部門の地方公務員は安保権限強化に肯定的な結果がみられた（オンライン付録OA10-3を参照）。

4　公務員の平等観

本節では，公務員の平等観がその属性により異なるかを検証する。本調査では，現代の日本社会全体において，女性，男性，世代，都市・地方に対する差別や不平等が存在するかを5件法で尋ねた。その回答について不平等を認知していると数値が高くなるように，調査時とは反転させて従属変数とした。独立変数としては，従属変数の属性に対応してジェンダー，年齢，公務員類型を取り上げるとともに，統制変数として学歴を加えた。都市・地方間の不平等に対応する独立変数として居住地も想定されるが，公務員調査では回答者の居住地を尋ねていない。公務員の所属の影響の大きさが指摘されていることもあり（Meier and Nigro 1976），本節では公務員類型を独立変数とした。

最小二乗法（OLS）による重回帰分析の結果を示したものが**表10-4**である。

表10-4　公務員の平等観を従属変数とした重回帰分析

	女性			男性			世代			都市・地方		
	推定値	S.E.		推定値	S.E.		推定値	S.E.		推定値	S.E.	
女性ダミー	0.359	0.109	**	-0.069	0.113		0.245	0.103	*	0.167	0.102	
世代（vs.50代）												
20代	-0.270	0.182		-0.419	0.188	*	0.355	0.171	*	-0.116	0.168	
30代	-0.155	0.107		-0.082	0.110		0.262	0.100	**	-0.016	0.099	
40代	-0.138	0.096		0.034	0.099		0.202	0.090	*	0.049	0.089	
大卒以上ダミー	0.107	0.095		0.055	0.090		0.226	0.089	*	0.035	0.088	
公務員類型（vs.地方公営企業）												
国家	-0.145	0.201		0.098	0.098		-0.059	0.189		-3.491	0.186	**
地方（一般行政）	-0.187	0.187		0.016	0.207		0.090	0.176		-3.258	0.174	
地方（福祉）	-0.102	0.213		0.162	0.194		0.001	0.201		-3.203	0.198	
地方（教育）	0.097	0.192		0.023	0.220		-0.098	0.180		-3.218	0.178	
地方（警察・消防）	-0.342	0.206		0.146	0.198		-0.110	0.194		-3.481	0.191	*
定数	3.606	0.185	***	0.029	0.213	***	3.487	0.174	***	4.159	0.171	***
N	545			545			545			545		
R2	0.064			0.021			0.064			0.036		
Adjusted R2	0.046			0.003			0.046			0.018		

*** $p<.001$　** $p<.01$　* $p<.05$　推定値は非標準化係数
出所：2021年度公務員調査より筆者作成

第2部　政治代表の不平等

　まず，女性に対する不平等については，女性は男性と比べて不平等を認知する傾向があった。男性に対する不平等については，ジェンダーによる違いは確認できない。ただし，20代は50代と比べて男性に対する不平等を認知しない傾向にあった。世代の不平等については，20代，30代，40代は50代と比べて，不平等を認知する傾向がみられた。なお，女性や大卒以上では，世代の不平等を認知する傾向も確認できた。都市・地方の不平等については，公営企業等会計部門の地方公務員と比べて，国家公務員だと不平等を認知しない傾向がみられた。警察・消防部門の地方公務員も同様に不平等を認知しない傾向があった。

　結果をまとめると，女性，世代，都市・地方の不平等について，公務員の当該属性の違いによる平等観の違いがみられた。女性の公務員は女性への不平等を認知し，若年層の公務員は世代による不平等を認知し，公営企業等会計部門の地方公務員は国家公務員よりも都市・地方の不平等を認知していた。

5　有権者からみた公務員の代表性

5-1　どのような有権者が自らの属性と同じ公務員を望むか

　本節では，どのような有権者が自らの属性と同じ公務員を望むかを検証する。有権者調査では，性別，年齢・年代，出身学校，出身地に関して自分と同じ特徴をもつ人になってほしいかを5件法で尋ねた。その回答について自らの属性と同じ人を望んでいると数値が高くなるように，調査時とは反転させて従属変数とした。独立変数として，従属変数に対応してジェンダー，年代，学歴，居住地を取り上げるとともに，世帯収入を統制変数として加えた。[10] 出身地と居住地は同じ指標ではないが，類似の概念として取り上げた。

　最小二乗法（OLS）による重回帰分析の結果を示したものが**表10-5**である。まず，性別については，男性よりも女性のほうが自らと同じジェンダーの公務員を希望していた。また，50代と比べて20代以下が自らと同じジェンダーの公務員を希望している傾向も確認できた。世代については，50代と比べて20代以下，30代，40代が自らと同じ世代の公務員を希望していた。一般的な定年の年齢を過ぎた60代と70代の有権者は自らと同じ世代の公務員を希望しな

176

第10章 公務員の代表性

表10-5 有権者の公務員の代表性に対する希望と属性の関係

	性別			世代			出身学校			出身地		
	推定値	S.E.		推定値	S.E.		推定値	S.E.		推定値	S.E.	
女性ダミー	0.396	0.034	***	0.310	0.041	***	0.075	0.039		0.128	0.036	***
世代（vs.50代）												
20代以下	0.314	0.061	***	0.444	0.072	***	0.173	0.068	*	0.150	0.064	*
30代	0.115	0.059		0.384	0.069	***	0.097	0.065		0.108	0.061	
40代	0.025	0.057		0.151	0.067	*	0.030	0.064		-0.018	0.060	
60代	0.021	0.058		-0.238	0.069	**	0.100	0.065		0.049	0.061	
70代	0.046	0.058		-0.718	0.071	***	0.110	0.067		0.037	0.063	
大卒以上ダミー	0.018	0.036		-0.029	0.043		0.197	0.040	***	-0.008	0.038	***
居住地（vs.東京圏）												
名古屋圏	0.036	0.061		0.033	0.071		0.070	0.067		0.113	0.063	
大阪圏	-0.033	0.054		-0.004	0.064		-0.083	0.061		0.058	0.057	
地方圏	0.005	0.039		-0.032	0.047		0.056	0.044		0.168	0.042	***
世帯収入	0.000	0.000		0.000	0.000		0.000	0.000	**	0.000	0.000	*
定数	3.034	0.065	***	3.170	0.079	***	2.817	0.075	***	3.094	0.070	***
N		1883			1591			1576			1567		
R2		0.086			0.223			0.034			0.026		
Adjusted R2		0.080			0.218			0.028			0.019		

*** $p<.001$　** $p<.01$　* $p<.05$　推定値は非標準化係数
出所：2021年度有権者調査（代表的官僚制モジュール）より筆者作成

い傾向があった。なお，世代について，女性のほうが男性よりも自らと同じ世代を希望する傾向もあった。出身学校については，大卒以上の有権者は自らと同じ学校の公務員を希望する傾向があった。50代と比べて20代以下の有権者も自らと同じ学校の公務員を希望する傾向があった。世帯収入が多いほど，自らと同じ学校の公務員を希望する傾向も確認できた。出身地については，東京圏と比べて地方圏に居住していると，出身地が同じ公務員を希望していた。また，男性ではなく女性の場合，50代と比べて20代のほうが，学歴が大卒未満では，世帯収入が多いほど，出身地が同じ公務員を希望する傾向が確認できた。

　結果をまとめると，性別，世代，出身学校，出身地の代表性について，女性や，若年層，高学歴層，地方圏居住者が自らと同じ属性を有する公務員を希望していることがわかる。

第2部　政治代表の不平等

5-2　現状に対する認識との関係性

　それでは，属性の代表性の現状についてどのような認識を有している市民が自らと同じ属性の公務員を望んでいるのだろうか。社会的公正研究では，不平等な環境に置かれていることによる不満が原因となって人は不公平さを認識することが指摘されている（Folger 1986）。そうであるとすれば，現状において自らの属性が代表されていないという認識が，自らの属性と同じ公務員を希望する意識と関係しないだろうか。有権者調査では，ジェンダーの代表性に関する質問として，「中央省庁における女性公務員の数について，多いと思いますか，それとも少ないと思いますか」と尋ねた。回答は7件法であり，女性公務員数が多いと認識していると高い数値となる。従属変数を前項と同じく自らと同じジェンダーの公務員の希望とし，独立変数に女性公務員数の認識を，統制変数に前項の分析で投入した変数を加えた重回帰分析を，回答者のジェンダーで分

表10-6　有権者の公務員のジェンダーに関する代表性に対する希望と現状認識の関係

	男性			女性		
	推定値	S.E.		推定値	S.E.	
女性公務員数認識	0.041	0.020	*	-0.227	0.023	***
世代（vs.50代）						
20代以下	0.235	0.079	**	0.428	0.089	***
30代	0.082	0.076		0.171	0.085	*
40代	-0.011	0.074		0.061	0.082	
60代	0.193	0.078	*	-0.100	0.082	
70代	0.034	0.079		0.048	0.081	
大卒以上ダミー	-0.034	0.049		-0.034	0.052	
居住地（vs.東京圏）						
名古屋圏	0.084	0.034		-0.043	0.083	
大阪圏	0.071	0.032		-0.126	0.078	
地方圏	0.051	0.020		-0.038	0.057	
世帯収入	0.000	0.032		0.000	0.000	
定数	2.888	0.111	***	4.174	0.111	***
_N_		929			953	
R2		0.025			0.134	
Adjusted R2		0.013			0.124	

*** $p < .001$　** $p < .01$　* $p < .05$　推定値は非標準化係数
出所：2021年度有権者調査（代表的官僚制モジュール）より筆者作成

けて行った。

最小二乗法（OLS）による重回帰分析の結果を示したものが**表10-6**である。まず，男性の有権者についてみると，女性公務員数が多いと認識しているほど，自らと同じ男性に公務員になってほしいと考えている。逆にいえば，女性公務員が少ないと認識している男性は，自らとは異なるジェンダーの人に公務員になってほしいと考えている。女性の有権者についてみると，女性公務員数が少ないと認識しているほど，自らと同じ女性に公務員になってほしいと考えている。男性と女性ともに，代表性に関する現状認識が，代表性の希望と関連していることがわかる。

6　おわりに

本章では，公務員の政策選好や平等観の属性による違いを明らかとした。まず，公務員のマイノリティ擁護志向，安保権限強化志向，新自由主義志向という3つの政策選好はその属性や公務員の類型によって異なる傾向があった。とくにジェンダーという属性については，男性か女性かによって3つの政策選好に差がみられた。公務員類型についても，3つの政策選好すべてにおいて違いがみられた。平等観についても，公務員の当該属性の違いによる平等観の違いがみられた。女性の公務員は女性への不平等を認知し，若年の公務員は世代による不平等を認知し，公営企業等会計部門の地方公務員は国家公務員よりも都市・地方の不平等を認知していた。

また，本章では，公務員の属性に対する有権者の意識を明らかとした。どのような有権者が自らの属性と同じ公務員を望むかという点では，性別，世代，出身学校，出身地の代表性について，女性，若年層，高学歴層，地方圏居住者が自らと同じ属性を有する公務員を希望していた。なお，性別について，現状に対する認識との関連性を分析したところ，女性の国家公務員数が少ないと認識している女性ほど，女性に公務員になってほしいと考えていた。逆に，女性の国家公務員数が多いと認識している男性ほど，男性に公務員になってほしいと考える傾向もみられた。

以上のように，女性，若年層，高学歴層，地方圏居住者という属性を有する

市民は自らの属性と同じ公務員を望む傾向があり，ジェンダーに関する追加分析からは，自らの属性が過少代表されているという認識が自らの属性と同じ公務員を希望する意向の背景にあることがわかった。象徴的代表に着目をする研究では，公務員の属性の象徴的効果が検証されているが，なぜ象徴的な効果があるのかに関するメカニズムは十分に明らかとなっていない。本章の分析結果は象徴的効果のメカニズムの一端を示している可能性がある。

　日本における受動的な代表という側面についてみると，ジェンダー，年齢，学歴という属性について，必ずしも十分には代表されていない層がいる。とりわけ幹部職員については女性の過少代表が著しい。それでは，属性の代表性が向上することでどのような変化がみられるのだろうか。本章の分析では，政策的な帰結を従属変数としていないが，公務員の属性によって政策選好や平等観が異なることが明らかとなった。代表的官僚制研究で想定されていたように，公務員の政治的な考え方はその属性によって異なっていた。本章で用いたデータはオンラインモニターによる回答であるため，サンプルの特性については留意する必要があるものの，特定の層の過少代表が解消されることで，より多様な政策選好や平等観の職員を有する官僚制となることが想定される。

第10章　公務員の代表性

註

1　OECDのGovernment at a Glance 2023のデータ，https://www.oecd-ilibrary.org/governance/
government-at-a-glance-2023_3d5c5d31-en（最終閲覧日2024年3月13日）。

2　女性管理職が少ない要因としては，キャリアパスの設計と運用上の問題点が指摘されて
いる。出雲・グリヴォ（2019）では，中央省庁において管理職への登用に際して超過勤
務時間が多い国会対応や法案作成などのポストや国内外の出向の経験が重要となってい
ることを述べる。そして，女性官僚が，家庭生活における育児・家事時間の不均衡から
そうしたポストに就けなかったり，就けないようにしたりする人事運用が管理職登用に
不利に働いていることを指摘した。大谷（2021）では，茨城県の人事運用を分析し，か
つては女性が昇進にとって重要なポストである人事課，財政課，秘書課，地方課や企
画系のスタッフ職に就くことが稀であったが，1990年代半ばから女性がこれらのポス
トに就くことが増えており，女性管理職の割合も増加傾向にあることを示した。佐藤
（2022）では，政令市の人事運用を分析し，管理職への登用に際して財政，組織，企画，
ステークホルダー対応に関する業務経験が有用であることを述べる。そして，女性職員
は男性職員と比較して，そうした業務経験を積める部署に配属が少なく，代わりに庶務
事務の経験が多くなっているという人事運用上の男女格差を指摘した。

3　OECDのGovernment at a Glance 2021のデータ，https://www.oecd-ilibrary.org/governance/
government-at-a-glance-2021_1c258f55-en（最終閲覧日2024年3月13日）。

4　内閣府の「男女共同参画白書 令和5年版」。

5　国家公務員採用I種・総合職試験では，民主党政権期の2010年度〜2012年度を中心に
採用者数が減少した。II種・一般職（大卒程度）試験では，その前の自公政権期から採
用者数が減少していた。2002年度の4,489人をピークとし，3,728人（2003年度），3,226
人（2004年度），2,765人（2005年度）と減少し，2006年度から2009年度にかけては
2,000人前後の年が続いた。2010年度〜2012年度にかけては1,624人，1,719人，1,364
人とさらに減少した。2013年度以降は3,000人前後の年が続いている。III種・一般職
（高卒者）は1990年代初頭には12,000人から14,000人程度が採用されていたが徐々に減
少していき，2000年代初頭には3,000人から4,000人程度の採用者数となった。2003年
度からは1,000人強の採用者数となった。2010年度〜2012年度にかけては718人，771
人，305人とさらに減少した。近年では1,000人強の採用者数となっている。人事院「令
和4年度年次報告書」。

6　人事院の「令和4年 国家公務員給与等実態調査報告書」のデータより計算。

7　総務省「令和4年4月1日地方公務員給与実態調査結果」内の「調査結果の概要」40頁，
https://www.soumu.go.jp/main_sosiki/jichi_gyousei/c-gyousei/kyuuyo/pdf/R4_kyuyo_1_01.pdf
（最終閲覧日2024年3月13日）。

181

第 2 部　政治代表の不平等

8　「令和 2 年国勢調査」，https://www.e-stat.go.jp/stat-search/files?stat_infid=000032201216（最
　　終閲覧日 2024 年 3 月 13 日）。20 〜 59 歳の卒業者に占める大学卒および大学院卒の割合。

9　公務員を対象とした場合，職業はみな公務員であり，収入も職種ごとの俸給表・給料表
　　に基づいて決まる。そこで，社会経済的地位としては学歴を取り上げることとした。

10　居住地については，調査回答時の居住都道府県を尋ねた。総務省統計局の区分を参照し，
　　東京圏に埼玉県，千葉県，東京都，神奈川県を，名古屋圏に岐阜県，愛知県，三重県を，
　　大阪圏に京都府，大阪府，兵庫県，奈良県を含め，残りを地方圏とした。世帯収入は，
　　以下のように 14 カテゴリーで尋ねた。1（100 万円未満），2（100 万円〜 200 万円），3
　　（200 万円〜 300 万円），4（300 万円〜 400 万円），5（400 万円〜 500 万円），6（500 万円
　　〜 600 万円），7（600 万円〜 700 万円），8（700 万円〜 800 万円），9（800 万円〜 900 万
　　円），10（900 万円〜 1000 万円），11（1000 万円〜 1200 万円），12（1200 万円〜 1400 万
　　円），13（1400 万円〜 2000 万円），14（2000 万円以上）。分析においては，各カテゴリー
　　の中央値を代用して投入した（例えば，100 万未満であれば 50 を投入した。2000 万円以
　　上に関しては，上限を示していないため 2,000 を投入した）。

11　ジェンダー以外の属性の多寡については尋ねていないため，本項ではジェンダーのみを
　　取り上げた分析を行う。

182

第**11**章

利益団体とメディアに対する有権者の評価
——女性，低年齢層，低学歴層の視点から——

◆◆◆

久保 慶明

1　はじめに

　本章では，利益団体とメディアに焦点を当てる。具体的には，利益団体やメディアの構成は有権者の属性をどのくらい反映しているのか，有権者は利益団体やメディアの代表性をどのように評価しているのか，という2つの問いを探求する。特に，女性，低年齢層，低学歴層といった投票参加に消極的な集団の視点から，利益団体とメディアの代表性に対する評価を明らかにすることが，本章のねらいである。

　近年，日本の有権者の投票参加においては，低学歴層や低年齢層の投票率が低下し，以前は女性優位だった投票率が男性優位へと逆転しつつある（蒲島・境家 2020）。戦後日本では利益団体やマスメディアが社会の諸利益を政治に伝える役割を果たしたが（蒲島 1986, 1990, 2004; Kabashima and Broadbent 1986; 村松ほか 1986; 辻中 1988），今日において，女性，低年齢層，低学歴層といった投票参加に消極的な集団の利益を，利益団体やマスメディアはどのくらい代表しているのだろうか。

　本章で注目するのは，利益団体やメディアの構成と，その代表性に対する有権者の評価である。利益団体やマスメディアは，その構成におけるジェンダーバイアスなどの是正に取り組んでいるものの，団体が代表する集団や一般の有権者の分布との間には依然として乖離がある。それにもかかわらず，女性は利益団体とマスメディアを肯定的に評価し，低学歴層はマスメディアを肯定的に

評価している。その一方で低年齢層においては，利益団体とマスメディアのいずれに対しても肯定的な評価を与えていない。さらに，ソーシャルメディアに対する低年齢層の評価も肯定的とはいえない。低年齢層の利益を代表する仕組みの構築が課題になっていると考えられる。

　本章の構成は次のとおりである。第2節ではジェンダー，年齢，学歴という3つの属性に関して，政治参加論，利益集団論，メディア研究における議論をまとめ，分析視角を示す。第3節では3つの属性に注目しながら，日本の利益団体とメディアの構成を記述する。第4節では2021年度郵送調査のデータを用いて，利益団体やメディアの代表性を有権者がどのように評価しているのかを検討する。最後に第5節では得られた知見をまとめて含意を示す。

2　投票参加，利益団体，メディアの相互関係

　ここでは，政治参加論，利益集団論，メディア研究における先行研究をまとめ，本章の分析視角を示す。具体的には，かつての日本における政治参加の構造的な特徴が崩壊した現在において，利益団体やメディアに対する女性，低年齢層，低学歴層の評価に注目する重要性を示す。

2-1 「日本型参加格差構造」の形成と崩壊

　1960年代以降，日本では高学歴層に比べて低学歴層の投票参加率が高いという現象が観察されるようになった（三宅1977; 蒲島1988）。そのメカニズムは次のようなものであった。まず，高度成長から取り残された農村住民が政治システムへの要求を強め，政治参加を活発化させた。また，農村から都市へ流入した若い労働力によって形成された都市下層に創価学会が浸透し，組織的に動員した。その一方，自民党による保守支配が固定化する中で，都市部の高学歴層は社会党に幻滅し，選挙過程そのものから退場した（蒲島・境家2020: 161-173）。こうして「日本型参加格差構造」（蒲島・境家2020）が形成された。

　しかし2000年代以降は，以前とは逆に，低学歴層に比べて高学歴層の投票参加率が高くなった（境家2013; Matsubayashi 2014; 山田2018）。その背景には次の

ようなメカニズムがあったと考えられる。まず，農産物の保護政策が綻び，自民党による農業者の動員が困難になった。次に，日本社会における脱組織化と社会経済的格差の拡大が進む中で，低所得層の多くが社会的に孤立し，政治的に疎外されるようになった。さらに，構造改革の進展に伴い，高学歴層の投票意欲が高まっていった（蒲島・境家 2020: 185-196）。

　本章で特に注目したいのは，政治改革後の日本において，低学歴層に加え，低年齢層の投票率が低下し，また，かつて女性優位だった投票率が男性優位へと逆転している，という点である（蒲島・境家 2020: 第5章）。政治改革後，主要政党間の政策的差異が縮小し，投票に参加するための認知的なコストが上昇した。特に，政党間の差異を理解しにくい傾向を示しているのが，女性，低年齢層，低学歴層である（蒲島・境家 2020: 第8章）。結果として，女性，低年齢層，低学歴層においては，選挙を通じた利益代表が機能しにくくなっていると考えられる。

2-2　政治と社会を媒介する利益団体とメディア

　日本型参加格差構造における組織的な動員が低学歴層の参加をもたらしたように（蒲島・境家 2020），利益団体は高度成長期以降の日本において政治と社会を媒介する役割を果たした。55年体制下の圧力団体研究では，政権与党との関係を重視する政権党（自民党）ネットワーク，社会党など野党との関係を重視する野党ネットワーク，行政機関との接触を重視する行政ネットワークの存在が指摘されていた（村松ほか 1986; 辻中 1988）。生活保障という観点からみると，政策官庁，中核的業界，政治家のネットワークによりもたらされた経済成長の果実が，事業官庁，地方支部分局，地方自治体，中小零細の業界，政治家のネットワークにおける業界の保護と雇用の分配を支えていたと捉えられる（宮本 2016: 14）。利益団体を通じた政治への要求は，自民党や行政官僚制といった権力核とのつながりを必要としていた。

　権力核の外に位置するアクターの選好を政治システムに注入する役割を担ったのは，マスメディアであった（蒲島 1986, 1990, 2004; Kabashima and Broadbent 1986）。「政策決定過程の中枢は自民党指導者とエリート官僚の二つの核から成

り立っており，自民党指導者は体制派利益集団と，エリート官僚は体制派，反体制派を問わず大利益集団と強く結びついている。もうひとつの権力集団であるマスメディアは伝統的な権力構造の外側に位置し，その立場から新しい多元主義を政治システムに注入している。いわば多様な反体制集団や弱小集団はマスメディアをとおしてその影響力を政治システムに及ぼしていると思われる」（蒲島 1986: 128）。蒲島（1990）の図に示された「マスメディア」には，「財界」や「労働」とともに「婦人」や「市民」とのつながりが描かれていた（蒲島 1990: 21）。

　本章では，政治と社会を媒介する利益団体やメディアに関して，選挙を通じた代表が機能しにくくなっていると考えられる女性，低年齢層，低学歴層の視点から検討したい。一方では，各種団体への加入率が低下し（辻中ほか 2010; 森・久保 2014; 善教 2019），マスメディアの影響力が低下する中で（山本・竹中 2021），伝統的な利益団体やマスメディアの機能は低下していると考えられる。他方では，NPOによるアドボカシー活動やソーシャルメディアの普及など，新しい動きも生じている。このような状況下で，投票参加に消極的な集団は，利益団体やメディアの代表性をどのように評価しているのだろうか。

2-3　利益団体とメディアの代表性と，その評価

　本章では，次の2つの観点から利益団体とメディアの代表性を検討する。

　第1に，利益団体やメディアの構成である。利益団体やメディアの構成は，関連する集団や有権者の属性をどのくらい反映しているのか。ジェンダー，年齢，学歴に注目しながら，企業経営者，労働組合員，マスメディア職員，ソーシャルメディア利用者の構成を検討する。これまでにも，企業，労働組合，メディアの構成に関する研究は数多く蓄積されてきた。例えばマスメディアの記者や幹部における女性比率に関しては，青木（2013）や四方（2018）が整理している。それらの先行研究を参照しつつ，本章では2024年時点で入手可能なデータを整理していく。

　第2に，利益団体やメディアに対する有権者の評価である。女性，低年齢層，低学歴層は，利益団体やメディアの代表性に関して，どのように評価している

のか。本章では郵送調査のデータを用いながら，検討していく。

3　利益団体やメディアの構成

　利益団体やメディアには，多様な人々が関与している。それらの属性の中から本節では，ジェンダー，年齢，学歴に注目し，利益団体やメディアの構成を記述していく。具体的には，企業経営者，労働組合員，マスメディアの記者や幹部，ソーシャルメディアの利用者を取り上げる。

3-1　企業経営者の構成

　まず，企業経営者の構成を検討しよう。主に用いるのは，帝国データバンクと東京商工リサーチが公表している各種調査の結果である[2]。企業経営者のジェンダー，年齢，学歴には，どのような特徴があるのだろうか。

　企業経営者は，男性，高齢者，大卒が多いという特徴をもつ。社長の女性比率は，帝国データバンク（2023a）によれば8.3%，東京商工リサーチ（2022）によれば14.7%にとどまっている。平均年齢は，帝国データバンク（2023b）によれば60.4歳，東京商工リサーチ（2024）によれば63.8歳であった。学歴はやや古いデータとなるが，「大学」の52.5%が最も多く，「高等学校」37.6%，「中学校」6.7%が続いている（東京商工リサーチ 2016）。

　企業規模別にみると，男性，高齢者，大卒の企業経営者が多いという傾向は，大企業において顕著である。帝国データバンク（2023a）による資本金区分別の集計結果によれば，社長の女性比率は大企業になるほど低下する（「1000万円未満」9.2%に対し「1億円以上」では2.7%）。帝国データバンク（2023b）による売上高別の集計結果によれば，売上高の多い企業ほど社長の年齢が60代に集中する（60代の割合は「1億円未満」で26.4%なのに対し，「500億円以上」では54.9%）。学歴に関しては，売上高100億円企業に限定すると，「大学」の割合が85.4%となり，「高等学校」は8.1%にすぎない（東京商工リサーチ 2016）。

　ただし，ジェンダーと年齢に関しては次のような変化も生じている[3]。第1に，女性比率が増加している。帝国データバンク（2023a）によれば1998年か

第2部　政治代表の不平等

ら 2023 年にかけて 3.8% ポイント，東京商工リサーチ（2022）によれば 2013 年から 2022 年にかけて 3.7% ポイント増加した。第 2 に，社長の平均年齢が上昇している。帝国データバンク（2023b）によれば 1990 年から 2023 年にかけて 6.4 歳，東京商工リサーチ（2024）によれば 2009 年から 2024 年にかけて 4.2 歳上昇した。女性経営者が増える一方で，企業経営者の高齢化が進んでいることがわかる。

　こうした企業経営者の属性は，経済団体の構成に反映されているだろうか。経団連を例にとってみよう。ホームページ上に掲載された経団連の会長・副会長（2023 年 11 月 25 日）の氏名と写真から性別を判断すると，全 20 名のうち 1 割にあたる 2 名が女性である。2021 年に DeNA 社長の南場智子が副会長となり，経団連で初めて女性の副会長が誕生した。次いで 2023 年には，ヴェオリア・ジャパン代表取締役会長の野田由美子が女性 2 人目の副会長となった。経済団体においても女性の比率が増えていることがうかがえる[4]。

3-2　労働組合員の構成

　次に，労働者や労働組合員の構成を検討しよう。厚生労働省や連合（日本労働組合総連合会）による調査結果を利用する。労働者や労働組合員のジェンダー，年齢，学歴には，どのような特徴があるのだろうか。

　厚生労働省「令和 4 年版　働く女性の実情」によると，労働者に占める女性の割合は 2022 年時点で 44.9% であった。それに対し，2022 年時点の連合の構成組織における女性組合員の割合は 37.2%，女性執行委員の割合は 17.2% であった（連合総合政策推進局ジェンダー平等・多様性推進局 2023）。労働者に占める女性の割合に比べて，女性組合員の割合が近い一方で，女性執行委員の割合は低いことがわかる。

　年齢に関しては，労働組合員のデータが乏しい。古いデータにはなるが，厚生労働省「労働組合活動実態調査」の 2000 年と 2005 年の調査に「労働組合員の平均年齢階級別労働組合の割合」という表がある[5]。その結果を，同時期の就業者数の分布と比べたのが表 11-1 である。就業者全体に比べて，労働組合員では 30 代と 40 代の多いことが読み取れる。ただし，2000 年から 2005 年にかけて，労働組合員では 34 歳以下が減少し 35 歳以上が増えている。また，就業

188

第11章　利益団体とメディアに対する有権者の評価

表11-1　労働組合員と就業者全体の年齢構成（%）

	労働組合員		就業者全体		
	2000年	2005年	2000年	2005年	2023年
30歳未満	2.8	1.4	22.8	19.7	16.7
30-34歳	23.1	18.4	10.1	11.7	8.2
35-39歳	39.0	42.8	9.6	10.6	9.0
40-44歳	23.2	25.4	9.8	10.3	10.1
45-49歳	8.8	7.2	11.5	10.1	11.9
50-54歳	2.7	3.6	12.8	11.0	12.2
55歳以上	0.4	1.2	23.5	26.6	31.9

註：労働組合活動実態調査の調査対象は「民営事業所における労働組合員100人以上の労働組合」。
出所：労働組合活動実態調査，労働力調査の各年版より筆者作成

者全体では2005年から2023年にかけて，44歳以下が減少し45歳以上が増えている。労働組合員の年齢構成に関する2005年以降のデータはない（あるいは公開されていない）ものの，就業者全体で高齢化が進んでいることを踏まえると，労働組合員の間でも高齢化が進んでいるものと考えられる。

　学歴に関して，就業者全体では総務省「就業構造基本調査」が参考になる。「有業者」から「在学者」を除いた「卒業者」をみると，2022年時点では「小学・中学」5.4%，「高校・旧制中」40.5%，「大学・大学院」34.8%，「短大・高専」18.5%であった。労働組合員の学歴に関しては，連合総研による「勤労者短観」が参考になる。2023年12月時点のデータをみると，「労組に入っていない」場合に「四年生大学卒」が46.7%，「大学院修了」が5.1%であるのに対し，「労組に入っている」場合はそれぞれ52.4%，7.6%である（第46回 勤労者短観）。就業者全体に比べると，連合に加盟する大企業では大卒の社員が多く，さらに，その中でも組合員は，やや学歴の高いことが読み取れる。

　このように労働組合員の構成は，労働者全体に比べてやや女性が少なく，中間年齢層が多く，学歴がやや高いという特徴がある。ただし，次のような変化も生じている。第1に，女性の組合員や執行委員の割合が上昇している。連合総合政策推進局ジェンダー平等・多様性推進局（2023）によると，2001年から2023年にかけて，女性組合員の比率は10.6%ポイント，女性執行委員の比率は10.0%ポイント上昇した。これらの数値は，労働者に占める女性比率が2000年から2023年にかけて4.4%ポイント増加したことに比べて（厚生労働省「令和5

189

第2部　政治代表の不平等

年版　働く女性の実情」)，より高い増加率を示している[7]。

　第2に，高学歴層が増えている。高学歴層の増減に関して久本（2019）は，
「平成21年度　日本人の就業実態に関する総合調査」（調査シリーズ No.89-1：
JILPT調査）と「勤労者の仕事と暮らしについてのアンケート，2017.10」（勤労
者短観b）を比較しながら次のように述べている。「組合員構成の高学歴化は中
高年高卒組合員の退職とともに，急激に進んでいるものと思われる。たとえば，
JILPT調査によれば，まだ高卒が41%，大学・大学院卒が34%，短大・高専卒
が12%となっていたが，首都圏と関西圏を対象とした『勤労者短観b』でみると，
企業別組合の組合員（カッコ内は組合未経験者）の構成比は，大学院卒12.1（3.6）
%，大卒53.4%（43.2%），高卒19.6（25.1）%などとなっている」（久本2019: 8）。

　こうした労働者や労働組合員の属性は，ナショナルセンターである連合の幹
部構成に反映されているだろうか。ホームページ上に掲載された連合の会長・
副会長（2023年10月）の氏名と写真から性別を判断すると，19名中5名（26.3%）
が女性である。連合の構成組織における女性組合員率（37.2%）は下回るものの，
女性執行役員率（17.2%）は上回っている。特に会長の芳野友子は，2021年に
女性で初めて連合会長に就任した[8]。経済団体よりも労働組合では，労働者や労
働組合員の属性が反映されているといえよう。

3-3　マスメディアの構成

　マスメディアの構成を検討しよう。マスメディアの記者や幹部のジェンダー，
年齢，学歴は，有権者の属性を反映しているのだろうか。

　まず，性別をみてみよう。図11-1では，2001年から2022年までの記者や職
員，管理職に占める女性比率の推移を示している。2022年時点でみると，女
性比率は新聞，NHK，民放ともに20%を少し超えている。対照的に管理職に
おける女性比率は低く，特にNHKと新聞で低くなっている。

　年齢構成に関するデータは少ないものの，NHKが毎年「業務報告書」等で
公開している。2023年の平均年齢は42.0歳であった。さらに，日本の就業者
全体の傾向を把握するため，厚生労働省「労働力調査」を用いて作成したのが
表11-2である。これをみると，マスメディアが含まれる「情報通信産業」では，

190

第11章 利益団体とメディアに対する有権者の評価

図11-1 マスメディアの女性比率

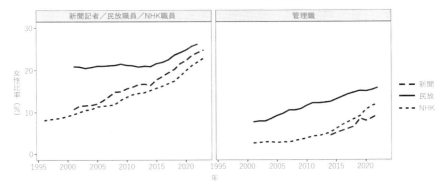

出所：内閣府男女共同参画局「新聞社・通信社における記者，放送業界における管理職，メディア関係団体の役員・新規採用者」https://www.gender.go.jp/research/kenkyu/sankakujokyo/2023/pdf/4.pdf，日本新聞協会「新聞・通信社従業員数と記者数の推移」https://www.pressnet.or.jp/data/employment/employment03.php，NHKの「業務報告書」および「収支予算と事業計画の説明資料」の各年版より筆者作成

表11-2 情報通信産業における就業者の年齢と学歴（2022年）

(a) 年齢	情報通信	全体
15-19歳	—	1.6
20-24歳	7.0	6.6
25-29歳	15.8	8.3
30-34歳	12.9	8.2
35-39歳	13.2	9.2
40-44歳	12.5	10.3
45-49歳	12.5	12.3
50-54歳	10.7	12.0
55-59歳	8.1	9.8
60-64歳	4.4	8.1
65歳以上	2.2	13.6

(b) 学歴	情報通信	全体
中学	0.3	7.0
高校	18.8	40.4
専修	8.1	11.8
高専・短大	7.7	9.6
大学・大学院	65.1	31.2

註：表には5つの業種が含まれる（37 通信業，38 放送業，39 情報サービス業，40 インターネット附随サービス業，41 映像・音声・文字情報制作業）。NHKは「381 公共放送業（有線放送業を除く）」，民放は「382 民間放送業（有線放送業を除く）」，新聞は「413 新聞業」に含まれる。
(a) 年齢は「労働力調査」のII-2-1「年齢階級，産業別就業者数」から算出。
(b) 学歴は「雇用動向調査」の第7表「産業（中分類），企業規模（GT, E），性，就業形態，雇用形態，職歴，学歴別 入職者数」から算出。
出所：2022年の「労働力調査」および「雇用動向調査」より筆者作成

第2部　政治代表の不平等

相対的に若い世代が多く働いている。25歳から39歳までの割合は全体よりも4
ないし5%ポイントほど高い。

　学歴に関しては，厚生労働省「雇用動向調査」における入職者数のデータを
用いる。「情報通信産業」では，高い学歴をもつ入職者が多い。「大学・大学
院」の割合は，全体で31.2%であるのに対し，情報通信業では65.1%を占めて
いる。これは「学術研究，専門・技術サービス業」の70.8%や「教育，学習支
援業」の65.2%と同程度である。

　以上をまとめると，マスメディアの構成には，女性の割合が低く，若い年代
が多く，高学歴層が多いという特徴がある。ただし，ジェンダーと年齢に関
しては次のような変化も生じている。**図11-1**で示した2001年から2022年まで
の推移をみると，第1に，新聞とNHKで女性記者の割合が10%ポイント以上
増加している。第2に，記者に比べれば割合は低いものの，管理職においても
女性が増加している。第3に，NHKが毎年公開する「業務報告書」によれば，
平均年齢がやや上昇している（2002年40.2歳，2023年42.0歳）。

3-4　ソーシャルメディア利用者の構成

　最後に，ソーシャルメディアの利用者におけるジェンダー，年齢，学歴の特
徴を検討しよう。**表11-3**には，総務省情報通信政策研究所が2023年に実施し
た調査をもとに，各SNSの利用状況に関してジェンダーと年代の特徴を示し
ている。学歴に関しては，Pew Research Centerが2022年に実施した国際比較調
査の結果を利用する（Pew Research Center 2022）。

　表11-3をみると，ジェンダーに関して，全体で9割前後が利用している
LINEとYouTubeでは，男性と女性の間で大きな差はない。大きな差があるの
はInstagramであり，男性よりも女性のほうが約15%ポイント高い。TikTokも
同様に女性のほうが利用者が多い。対照的にFacebookでは，女性よりも男性
の利用者が多い。

　年齢をみてみよう。LINEとYouTubeは60代の利用率が低いものの，年代間
の差は大きくない。Instagramは低年齢層の利用が多く，20代の8割近くが利用
している。ただし，40代や50代でも半数以上がInstagramを利用している。X

192

第11章　利益団体とメディアに対する有権者の評価

表11-3　ソーシャルメディア利用者の年代と性別（2023年）

	LINE	YouTube	Instagram	X	TikTok	Facebook	ニコニコ動画
男性	93.3	89.6	48.8	49.9	29.2	32.8	16.4
女性	96.5	85.9	63.6	48.1	35.9	28.5	10.9
10代	95.0	94.3	72.9	65.7	70.0	10.0	23.6
20代	99.5	97.2	78.8	81.6	52.1	28.1	24.4
30代	97.9	97.1	68.0	61.0	32.0	44.4	17.8
40代	97.8	92.0	57.2	47.3	26.8	39.3	10.5
50代	93.7	85.6	51.7	37.0	25.4	32.6	9.4
60代	86.3	66.3	22.6	19.6	13.0	18.9	5.2
全年代	94.9	87.8	56.1	49.0	32.5	30.7	13.7

註：調査対象者は13歳から69歳までの男女1,500人。全国125地点にてランダムロケーションクォータサンプリングにより抽出。調査方法は訪問留置調査，調査期間は2023年12月2日から8日までである。
出所：総務省情報通信政策研究所「令和5年度情報通信メディアの利用時間と情報行動に関する調査報告書〈概要〉」（令和6年6月）11頁（https://www.soumu.go.jp/iicp/research/results/media_usage-time.html）

も同様の傾向を示している。より低年齢層の利用者が多いのがTikTokである。10代の7割が利用している。ニコニコ動画も低年齢層の利用者が多い。その一方で，30代や40代の利用者が多いのがFacebookである。10代のFacebook利用者は1割にとどまっている。

　学歴を検討しよう。Pew Research Center（2022）では，各国におけるソーシャルメディアの利用率が報告されている。日本の場合は，Facebook，Twitter（当時），Instagram，LINEのいずれかを利用している人の割合が報告されている。その結果（detailed tables "Social media use"）によると，高学歴層の87%がソーシャルメディアを利用しているのに対し，低学歴層の利用率は69%となっている。ソーシャルメディアの利用者には高学歴層が多いことがわかる。

　以上をまとめると，ソーシャルメディア利用者の間では，ジェンダーや年代に応じて利用するSNSが異なっている。また，低学歴層におけるソーシャルメディアの利用率が，高学歴層における利用率よりも低いという特徴もある。

4　有権者による代表性の評価

　以上のような利益団体やメディアの構成を，女性，低年齢層，低学歴層はどのように評価しているのだろうか。ここでは2021年度郵送調査によるデータ

193

第2部　政治代表の不平等

を用いて有権者の評価を記述していく。

4-1　利益団体とメディアの評価

　使用する質問は，2021年度郵送調査の問16と問18である。それぞれ下記の項目について「そう思う」から「そう思わない」までの5件法で意見を答えてもらった。

　利益団体に関する項目は次の4つである。「団体が政治にはたらきかけることで，多様な意見が政治的決定に反映される」「団体が政治にはたらきかけることで，政治的決定に偏りが生じている」「日本の政治は大企業や大組合などの利益に奉仕している」「日本の政治は女性，障害者，外国人などに十分に配慮している」。企業，組合，女性，障害者，外国人に関する項目は，具体的な利害に関するものとして取り上げる。

　メディアに関する項目は次の4つである。「マスメディアは多様な意見を政治に伝えている」「マスメディアの政治報道には偏りがみられる」「ソーシャルメディアは政治的意見を表明する重要な手段である」「ソーシャルメディア上の政治的意見は一部の人々に偏ったものだ」。

　図11-2に示した度数分布からは，利益団体に対して肯定的な評価と否定的な評価が混在していることが読み取れる。一方では，4割ほどの回答者が団体が政治に働きかけることで多様な意見が反映されると答えている。他方では，団体の働きかけによって政治的決定に偏りが生じるという回答も約4割を占めている。具体的な利害に関しては，およそ6割が，政治は大企業や大組合などの利益に奉仕していると答え，女性，障害者，外国人などへの配慮が十分でないと答えている。

　マスメディアに関しては否定的な評価が多い。「多様な意見を政治に伝えている」という評価が3割に満たないのに対し，「政治報道には偏りがみられる」という回答が6割を超えている。ソーシャルメディアに関しては，肯定的な評価と否定的な評価が混在している。「政治的意見を表明する重要な手段である」が5割を超える一方で，「政治的意見は一部の人々に偏ったものだ」という回答も5割近くを占めている。

第11章　利益団体とメディアに対する有権者の評価

図11-2　代表性に対する有権者の評価

(a) 利益団体の評価

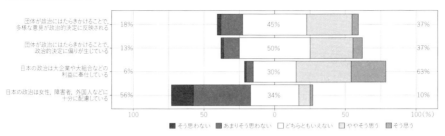

(b) メディアの評価

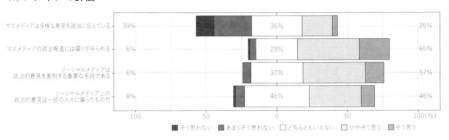

出所：2021年度郵送調査より筆者作成

4-2　推定方法

　ジェンダー，年齢，学歴といった属性別にみると，利益団体やメディアはどのように評価されているだろうか。ここでは大まかな傾向を把握するため，最小二乗法（OLS）による重回帰分析を行う。目的変数は図11-2に示した8つの変数である。いずれも量的変数とみなして，「そう思う」に1，「どちらともいえない」に0.5，「そう思わない」に0を充てた。値が大きいほど肯定的評価となるように，反転項目では，「そう思わない」に1，「どちらともいえない」に0.5，「そう思う」に0を充てた。

　説明変数は，ジェンダー，年齢，学歴である。ジェンダーは，女性を1とするダミー変数である。男性に比べて女性がどのように評価しているのかを検討する。年齢は，10代から70代までの年代を示すカテゴリーとしている。ベー

195

第2部　政治代表の不平等

図11-3　利益団体とメディアに対する評価と有権者の属性

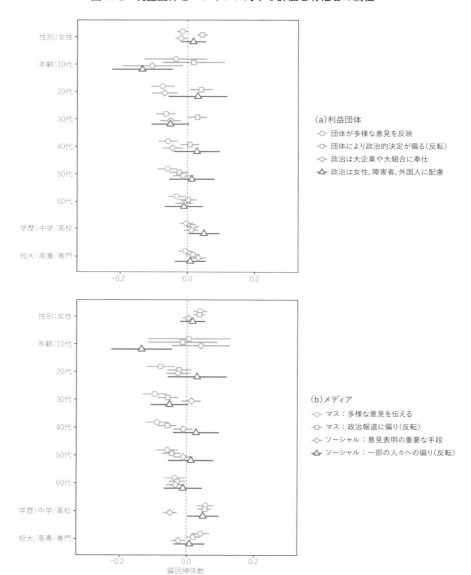

出所：2021年度郵送調査より筆者作成

スラインを「70代」として、低年齢層による評価を検討する。カテゴリーとした理由は、**表11-3**で示したようにメディアの利用状況には年代ごとに特徴があると考えられるためである。学歴は「中学／高校」「短大／高専／専門」「大学／大学院」という3つのカテゴリーにまとめている。ベースラインを「大学／大学院」として、低学歴層による評価を検討する。

このほかに、統制変数として収入と地域を投入する。収入は「0～200万円」から「1000万円以上」までのカテゴリーを作成している。ベースラインを「1000万円以上」として、低収入層による評価を検討する。地域は「東京圏」「大阪圏」「名古屋圏」「地方圏」という4つのカテゴリーを作成している。「東京圏」をベースラインとして、その他の地域に居住する人々の評価を検討する。

図11-3はOLS（ロバスト標準誤差）による推定結果を示している。○□◇△の記号は点推定値を表し、水平方向の横棒は95％信頼区間を示している。係数の符号は評価の向き、数値は影響の大きさを示す。例えば「性別：女性」の係数が-0.1の場合、男性に比べて女性は10％ポイントだけ否定的な評価をしやすいことを示す。目的変数の記述統計、および、説明変数と統制変数の度数分布はオンライン付録OA11-3とOA11-4を参照されたい。

4-3 推定結果

まず、(a) 利益団体である。ジェンダーをみると、男性に比べて女性は、団体が政治に働きかけることで政治的決定に偏りが生じることはないと答えやすい。年齢の影響をみると、70代に比べて20～40代では、団体によって多様な意見が反映されることはないと答えやすく、政治が大企業や大組合に奉仕しているとも考えていない。10代では政治が女性、障害者、外国人に配慮していないと感じている。学歴の影響をみると、「大学／大学院」に比べて「中学／高校」では、政治が女性、障害者、外国人に配慮していると答えやすい。その一方で「短大／高専／専門」では、政治が大企業や大組合に奉仕していると答えやすくなっている。

次に、(b) メディアである。ジェンダーをみると、男性に比べて女性は、マ

スメディアの報道により多様な意見が政治に伝えられやすく，また，政治報道に偏りはないと答えやすい。年齢をみると，70代に比べて30～50代では，マスメディアによる報道は多様な意見を反映しておらず，政治報道に偏りがあると答えやすい。その傾向は，特に30代と40代で強い。ソーシャルメディアに関しては，70代に比べて10代で一部の人々への偏りがあると評価されている。学歴に関しては，「大学／大学院」に比べて「中学／高校」において，マスメディアによる報道に多様な意見が政治に伝えられやすく，政治報道に偏りはないと答えやすくなっている。その一方で，ソーシャルメディアに関しては，「大学／大学院」に比べて「中学／高校」では，意見表明の重要な手段ではないと考えられている。

5　おわりに

　本章では利益団体とメディアに焦点を当て，利益団体やメディアの構成は有権者の属性をどのくらい反映しているのか，また，有権者は利益団体やメディアの代表性をどのように評価しているのか，という2つの問いを探求してきた。得られた知見は以下のとおりである。

　まず，利益団体とメディアの構成には次のような特徴があった。企業経営者は，男性，高齢者，大卒が多いという特徴をもち，その傾向は大企業において顕著である。労働組合員では，労働者全体に比べて女性がやや少なく，中間的な年齢層が多く，学歴がやや高いという特徴がある。マスメディアの構成には，女性の比率が低く，若い世代が多く，高学歴層が多いという特徴がある。ただし，企業経営者，労働組合，マスメディアの構成のいずれにおいても，近年，女性の割合が上昇している。ソーシャルメディア利用者の間では，ジェンダーや年代に応じて利用するSNSが異なること，低学歴層の利用が高学歴層に比べて少ないこと，といった特徴がある。

　次に，有権者による利益団体やメディアの評価には，次のような特徴があった。利益団体に対する評価として，男性に比べて女性は，団体が政治に働きかけることで政治的決定に偏りが生じることはないと考えている。低年齢層では，団体による政治への働きかけによって，多様な意見の反映につながることは

ないと考える一方で，政治が大企業や大組合に奉仕してもいないと考えている。低学歴層では，政治が女性，障害者，外国人に配慮していると考えやすい。

　メディアに対する評価は次のようなものであった。男性に比べて女性は，マスメディアの報道により多様な意見が政治に伝えられやすく，政治報道に偏りはないと考えている。低年齢層では，マスメディアによる報道は多様な意見を反映しておらず，政治報道に偏りがあると考えている。ソーシャルメディアに関しては，10代で一部の人々への偏りがあると評価されている。低学歴層では，マスメディアによる報道により多様な意見が政治に伝えられ，政治報道に偏りはないと考えている。その一方で，ソーシャルメディアに関しては，低学歴層において，意見表明の重要な手段であるとは考えられていない。

　以上の知見から得られる含意は次のとおりである。利益団体やマスメディアにおいては，近年，女性の割合が上昇しているものの，一般の有権者の分布との間には依然として乖離がある。しかしながら，女性は利益団体とマスメディアを肯定的に評価し，低学歴層はマスメディアを肯定的に評価している。言い換えれば，女性と低学歴層は，利益団体やマスメディアが社会と政治を媒介する機能を肯定的に評価しているといえる。

　その一方で低年齢層では，利益団体の働きかけやマスメディアの報道によって多様な意見が政治に反映されることはないと考えている。新しく登場してきたソーシャルメディアに関しても，低年齢層は一部の人々への偏りがあると評価している。言い換えれば，低年齢層の視点からみると，利益団体やマスメディアの機能が果たされず，ソーシャルメディアも機能しているとは言い難い。どのようにして低年齢層を政治につないでいくのか，さらなる検討が求められよう。

第2部　政治代表の不平等

註

1　経団連（日本経済団体連合会）など，主要団体の指導者に占める女性比率に関しては，前田（2019: 122）が整理している。もちろん，利益団体やメディアの構成が組織のパフォーマンスをそのまま規定するとは限らない。例えば経済学においては，女性の経営者や幹部が企業のパフォーマンスに与える影響の研究が進んでいる。日本企業に関する研究例としてKubo and Nguyen（2021）を参照。

2　各種報告書で示された数値には，小数点以下第1位のものと第2位のものがある。それらのうち小数点以下第2位の数値は，四捨五入により小数点以下第1位に統一して使用する。

3　企業経営者の学歴に関しては，時系列で比較できるデータを入手できていない。

4　年齢と学歴については経団連ウェブサイト上では公表されていない。試みにWikipedia等の公表資料を参照してみると，経団連の会長・副会長は全員60代以上で大卒以上である。オンライン付録OA11-1を参照。

5　後藤（2008）で引用されている。

6　学歴に関しては企業経営者と同様に，時系列で比較可能なデータが入手できていない。

7　その背景には，組合運営におけるジェンダー平等推進の取り組みがある。石川（2024）を参照。

8　年齢と学歴については連合ウェブサイト上では公表されていない。試みにWikipedia等で公表されている資料を参照してみると，年齢では50代から60代が多い。学歴では大卒が多いものの，高卒者も幹部に就任している。オンライン付録OA11-2を参照。

9　図表には示していないが，他の業種の年齢構成で「情報通信産業」と同じような特徴をもつのは「職業紹介・労働者派遣業」だけである。

第**12**章

有権者からみた政策応答性の不平等

◆◆◆

山本 英弘・苗 詩媛

1 はじめに

　本章は，政策による応答性の不平等を取り上げる。政策は一連の政治過程の帰結であり，政策が実際に執行されることで社会や経済の様々な側面に影響を及ぼしうる。そのため，仮に貧困層やマイノリティなど社会的弱者への政策応答性が低いならば，現状の社会・経済的不平等をさらに拡大してしまうおそれがある。

　民主政治における決定に民意が反映されるという場合，人々の意思と実際の政策がどれくらい合致しているのかは重要な視点である。もちろん，様々な利害対立がある現実社会の中ですべての人々の利益が等しく政策に反映されることなどありえない。しかし，常に特定の人々の利益ばかりが反映されるのだとしたら，それは平等を原則とする民主政治にとって問題だといえるだろう。

　しかしながら，これまでの研究が示すように，実際の政策応答性は平等とは言い難い。古くはミルズが，アメリカの連邦政治における政治，経済，軍事エリートによる支配構造を指摘した（Mills 1956=1958）。このような全面的なエリート支配という主張は必ずしも支持されてきたわけではない。しかし，多元的な価値の競争においても，実際には経済団体などの特殊利益団体が大きな影響力を行使し，政策形成にバイアスがあることは幾度となく指摘されてきた[1]（Schattschneider 1960; McConnell 1966; Stigler 1971; Lindblom 1977; Lowi 1979=1981; Schlozman and Tierney 1986; Schlozman et al. 2012 など）。

一方で，個々の市民の意見に政治がどの程度応答的であるのかという観点からも研究が進められてきた。この中で，近年，最も影響力が大きいのがギレンスによる一連の研究である（Gilens 2005, 2009, 2012; Gilens and Page 2014）。彼はアメリカの20年間にわたる世論調査データから市民の政策選好を把握し，実際に決定された政策と照合することで政策応答性の程度を分析した[2]。これにより，エリート層や利益団体ばかりでなく，一般の有権者に対する応答の程度を捉えることができるようになった。

ギレンスによる一連の分析結果は，高収入層に対してより政策が応答的であることを示すものだった[3]。ここから Gilens and Page（2014）は，アメリカ政治が，ミルズに代表される経済エリート支配理論，あるいは企業やビジネス団体，専門家団体に有利なバイアスのある多元主義（biased pluralism）があてはまることを主張する。また，この方法に触発され，アメリカの州やヨーロッパ諸国を対象とした研究においても，政策が高収入層により応答的であり，経済的資源に基づく政治的不平等が確認されている[4]（Rigby and Wright 2011; Flavin 2012; Schakel 2021; Mathisen 2023; Persson 2023; Mathisen et al. 2024）。

もっとも，こうした応答性の不平等がみられるのは収入だけではないだろう。本書の第3章などでも取り上げたように，政治におけるジェンダー・ギャップは解消すべき問題として認識されている。女性のほうが政治参加に活発ではないことや女性議員が少ないため十分に代表されていないことはこれまでも論じられてきたが（前田 2019; 三浦 2023），実際の政策としての応答性が低いのかどうかは検証すべき課題である。

また，日本では若年層の投票率が低いために年齢による参加格差がみられる。そのため，高齢層の利益のほうが政治過程に表出されやすいという議論がみられる（八代 2016; 島澤 2017）。もしそうだとしたら，高齢層の政策選好と実際の政策との整合性が高いと考えられるが，十分な検証を経たわけではない。

教育に関しても，ディプロマ・デモクラシーと呼ばれるように（Bovens and Wille 2017），高学歴者ほど政治参加が多く，政策形成プロセスを独占していることから，低学歴者の利益が十分に代表されていないおそれがある。

社会経済的地位による格差に加え，政治参加についても検討する。参加の不平等は規範的な観点ばかりでなく，参加による利益表出が実際に政策という帰

結にまで至り，人々の社会生活上の格差へと結びつくと想定されるために問題とされてきた（Verba et al. 1995）。しかし，このようなメカニズムが実際に機能しているのかどうかは，管見の限り，あまり検証が行われていない。参加と応答性の関連を確認しておく必要がある。

　以上の諸点に注目しながら，本章では，日本において政策応答性の不平等がどの程度みられるのかを確認していく。Gilens（2005, 2009, 2012）のアプローチを参考に，具体的な政策に対する事前の支持と実際の政策実現を照合することで，社会経済的地位によって政策応答性にどのような相違があるのかを検討する。加えて，すでに実施された政策の事後的な評価の相違も検討する。これは現状の政策に対する応答性の主観的な評価だと考えることができる。つまり，自らが望む方向に政治が動いているという認識であり，これが社会経済的地位によって異なるのかどうかを確認することで，政策応答性の不平等を別な視点から捉えたい。

2　データと方法

　Gilens（2005, 2009, 2012）は政策応答性の不平等を把握するために，1981〜2002年のアメリカの全国調査から1,779の政策事例に対する一般市民の選好（賛成／反対）のデータを収入とともに収集した。このデータをもとに，政策ごとに収入とその二乗項を独立変数としたロジスティック回帰分析を行い，収入パーセンタイルごとの推定値を算出し，これらを政策選好の値とみなした。一方で，各政策については，調査時点から4年以内に当該政策が実現したことをもって応答ありとみなした。そのうえで，政策応答を従属変数とし，収入パーセンタイルごとの政策選好を独立変数とした回帰分析により両者の関連を検討した（詳細は，Gilens 2012: Chapter 2）。

　もっとも，日本では収入をはじめ社会経済的地位ごとの政策選好の値を二次利用できる世論調査データが多くはない。そのため，以上のギレンスなどの方法のように，多数の政策に対する選好を推定したうえで，政策応答性との関連を計量的に探究することは難しい。

　そこで本章では，単一の調査による少数の政策しか扱うことができないもの

第2部　政治代表の不平等

の，これらの政策選好を推計し，個別の政策の実現状況と照合することで政治的応答性を検討していくこととする。2021年度ウェブ調査（意識モジュール）では，具体的な16の政策に対する支持の程度についての質問を設けた。これらの政策には比較的長期にわたり争点となってきたものと，調査直前の時点の菅義偉政権で主に取り上げられていたものが含まれる。これらの政策それぞれを従属変数とし，収入をはじめとする社会経済的地位を独立変数として政策選好を推定した。そして，推定結果と個々の政策が実現／非実現とを照合し，支持する政策が実現していたら応答があったとみなすこととした。16の政策のうち，分析時点（2024年2月）を基準とすると，実現が決定したものは7つ，実現していないものは9つであった。[8]

3　政策応答性

3-1　政策選好の分布

　まずは各政策に対する選好がどのような分布なのか確認しておこう。調査では各政策の支持について5件尺度（支持する，やや支持する，どちらともいえない，あまり支持しない，支持しない）に「わからない」を含めて質問した。「わからない」については，どちらともいえないと統合して中立回答として扱った。

　図12-1は，実現した政策と非実現の政策に分けて，それぞれの支持の分布を示している。実現したものの中では教育の無償化が70%近くと高い支持（賛成＋どちらかといえば賛成）を得ている。性的マイノリティへの理解促進，賃上げに積極的な企業への税制支援，入管法の改正（在留資格のない外国人の国外退去の徹底），新型コロナウイルスのための現金給付は50%前後の支持がみられる。敵基地先制攻撃能力の保有，子ども庁（省）の創設は40%未満とやや支持が少ない。[9]一方で，不支持（反対＋どちらかといえば反対）はあまり高い割合を占めていないが，新型コロナウイルスのための現金給付，敵基地先制攻撃能力の保有が20%程度とやや多い。

　非実現政策をみていこう。選挙でのインターネット投票が70%と支持が多い。憲法への自衛隊の明記，緊急事態条項の明記，選択的夫婦別姓の導入，消費税の時限付き減税，政府による私権の制限（ロックダウン）のための法制化

204

第12章　有権者からみた政策応答性の不平等

図12-1　個々の政策に対する評価

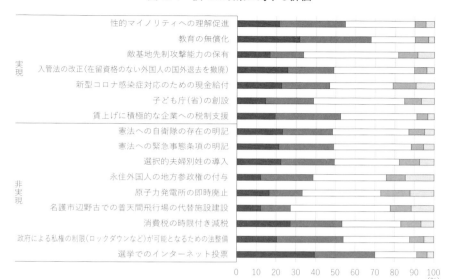

出所：2021年度ウェブ調査（意識モジュール）より筆者作成

が50%前後の支持を得ている。やや不支持が多いのが，永住外国人の地方参政権，原子力発電所の即時廃止，名護市辺野古での普天間飛行場の代替施設建設であり，40%未満である。これらに応じて不支持も多く，20%以上みられる。

これらから，ここで取り上げた政策については，実現したかどうかにかかわらず，全般的に政策に対する支持が不支持よりも多い。しかし，合意争点とまでいえるほど支持が圧倒的に多いものはない。

3-2　社会経済的地位と政策応答性

それでは，社会経済的地位によって政策選好，さらには政策応答性がどのように異なるのかを検討しよう。前節にみた各政策の5件尺度による回答を従属変数とした順序ロジット分析を行う。独立変数には，年齢，性別，年収，学歴，職業，婚姻，18歳未満の子どもの有無，居住都市人口，政党支持，投票参加，

205

第2部　政治代表の不平等

投票以外の参加を投入した。

　このうち，本章で注目するのは，収入，性別，年齢，教育（学歴），投票参加である。これらの変数については下記のように操作化して分析に用いた[10]。

収入：調査において世帯年収をカテゴリーで質問していたものを比率によっておおむね5分位（20%刻み）となるように分類した。その際，「わからない・答えたくない」という回答は分析から除外した。その結果，300万円未満，300～400万円，400～600万円，600～900万円，900万円以上の5カテゴリーとした。分析に際しては，900万円以上の最高額を基準カテゴリーとした。

性別：男性／女性の2カテゴリーとした。

年齢：18～29歳（20代以下），30～39歳（30代），40～49歳（40代），50～59歳（50代），60～69歳（60代），70～79歳（70代）の6カテゴリーとした。分析に際しては，70代を基準カテゴリーとした。

教育（学歴）：中学・高校卒／短大・高専卒／大学・大学院卒／評判の高い大学・大学院卒の4カテゴリー。評判の高い大学とは，一般に入学難易度が高い大学を卒業したかどうかを調査において具体名を挙げて尋ねた（取り上げた大学名については第2章註3を参照）。なお，大学院卒であっても卒業大学に準じて分類している。

投票参加：ふだんからの投票参加を尋ねた質問のうち，「毎回している」「ほとんどしている」を1，「ときどきしている」「あまりしていない」「ほとんどしていない」「したことがない」を0とする2カテゴリーとした。

　16の政策について1つひとつの結果を示すのは煩雑であるため，ここでは応答性の差に注目すべき5つの変数について，カテゴリーごとの政策に対する支持の推定比率（「支持」と「やや支持」の推定比率の合計）を示す[11,12]。なお，推定に際して，注目する変数以外は平均値を投入している。

　各表では，それぞれの変数について順序ロジット分析において5%水準で統計的に有意な差がみられた政策のみを取り上げている。基準カテゴリーと比べて統計的な有意差がみられるカテゴリーは推定値を網掛けしている。

第12章　有権者からみた政策応答性の不平等

表12-1　収入ごとの政策支持の推定比率（%）

		300万円未満	300-400万円	400-600万円	600-900万円	900万円以上
実現	入管法の改正	52.3	54.2	49.7	51.7	59.9
	新型コロナ感染症対応のための現金給付	54.5	48.6	48.7	41.2	43.5
非実現	憲法への自衛隊の明記	53.4	55.5	46.5	56.7	60.2
	憲法への緊急事態条項の明記	50.8	55.0	51.5	52.3	60.1
	米軍基地代替施設建設	27.7	27.7	28.2	27.7	37.9
	消費税の時限付き減税	56.1	54.0	59.6	50.9	51.0
	ロックダウンのための法整備	51.2	56.4	54.5	56.2	64.6

註：順序ロジット分析に基づく各カテゴリーの推定比率。網掛けは900万円以上を基準カテゴリーとした場合に，5%水準で統計的に有意であることを表す。
出所：2021年度ウェブ調査（意識モジュール）より筆者作成

表12-1は収入のカテゴリーごとの政策選好の推定比率である。収入カテゴリー間に統計的有意差がみられたものは16政策のうち7つと半数程度しかみられず，それも決定的に大きな差は確認できない。収入層による政策選好の差がないというのは先行研究でも取り上げられていた批判の1つであるが（Enns 2015; Elkjær and Klitgaard 2021），ここでの分析にもあてはまるかもしれない。

実現した政策のうち，入管法改正では900万円以上の層の支持率が高く，これと比べて400〜600万円，600〜900万円層の支持が低い。しかし，新型コロナウイルスに伴う現金給付については300万未満が最も支持率が高い。

非実現の政策の中では，憲法への自衛隊の明記，同じく緊急事態条項の明記，米軍基地の移設，ロックダウンのための法整備では，900万円以上の最高収入層の支持が高い。つまり，憲法や安全保障において高収入層の支持する政策が実現していない。しかし，いずれも実現が困難な政策であることを考えると政治的エリートが応答していないと判断するには留保が必要である。この他では，消費税の時限的増税については，400〜600万円層で支持が高い。

表12-2は，性別ごとの推定比率である。収入と同様に，有意差がみられた政策は9つと半数程度である。実現した政策では，性的マイノリティへの理解促進，教育の無償化で女性，敵基地先制攻撃で男性の支持が高い。非実現の政策では，憲法への自衛隊の明記，緊急事態条項の明記，米軍基地移設では男性，選択的夫婦別姓，永住外国人への地方参政権付与，原子力発電所の即時廃止では女性のほうが支持している。このように性別による政策選好の相違がみられ，

207

第2部　政治代表の不平等

表12-2　性別ごとの政策支持の推定比率（%）

		男性	女性
実現	性的マイノリティへの理解促進	47.4	69.2
	教育の無償化	66.6	75.6
	敵基地先制攻撃能力の保有	44.0	27.8
非実現	憲法への自衛隊の明記	59.2	46.2
	憲法への緊急事態条項の明記	57.5	47.5
	選択的夫婦別姓の導入	43.3	60.6
	永住外国人の地方参政権の付与	33.3	48.7
	原子力発電所の即時廃止	23.0	41.2
	米軍基地代替施設建設	32.8	24.9

註：順序ロジット分析に基づく各カテゴリーの推定比率。網掛けは女性を基準カテゴリーとした場合に，5%水準で統計的に有意であることを表す。
出所：2021年度ウェブ調査（意識モジュール）より筆者作成

男性は外交・安全保障，女性は人権や教育政策を支持する傾向にあるが，政策の実現に差を見出すことはできない。

　表12-3は，年齢層ごとによる推定比率である。統計的に有意差がみられる政策は11と比較的多い。実現した政策の中では，性的マイノリティへの理解促進，新型コロナウイルスに伴う現金給付，賃上げに積極的な企業への税制支援において，70代と比べて若年層のほうが支持している。教育無償化および子ども庁（省）の創設については40～50代の支持が低く，入管法改正では30～50代の支持が高い。

　非実現の政策では，原発の即時廃止は年齢が上がるほど支持率が高く，とりわけ70代で高い。消費税の時限付き減税では30～50代で支持が高く，インターネット投票では70代の支持が低い。憲法への緊急事態条項の明記は20代で支持率が低く，外国人参政権では40代の支持が低く，60代が高い。

　このように，年齢による政策支持の相違がみられるものの，高齢層に応答的だといえる政策の実現（非実現）はわずかであり，むしろ若年層が支持する政策が実現している。少なくとも，高齢者の優位性はここではみてとることができない。

　表12-4は，学歴による推定比率である。有意差がみられる政策は6つとそれほど多くはない。実現した政策では，性的マイノリティへの理解促進では大学卒と評判の高い大学卒で支持が高く，敵基地先制攻撃は中学・高校卒で支持が

208

第12章　有権者からみた政策応答性の不平等

表12-3　年齢層ごとの政策支持の推定比率（%）

		20代以下	30代	40代	50代	60代	70代以上
実現	性的マイノリティへの理解促進	64.2	61.8	57.8	53.5	53.6	47.1
	教育の無償化	76.1	74.5	64.5	64.4	70.3	73.7
	入管法の改正	46.8	58.5	59.6	57.2	45.5	47.1
	新型コロナ感染症対応のための現金給付	58.7	51.0	50.3	41.3	42.1	41.0
	子ども庁（省）の創設	44.7	42.1	36.3	29.4	40.2	44.7
	賃上げに積極的な企業への税制支援	55.7	64.2	57.4	51.2	51.2	49.5
非実現	憲法への緊急事態条項の明記	44.7	54.7	54.3	54.6	54.1	57.7
	永住外国人の地方参政権の付与	43.4	38.7	32.7	35.1	50.8	39.2
	原子力発電所の即時廃止	23.4	22.6	25.7	33.0	33.4	43.7
	消費税の時限付き減税	49.8	60.5	64.8	56.2	44.8	44.7
	インターネット投票の導入	71.1	77.0	74.5	72.2	70.4	64.0

註：順序ロジット分析に基づく各カテゴリーの推定比率。網掛けは70代以上を基準カテゴリーとした場合に，5％水準で統計的に有意であることを表す。
出所：2021年度ウェブ調査（意識モジュール）より筆者作成

表12-4　学歴による政策支持の推定比率（%）

		中学・高校卒	短大・高専卒	大学卒	評判の高い大学卒
実現	性的マイノリティへの理解促進	51.0	49.2	62.2	61.2
	敵基地先制攻撃能力の保有	40.9	36.4	35.9	32.2
非実現	選択的夫婦別姓の導入	44.3	41.0	55.4	58.1
	永住外国人の地方参政権の付与	34.9	38.5	42.6	43.0
	原子力発電所の即時廃止	27.8	30.6	33.0	27.1
	ロックダウンのための法整備	59.6	61.9	54.5	49.1

註：順序ロジット分析に基づく各カテゴリーの推定比率。網掛けは評判の高い大学卒を基準カテゴリーとした場合に，5％水準で統計的に有意であることを表す。
出所：2021年度ウェブ調査（意識モジュール）より筆者作成

高い。非実現の政策では，大学卒・評判の高い大学卒で選択的夫婦別姓，永住外国人への参政権の支持が高く，ロックダウンのための法整備の支持が低い。原子力発電の即時廃止は大学卒で支持が高い。学歴による政策選好の相違がみられ，高学歴層がジェンダーや外国人など多様性に関する政策を支持するものの，政策応答的だとはいえない。

　表12-5は，投票参加による推定比率である。これも有意差がみられるのは7つと多くはない。つまり，頻繁に投票に行く人とそうでない人で政策選好に

第2部　政治代表の不平等

表12-5　投票参加による政策支持の推定比率（%）

		投票・多い	投票・少ない
実現	性的マイノリティへの理解促進	59.3	49.1
	教育の無償化	71.8	66.5
	入管法改正	55.0	48.8
	子ども庁（省）の創設	41.6	33.0
非実現	憲法への自衛隊の明記	56.7	47.7
	憲法への緊急事態条項の明記	55.5	48.8
	選択的夫婦別姓の導入	52.2	45.2

註：順序ロジット分析に基づく各カテゴリーの推定比率。網掛けは投票・少ないを基準カテゴリーとした場合に，5％水準で統計的に有意であることを表す。
出所：2021年度ウェブ調査（意識モジュール）より筆者作成

それほど違いがないようである。実現した政策では，毎回あるいはほとんど投票に行っている人々のほうが，性的マイノリティへの理解促進，教育の無償化，入管法改正，子ども庁（省）の創設に対する支持が高い。このように，実現した政策においては頻繁に投票参加している人々に対して応答的だといえる。もっとも，憲法への自衛隊明記，緊急事態条項明記，選択的夫婦別姓において投票参加が相対的に多い人々の支持が高いものの，実現していない。

　以上の結果から，収入，性別，年齢，教育，投票参加のいずれにおいても，政策選好の相違が確認できる。しかし，政治的に優位にあると考えられてきた高収入，男性，高齢層，高学歴，投票参加者が支持する政策ほど実現しやすいという結果は得られず，政策応答性の不平等を確認することはできなかった。

　もちろん，ここで取り上げた政策は一部であり，政策全体からみれば偏りがあるかもしれない。しかし，ここまでの分析に基づくならば，日本において政策選好の反映の程度としての政策応答性には，個々人の社会経済的地位による一貫した格差はみられないと判断できる。

4　政策の事後評価

4-1　政策支持の分布

　事前の政策選好に対する応答性という観点からは格差がみられなかったが，

第12章　有権者からみた政策応答性の不平等

すでに実施された政策の評価についてはどうだろうか。事後の評価は，有権者の側の政策選好が後から変化した可能性もあるため，必ずしも政策選好に対する応答を表しているわけではない。しかし，現状の政策に対する評価が高いということは，主観的には応答が得られているとみなすことができるだろう。

そこで，ここでは調査を行った2021年12月時点で実施されていた17の主な政策についての評価を取り上げ，社会経済的地位による差異を検討していく。**図12-2**は，各政策に対する評価の分布を示している。各政策に対する評価は5件尺度で質問している。肯定的な回答が最も多いのは携帯電話料金の引き下げであり，支持とやや支持を合わせて70％にのぼる。この他，不妊治療の保険適用拡大，最低賃金の引き上げ（菅政権下）などが高い比率を示している。その他はおおむね20〜40％程度の支持が得られている。これに対して，消費税10％の導入，安倍政権の経済政策（アベノミクス）は50％近くが支持しない，またはあまり支持しないという回答である。全般的には，おおむねどの政策も支持と不支持が分かれている。

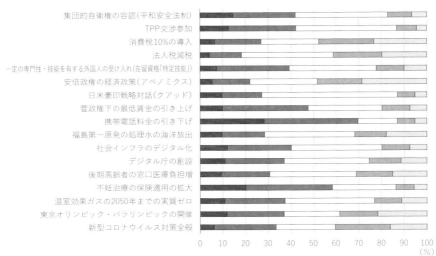

図12-2　個々の政策に対する評価（実施されたものの事後評価）

出所：2021年度ウェブ調査（意識モジュール）より筆者作成

211

第2部　政治代表の不平等

4-2　社会経済的地位と政策支持

　続いて，社会経済的地位と政治参加による政策支持の相違をみていこう。前節の分析と同じく，各政策の5件尺度による回答を従属変数とし，社会経済的地位を表す諸変数を独立変数とした順序ロジット分析を行う。

　独立変数は先の分析に投入したものに加えて，現在の自分の暮らし向きの満足度を投入している。個々の政策の内容にかかわりなく，暮らし向きがよいと感じている人々は現状の政策全般を支持しやすいと考えられる。そして，暮らし向きの満足度は社会経済的地位との関連が強い。そのため，収入など社会経済的地位による政策支持の差がみられたとしても，暮らし向きの満足度が現状の政治に対する肯定感につながっているためであり，政策応答性の格差とはいえないかもしれない[13]。

　表12-6～表12-10は，各政策の分析結果のうち，収入，性別，年齢，教育，投票参加について，それぞれ順序ロジット分析において5%水準で統計的に有意な効果がみられたものをまとめたものである[14]。すでに実現した政策なので，評価が高いほど応答性が高いとみなすことができる。基準カテゴリーと比べて統計的な有意差がみられるカテゴリーは推定値を網掛けで表記しているが，結果の解釈は必ずしも統計的有意性に基づいていない。

　表12-6は，収入カテゴリーごとの推定比率である。統計的有意差がみられたのは17のうち8つの政策であり，収入層による政策支持の相違があるとは限らない。ここに掲載されている政策においては，900万円以上の層が他の収入層よりも支持する傾向がみてとれる。集団的自衛権の容認，日米豪印戦略対話（クアッド），TPP（環太平洋パートナーシップ協定）交渉参加などの外交や安全保障政策に対しても高収入層が支持している。以上から，高収入層ほど現状の政策について応答を得ているということができる。

　なお，最高収入層である900万円以上層と比べると，400～600万円層という中間的な収入層の支持が特に低く，どの政策においても統計的に有意差がみられる。収入は高くなるほど支持が増える線形的関係ではなく，むしろ中間層で現状の政策の支持が低く，主観的な応答性が低いといえる。

　表12-7は，性別ごとの推定比率である。支持に有意差がみられるのは6つの

212

第12章　有権者からみた政策応答性の不平等

表12-6　収入層ごとの政策支持の推定比率（%）

	300万円未満	300-400万円	400-600万円	600-900万円	900万円以上
集団的自衛権の容認	44.7	44.4	43.1	44.7	52.7
TPP交渉参加	43.3	45.6	36.4	48.5	53.1
外国人労働者受け入れ（特定技能）	37.6	44.1	39.4	43.3	47.8
日米豪印戦略対話（クアッド）	28.2	29.9	26.7	28.4	35.5
最低賃金の引き上げ	45.5	54.4	42.1	46.6	54.1
社会インフラのデジタル化	43.3	45.1	40.0	42.3	50.8
温室効果ガスの実質ゼロ	35.5	36.0	38.3	33.4	42.7
新型コロナウイルス対策全般	33.2	34.1	30.6	37.2	39.0

註：順序ロジット分析に基づく各カテゴリーの推定比率。網掛けは900万円以上を基準カテゴリーとした場合に、5%水準で統計的に有意であることを表す。
出所：2021年度ウェブ調査（意識モジュール）より筆者作成

表12-7　性別による政策支持の推定比率（%）

	男性	女性
集団的自衛権の容認	51.5	37.2
TPP交渉参加	52.6	33.7
日米豪印戦略対話（クアッド）	34.9	22.1
福島第一原発の処理水の海洋放出	36.9	23.7
社会インフラのデジタル化	47.4	38.7
温室効果ガスの2050年までの実質ゼロ	33.4	42.8

註：順序ロジット分析に基づく各カテゴリーの推定比率。網掛けは女性を基準カテゴリーとした場合に、5%水準で統計的に有意であることを表す。
出所：2021年度ウェブ調査（意識モジュール）より筆者作成

政策であり、あまり多くはない。集団的自衛権、TPP交渉参加、日米豪印戦略対話、原発処理水の海洋放出、社会インフラのデジタル化において、男性のほうが支持している。一方で、女性のほうが支持しているのは温室効果ガスの実質ゼロだけである。このように、安全保障、外交、憲法については男性が支持的であり、現状の政策にはより応答が得られている。

表12-8は、年齢層ごとの推定比率である。10の政策において年齢層に有意差がみられ、相対的に多い。TPP交渉参加、消費税10%の導入、日米豪印戦略対話、温室効果ガス実質ゼロでは60代、70代以上の高齢層の支持が高い。その一方で、社会インフラのデジタル化では20代以下、後期高齢者の窓口負担増、不妊治療の保険適用の拡大では20代以下、30代の若年層の支持が高い。この

213

第 2 部　政治代表の不平等

表12-8　年齢層ごとの政策支持の推定比率（%）

	20代以下	30代	40代	50代	60代	70代以上
TPP交渉参加	37.5	35.0	46.2	43.4	54.5	53.7
消費税10%の導入	21.8	21.4	23.8	25.6	36.7	37.8
外国人労働者受け入れ（特定技能）	44.6	35.6	41.2	34.5	51.0	47.8
アベノミクス	29.6	27.6	24.4	19.2	15.6	12.1
日米豪印戦略対話（クアッド）	20.9	25.4	30.3	29.0	35.2	37.0
社会インフラのデジタル化	53.3	46.1	42.3	38.9	42.8	41.7
後期高齢者の窓口医療負担増	40.3	42.0	38.4	32.0	22.1	16.1
不妊治療の保険適用の拡大	68.3	70.2	59.2	57.1	58.5	55.4
温室効果ガスの実質ゼロ	34.4	31.0	32.8	34.1	39.4	54.1
東京オリンピック・パラリンピック	42.2	35.1	38.6	36.5	42.8	33.9

註：順序ロジット分析に基づく各カテゴリーの推定比率。網掛けは70代以上を基準カテゴリーとした場合に，5%水準で統計的に有意であることを表す。
出所：2021年度ウェブ調査（意識モジュール）より筆者作成

表12-9　学歴による政策支持の推定比率（%）

	中学・高校卒	短大・高専卒	大学卒	評判の高い大学卒
消費税10%の導入	25.3	28.1	26.1	32.2
日米豪印戦略対話（クアッド）	29.9	25.8	27.0	34.6
福島第一原発の処理水の海洋放出	33.7	29.7	27.3	34.2
社会インフラのデジタル化	41.8	42.4	42.8	51.2
後期高齢者の窓口医療負担増	28.7	33.2	31.1	37.3
温室効果ガスの実質ゼロ	32.0	35.7	40.8	42.3

註：順序ロジット分析に基づく各カテゴリーの推定比率。網掛けは評判の高い大学卒を基準カテゴリーとした場合に，5%水準で統計的に有意であることを表す。
出所：2021年度ウェブ調査（意識モジュール）より筆者作成

ように，年齢によって支持する政策が異なるものの，どちらかにより応答的であるわけではない。

　表12-9は，学歴ごとの推定比率である。6つの政策において有意差がみられるが，あまり多くはない。消費税10%の導入，日米豪印戦略対話，社会インフラのデジタル化，後期高齢者の窓口負担増では評判の高い大学卒で，温室効果ガス実質ゼロは大学卒と評判の高い大学卒で支持が高い傾向にある。原発処理水では短大・高専卒，大学卒の支持が低い。このように，総じて評判の高い大学卒で既存の政策に対する支持が高く，応答が得られているといえる。これ

第12章　有権者からみた政策応答性の不平等

表12-10　投票参加による政策支持の推定比率（％）

	投票・多い	投票・少ない
TPP交渉参加	47.0	39.7
日米豪印戦略対話（クアッド）	31.0	25.6
デジタル庁の創設	39.5	33.6
新型コロナウイルス対策全般	36.8	29.5

註：順序ロジット分析に基づく各カテゴリーの推定比率。網掛けは投票・少ないを
基準カテゴリーとした場合に，5％水準で統計的に有意であることを表す。
出所：2021年度ウェブ調査（意識モジュール）より筆者作成

は自らが好む政策が実現しているという側面ばかりでなく，政策に対する理解
度が高いということを含意しているのかもしれない。

　表12-10は，投票参加ごとの推定比率である。有意差がみられる政策は4つ
であり，あまり政策支持の相違がみられない。毎回あるいはほとんど投票に
行っている人々のほうが，TPP交渉参加，日米豪印戦略対話，デジタル庁創設，
新型コロナウイルス対策全般において，支持が多い。投票を行っているほうが
現状の政策を支持し，応答が得られているようである。

5　おわりに

　本章では，具体的な政策に対する態度と実際の政策実現とを照合することで，
社会経済的地位によって政策応答性にどのような不平等があるのかを探究して
きた。本章で注目した収入，性別，年齢，教育（学歴），投票参加ごとに事前
の政策選好との一致および実施された政策に対する事後評価の結果を合わせて
知見を整理しておこう。

　第1に，収入は高収入層と低・中収入層の間で政策選好の相違がみられるも
のもある。とりわけ高収入層は，憲法，外交，安全保障に対して自民党政権に
近い保守的な考えであり，集団的自衛権，TPP交渉参加，日米豪印戦略対話と
いったすでに実施された政策を支持している。同様に，憲法への自衛隊や緊急
事態条項の明記や，ロックダウンのための法整備，米軍基地移設にも積極的で
あるものの，これらの政策は実現していない。その意味では，実際に実施され
た政策は必ずしも高収入層の選好に沿っているわけではない。欧米を中心とし

215

た先行研究で指摘されてきた富裕層に対して応答性が高いという結果は確認されなかった。

　もっとも，すでに実施された政策についていえば，最も高収入である900万円以上層のほうが400〜600万円層よりも支持する傾向にある。事前の選好においても，900万円以上の層は，400〜600万円層よりも入管法改正と消費税の時限的減税において応答的であった。これらから，事後評価も含め，高所得層と中所得層との政策応答性の格差が存在する可能性をみてとることができる。格差や不平等が社会問題として認識される中で，低収入層向けの政策はある程度とられているものの，中間層の利益が反映されていないのかもしれない。この点は引き続き検証が必要とされる。

　第2に，性別によって分野ごとの政策選好が異なり，男性は憲法や安全保障政策を支持する一方で，女性は人権，環境，生活関連の政策に対する支持がみられる。しかし，政策応答性の明確な差は確認できない。

　第3に，年齢については，高齢層と若・中年層との間で政策選好の相違がみられる。しかし，高齢層に有利な政策が実施されているわけではない。むしろここで取り上げた中では若年層に応答的な政策が多い。ここから，シルバー民主主義と呼ばれるような高齢者への偏重はみてとれない。

　第4に，学歴によって政策選好の相違がみられるものの，事前の政策選好と照合すると高学歴層に対して政策応答的だとはいえない。参加や決定プロセスにおいて高学歴者の関与が多く，ディプロマ・デモクラシーと呼ばれる状況であったとしても，実際の政策は高学歴者優位ではない。もっとも，すでに実施された政策の事後評価については，総じて評判の高い大学卒で支持が高い。

　第5に，投票に参加しているほど事前の政策選好からの応答性が高いとはいえない。政治参加による利益表出が必ずしも政策的帰結に結びついているわけではないのである。もっとも，この場合もすでに実施された政策に対する事後評価では，頻繁に投票している層で支持が高いものもみられる。

　以上の結果からは，社会経済的地位によって政策選好が異なる傾向にあることがわかる。とりわけ，高収入層および男性が憲法，外交，安全保障政策において保守派に近い考えであり，女性は人権などでリベラルな政策を支持する点

第12章　有権者からみた政策応答性の不平等

は明確である。また，すでに実施された現状の政策に対しては，高収入層，高学歴層，頻繁に投票に行く層において評価が高く，主観的には政策応答を得ている。

しかしながら，各属性のカテゴリー間で政策選好に相違がみられないものも多く，上記の選好の相違も決定的な対立を示すものではない。その意味では，社会経済的地位に基づく亀裂構造は存在しないといえる。

また，カテゴリー間で差がみられた政策選好と実際の政策を照合しても，特定の社会経済的地位に応答的であるという傾向はみられなかった。この意味で，日本の政治は多元主義的な特徴を示しているといえるだろう。本書のこれまでの章で明らかにしてきたように，政治参加や代表性においては社会経済的地位による不平等がみられるものの，個々の政策に対する応答性という点では明確な傾向を示さないのである。

この結果から同時に，参加や代表性の格差が，なぜ政策応答性の格差と結びつかないのかという疑問も残される。これは実際の政策形成プロセスにおいて利益の表出が様々な政治的アクターの相互作用により政策に転換されるメカニズムに原因があるのかもしれない。あるいは，有権者の側の政策支持態度の形成メカニズムの問題なのかもしれない。いずれにせよ，この疑問を解き明かすことは，政治過程における不平等の生成メカニズムを理解するうえで重要である。

もっとも，本章の分析は一時点における限られた政策を対象としたものである。これらの政策が政策全般を代表しているという保証もない。そのため，同様の分析を引き続き試みたり，ギレンスをはじめ海外の研究のように多数の政策を対象とした分析を行う中で，確かな知見を積み重ねていくことが求められる。また，政策選好を尋ねた過去の調査データも用いながら，政策応答性の不平等の推移を捉えることも考えられる。

さらには，政策アジェンダにならない争点の存在にも目を向けなければならない。非決定の権力といわれるように（Bachrach and Baratz 1962），そもそも有権者に政策的主張があったとしても，それがアジェンダとして取り上げられること自体が稀である。このようなアジェンダ・セッティングにおける不平等も注目すべき視点である（Carpenter 2023）。

217

第2部　政治代表の不平等

　政策応答性は把握するのに困難を伴うが，政治過程の帰結として重要な意味をもつ。応答性の不平等は社会・経済的不平等の拡大につながる可能性が高く，ひいてはエリート層への信頼の欠如や社会の不安定化に至るおそれもあるだろう。したがって，様々な工夫を重ね，引き続き，探究していく必要がある。

註

1　しかし，政策過程における利益団体の影響力に着目した実証研究からは，政策の多くが現状維持であり，経済団体や大規模団体であっても政策実現に成功しているわけではないことが示されている（Baumgartner et al. 2009; Hojnacki et al. 2015）。

2　これとは異なるアプローチとして，アメリカ上院の記名投票と有権者の政策選好を照合した研究がみられる（Bartels 2008; Hayes 2012）。

3　もっとも，ギレンスらの分析が所得による政策応答性の格差を過剰に評価しているという批判もみられる。Elkjær and Klitgaard（2021）のレビューでは，収入層による政策選好の相違はそれほど大きくないことや，統計的推論が適切でないことなどが，理由として挙げられている。

4　Elkjær and Klitgaard（2021）による既存研究のメタ分析からは，先進民主主義国においてアメリカのほうが応答性の差が小さいことが示されている。

5　政策の採用基準は，賛否が明確に示されている，具体的に政策の変容が確認できる，連邦政府の決定にかかわる，条件付きの賛成／反対を問うものではないという4点である。

6　異なる収入カテゴリーの調査データを統一的に扱うために，各調査サンプル内のパーセンタイルに変換して用いている。なお，幅のあるカテゴリーはその中間値で代用している（カテゴリーが10～30%であれば0.2）。

7　東大・朝日新聞世論調査やJES（Japanese Election Study）調査などを工夫して二次利用することも考えられるが，今後の課題としたい。

8　各政策が実現したことは以下を根拠に判断した。性的マイノリティの理解促進「性的指向及びジェンダーアイデンティティの多様性に関する国民の理解の増進に関する法律」（2023年6月成立），教育の無償化「多子世帯の大学等授業料・入学金の無償化」（2023年12月閣議決定）など，敵基地先制攻撃能力の保有「国家安全保障戦略」「国家防衛戦略」「防衛力整備計画」（2022年12月閣議決定），入管法（出入国管理及び難民認定法）の改正「出入国管理及び難民認定法及び日本国との平和条約に基づき日本の国籍を離脱した者等の出入国管理に関する特例法の一部を改正する法律」（2023年6月成立），新型コロナ感染症対応のための現金給付「コロナ克服・新時代開拓のための経済対策」（2021年11月閣議決定），子ども庁（省）の創設「こども家庭庁設置法」「こども基本法」（2022年6月成立），賃上げに積極的な企業への税制支援「令和6年度税制改正」（2023年12月閣議決定）。

9　子ども庁（省）の創設について，最終的には2023年4月にこども家庭庁が発足することとなるが，調査時点での質問文のまま掲載する。

10　それ以外の独立変数は，以下のように操作化した。

　　職業：専門・管理／正規労働／非正規労働／無職（主夫婦，退職者，学生，失業者）

第 2 部　政治代表の不平等

　　　　　　の4カテゴリー。
　　　婚姻：結婚している／結婚していない（未婚・離死別）の2カテゴリー。
　　　子ども：18歳未満の未成年の子どもがいる／いないの2カテゴリー。
　　　人口：居住都市の人口をもとに，5万人未満／5～20万人／20～70万人／70万人以
　　　　　　上の4カテゴリー。なお，東京23区は70万人以上のカテゴリーに含めている。
　　　政党支持：与党（自民党，公明党）／野党／支持なしの3カテゴリー。
　　　投票以外の参加：選挙運動への手伝い，政治家・政党・政治団体への寄付，政治集会
　　　　　　への参加，議会や役所への請願・陳情・要望，政治家や官僚との接触，イン
　　　　　　ターネットを通じた政治的意見表明，署名，ボイコット／バイコット，シンポ
　　　　　　ジウム等，集会・デモ，ストライキ，その他の12項目のうち，5年以内に参加
　　　　　　したものが1つでもあれば1，それ以外は0という2カテゴリー。
11　詳細な分析結果はオンライン付録OA12-1を参照されたい。なお，ここで取り上げるも
　　の以外の変数については，政策選好の差がみられるものもあるが，応答性の格差に一貫
　　した傾向がみられるものはなかった。
12　実現していない政策については，不支持の比率を検討することも考えられるが，ここで
　　示す傾向とほとんど違いがみられなかった。
13　実際に，いくつかの政策においては暮らし向きの満足度を統制しなければ収入による差
　　（特に900万円以上と他のカテゴリーとの差）がより大きくみられる結果が得られている。
14　それ以外の変数については，前節と同じく政策支持の差がみられるものもあるが，応答
　　性の格差に一貫した傾向がみられるものはなかった。詳細はオンライン付録OA12-2を
　　参照されたい。

引用文献

Alesina, Alberto and Paola Giuliano, 2011, "Preferences for Redistribution," In Jess Benhabib, Alberto Bisin, and Matthew O. Jackson eds., *Handbook of Social Economics*, Chapter 4, Vol. 1. Elsevier B.V.: 3-131. https://doi.org/10.1016/B978-0-444-53187-2.00004-8

André, Audrey and Sam Depauw, 2017, "Electoral Systems and Roles in the Legislative Arena," In Erik Herron, Robert Pekkanen, and Matthew Shugart eds., *The Oxford Handbook of Electoral Systems*, New York: Oxford University Press, 321-344. https://doi.org/10.1093/oxfordhb/9780190258658.013.22

Aoki, Masahiko, 1988, *Information, Incentives and Bargaining in the Japanese Economy*, Cambridge, UK: Cambridge University Press. [青木昌彦（永易浩一訳），1992,『日本経済の制度分析：情報・インセンティブ・交渉ゲーム』筑摩書房.]

APSA (American Political Science Association) Task Force, 2004, "American Democracy in an Age of Rising Inequality," *Perspectives on Politics*, 2(4): 651-666. https://doi.org/10.1017/S153759270404040X

Auerbach, Alan J., Jagadeesh Gokhale and Laurence J. Kotlikoff, 1991, "Generational Accounts: A Meaningful Alternative to Deficit Accounting," In David Bradford eds., *Tax Policy and the Economy*, Vol. 5, Cambridge: MIT Press, 55-110. https://doi.org/10.1086/tpe.5.20061801

Bachrach, Peter and Morton Baratz, 1962, "Two Faces of Power," *American Political Science Review*, 56: 947-952. https://doi.org/10.2307/1952796

Balch, George I., 1974, "Multiple Indicators in Survey Research: The Concept 'Sense of Political Efficacy,'" *Political Methodology*, 1(2): 1-43.

Barnes, Tiffany D. and Abby Córdova, 2016, "Making Space for Women," *Journal of Politics*, 78(3): 670-686.

Bartels, Larry M., 2008, *Unequal Democracy: The Political Economy of the New Gilded Age*, New York: Russell Sage Foundation.

Baumgartner, Frank R., Jeffrey M. Berry, Marie Hojnacki, David C. Kimball and Beth L. Leech, 2009, *Lobbying and Policy Change: Who Wins, Who Loses, and Why*, Chicago: The University of Chicago Press.

Belschner, Jana, 2021, "The Adoption of Youth Quotas after the Arab Uprisings," *Politics, Groups, and Identities*, 9(1): 151-169.

Bénabou, Roland and Efe A. Ok, 2001, "Social Mobility and Demand for Redistribution:

The POUM Hypothesis," *Quarterly Journal of Economics*, 116(2): 447-487. https://doi.org/10.1162/00335530151144078

Bengtsson, Åsa and Hanna Wass, 2011, "The Representative Roles of MPs: A Citizen Perspective," *Scandinavian Political Studies*, 34(2): 143-167. https://doi.org/10.1111/j.1467-9477.2011.00267.x

Berkhout, Esmé, Nick Galasso, Max Lawson, Pablo Andrés Rivero Morales, Anjela Taneja and Diego Alejo Vázquez Pimentel, 2021, *The Inequality Virus: Bringing Together a World Torn Apart by Coronavirus through a Fair, Just and Sustainable Economy*, Oxfam. https://oxfamilibrary.openrepository.com/bitstream/handle/10546/621149/bp-the-inequality-virus-250121-en.pdf（最終閲覧日2024年1月28日）

Bishu, Sebawit G. and Alexis R. Kennedy, 2020, "Trends and Gaps: A Meta-Review of Representative Bureaucracy," *Review of Public Personnel Administration*, 40(4): 559-588. https://doi.org/10.1177/0734371X19830154

Bovens, Mark, and Anchrit Wille, 2017, *Diploma Democracy: The Rise of Political Meritocracy*, Oxford: Oxford University Press.

Bøggild, Troels, 2020, "Politicians as Party Hacks: Party Loyalty and Public Distrust in Politicians," *Journal of Politics*, 82(4): 1516-1529. https://www.journals.uchicago.edu/doi/full/10.1086/708681

Bright, Jonathan, 2018, "Explaining the Emergence of Political Fragmentation on Social Media: The Role of Ideology and Extremism," *Journal of Computer-Mediated Communication*, 23(1): 17-33. https://doi.org/10.1093/jcmc/zmx002

Brockner, Joel and Batia Wiesenfeld, 2005, "How, When and Why Does Outcome Favourability Interact with Procedural Fairness?" In Jerald Greenberg and Jason A. Colquitt eds., *Handbook of Organizational Justice*, London: Taylor & Francis, 525-548.

Burke, Moira, Cameron Marlow and Thomas Lento, 2010, "Social Network Activity and Social Well-Being," *Proceedings of the SIGCHI Conference on Human Factors in Computing Systems*. https://doi.org/10.1145/1753326.1753613

Burns, Nancy, Kay Lehman Schlozman and Sidney Verba, 2001, *The Private Roots of Public Action: Gender, Equality, and Political Participation*, Cambridge, MA: Harvard University Press.

Burns, Nancy, Kay Lehman Schlozman, Ashley Jardina, Shauna Shames and Sidney Verba, 2018, "What's Happened to the Gender Gap in Political Participation?: How Might We Explain It?" In Holly McCammon and Lee Ann Banaszak eds., *100 Years of the Nineteenth Amendment: An Appraisal of Women's Political Activism*, Oxford: Oxford University Press, 69-104. https://doi.org/10.1093/oso/9780190265144.003.0004

Butler, Daniel M., 2014, *Representing the Advantaged: How Politicians Reinforce Inequality*, Cambridge, UK: Cambridge University Press.

Carman, Christopher Jan, 2006, "Public Preferences for Parliamentary Representation in the UK:

An Overlooked Link?" *Political Studies*, 54(1): 103-122. https://doi.org/10.1111/j.1467-9248.2006.00568.x

Carnes, Nicholas and Noam Lupu, 2015, "Rethinking the Comparative Perspective on Class and Representation: Evidence from Latin America," *American Journal of Political Science*, 59(1): 1-18. https://doi.org/10.1111/ajps.12112

Carnes, Nicholas and Noam Lupu, 2023, "The Economic Backgrounds of Politicians," *Annual Review of Political Science*, 26: 253-270. https://doi.org/10.1146/annurev-polisci-051921-102946

Carpenter, Daniel, 2023, "Agenda Democracy," *Annual Review of Political Science*, 26: 193-212. https://doi.org/10.1146/annurev-polisci-051921-102533

Cepiku, Denita and Marco Mastrodascio, 2021, "Equity in Public Services: A Systematic Literature Review," *Public Administration Review*, 81(6): 1019-1032. https://doi.org/10.1111/puar.13402

Chancel, Lucas, Thomas Piketty, Emmanuel Saez and Gabriel Zucman, 2022, *World Inequality Report 2022*, Cambridge, MA: Belknap Press.

Chen, Li, Xianwei Wu and Meng Li, 2018, "Formation and Fragmentation Within a Networked Public Sphere: Social Media Debates on Traditional Chinese Medicine," *Telematics and Informatics*, 35(8): 2219-2231. https://doi.org/10.1016/j.tele.2018.08.008

Clayton, Amanda, 2015, "Women's Political Engagement under Quota-Mandated Female Representation: Evidence from a Randomized Policy Experiment," *Comparative Political Studies*, 48(3): 333-369. https://doi.org/10.1177/0010414014548104

Coffé, Hilde and Catherine Bolzendahl, 2011, "Gender Gaps in Political Participation Across Sub-Saharan African Nations," *Social Indicators Research*, 102(2): 245-264. https://doi.org/10.1007/s11205-010-9676-6

Coffé, Hilde and Selin Dilli, 2015, "The Gender Gap in Political Participation in Muslim-Majority Countries," *International Political Science Review*, 36(5): 526-544. https://doi.org/10.1177/0192512114528228

Costa-Font, Joan and Frank Cowell, 2015, "Social Identity and Redistributive Preferences: A Survey," *Journal of Economic Surveys*, 29(2): 357-374. https://doi.org/10.1111/joes.12061

Dahl, Robert A., 1961, *Who Governs?: Democracy and Power in American City*, New Haven: Yale University Press. ［ロバート・ダール（河村望・高橋和宏訳），1988，『統治するのはだれか：アメリカの一都市における民主主義と権力』行人社.］

Dahl, Robert A., 1971, *Polyarchy*, New Heaven: Yale University Press. ［ロバート・ダール（高畠通敏・前田脩訳），1981，『ポリアーキー』三一書房.］

Dahl, Robert A., 1996, "Equality Versus Inequality," *PS: Political Science and Politics*, 29(4): 639-648.

Dahl, Robert A., 2006, *On Political Equality*, New Heaven: Yale University Press. ［ロバート・ダール（飯田文雄・辻康夫・早川誠訳），2009，『政治的平等とは何か』法政大学出版局.］

Dahl, Robert A. and Charles A. Lindblom, 1953, *Politics, Economics, and Welfare*, New York: Harper and Brothers.

Dalton, Russel J., 2017, *The Participation Gap: Social Status and Political Inequality*, Oxford: Oxford University Press.

Dalton, Russel J., 2022, "Political Inequality and the Democratic Precess," In Marco Giugni and Maria Grasso eds., *The Oxford Handbook of Political Participation*, Oxford: Oxford University Press, 912-930.

Dassonneville, Ruth, André Blais, Semra Sevi and Jean-François Daoust, 2021, "How Citizens Want Their Legislator to Vote," *Legislative Studies Quarterly*, 46(2): 297-321. https://doi.org/10.1111/lsq.12275

Delli Carpini, Michael X. and Scott Keeter, 1996, *What Americans Know about Politics and Why It Matters*, New Haven: Yale University Press.

Dimick, Matthew, David Rueda and Daniel Stegmueller, 2018, "Models of Other-Regarding Preferences, Inequality, and Redistribution," *Annual Review of Political Science*, 21(1): 441-460. https://doi.org/10.1146/annurev-polisci-091515-030034

Disch, Lisa, 2011, "Toward a Mobilization Conception of Democratic Representation," *American Political Science Review*, 105(1): 100-114.

Disch, Lisa, 2015, "The 'Constructivist Turn' in Democratic Representation: A Normative Dead-End?" *Constellations*, 22(4): 487-499. https://doi.org/10.1111/1467-8675.12201

Doherty, David, Amanda Clare Bryan, Reid Willis and Paul Witry, 2019, "Representation Imperatives in the Public Mind," *Social Science Quarterly*, 100(6): 1963-1983. https://doi.org/10.1111/ssqu.12686

Dubrow, Joshua Kjerulf, 2015, "The Concepts and Study of Political Inequality," In Joshua K. Dubrow ed., *Political Inequality in an Age of Democracy*, New York: Routledge, 9-27.

Dudzińska, Agnieszka, Corentin Poyet, Olivier Costa and Bernhard Weßels, 2014, "Representational Roles," In Kris Deschouwer and Sam Depauw eds., *Representing the People: A Survey among Members of Statewide and Sub-state Parliaments*, New York: Oxford University Press, 19-38.

Dynan, Karen E., Jonathan Skinner and Stephen P. Zeldes, 2004, "Do the Rich Save More?," *Journal of Political Economy*, 112(2): 397-444. https://doi.org/10.1086/381475

Ehrhardt, George, 2014, "How Kōmeitō Politicians Get Elected," In George Ehrhardt, Axel Klein, Levi McLaughlin, and Steven R. Reed eds., *Kōmeitō: Politics and Religion in Japan*, Berkeley: Institute of East Asian Studies, 113-138.

Elkjær, Mads A. and Torben Iversen, 2020, "The Political Representation of Economic Interests: Subversion of Democracy or Middle-Class Supremacy?" *World Politics*, 72(2): 254-290. https://doi.org/10.1017/S0043887119000224

Elkjær, Mads A. and Michel B. Klitgaard, 2021, "Economic Inequality and Political Responsiveness:

A Systematic Review," *Perspectives on Politics* (Online). https://doi.org/10.1017/S1537592721002188

Ellison, Nicole B., Charles Steinfield and Cliff Lampe, 2007, "The Benefits of Facebook 'Friends:' Social Capital and College Students' Use of Online Social Network Sites," *Journal of Computer-Mediated Communication*, 12(4): 1143-1168. https://doi.org/https://doi.org/10.1111/j.1083-6101.2007.00367.x

Ellison, Nicole B., Charles Steinfield and Cliff Lampe, 2010, "Connection Strategies: Social Capital Implications of Facebook-Enabled Communication Practices," *New Media & Society*, 13(6): 873-892. https://doi.org/10.1177/1461444810385389

Elsässer, Lea and Armin Schäfer, 2023, "Political Inequality in Rich Democracies," *Annual Review of Political Science*, 26: 469-487. https://doi.org/10.1146/annurev-polisci-052521-094617

Enns, Peter K., 2015, "Relative policy support and coincidental representation," *Perspective of Politics*, 13(4): 1053-1064. https://doi.org/10.1017/S1537592715002315

Erikson, Robert S., 2015, "Income Inequality and Policy Responsiveness," *Annual Review of Political Science*, 18: 11-29. https://doi.org/10.1146/annurev-polisci-020614-094706

Esaiasson, Peter, Mikael Persson, Mikael Gilljam and Torun Lindholm, 2019, "Reconsidering the Role of Procedures for Decision Acceptance," *British Journal of Political Science*, 49(1): 291-314. https://doi.org/10.1017/S0007123416000508

Eshima, Shusei and Daniel M. Smith, 2022, "Just a Number? Voter Evaluations of Age in Candidate Choice Experiments," *Journal of Politics*, 84(3): 1856-1861. https://www.journals.uchicago.edu/doi/abs/10.1086/719005?journalCode=jop

Espinal, Rosario and Shanyang Zhao, 2015, "Gender Gaps in Civic and Political Participation in Latin America," *Latin American Politics and Society*, 57(1): 123-138. https://doi.org/10.1111/j.1548-2456.2015.00262.x

Estevez-Abe, Margarita, 2008, *Welfare and Capitalism in Postwar Japan*, New York: Cambridge University Press.

Eto, Mikiko, 2021, *Women and Political Inequality in Japan: Gender Imbalanced Democracy*. London: Routledge.

Eulau, Heinz, 1967, "Changing Views of Representation," In Ithiel de Sola Pool ed., *Contemporary Political Science: Toward Empirical Theory*, New York: McGraw-Hill. ［ハインツ・ユーロー「代表観の変遷」イシエル・デ・ソラ・プール編（内山秀夫・大森弥・石川一雄・長田研一訳），1970,『現代政治学の思想と方法』頸草書房, 91-138.］

Eulau, Heinz, John C. Wahlke, William Buchanan and LeRoy C. Ferguson, 1959,"The Role of the Representative: Some Empirical Observations on the Theory of Edmund Burke," *American Political Science Review*, 53(3), 742-756. https://doi.org/10.2307/1951941

Eulau, Heinz and Paul D. Karps, 1977, "The Puzzle of Representation: Specifying Components of

Responsiveness," *Legislative Studies Quarterly*, 2(3), 233-254.

Fakih, Ali and Yara Sleiman, 2022, "The Gender Gap in Political Participation: Evidence from the MENA Region," *Review of Political Economy*, 36(1), 154-177.

Ferrucci, Patrick, Toby Hopp and Chris J. Vargo, 2020, Civic Engagement, Social Capital, and Ideological Extremity: Exploring Online Political Engagement and Political Expression on Facebook. *New Media & Society*, 22(6), 1095-1115. https://doi.org/10.1177/1461444819873110

Fischer, Claude S., 1982, *To Dwell among Friends*, Chicago: The University of Chicago Press.

Flavin, Patrick, 2012, "Income Inequality and Policy Representation in the American States," *American Politics Research*, 40(1): 29-59. https://doi.org/10.1177/1532673X11416920

Folger, Robert, 1986, "Rethinking Equity Theory," In Hans Werner Bierhoff, Ronald L. Cohen and Jerald Greenberg eds., *Justice in Social Relations, Critical Issues in Social Justice*, New York: Plenum Press, 145-162.

Gallego, Aina, 2015, *Unequal Political Participation Worldwide*, New York: Cambridge University Press.

Gangle, Amy, 2003, "Procedural Justice Theory and Evaluations of the Lawmaking Process," *Political Behavior*, 25(2): 119-149. https://doi.org/10.1023/A:1023847829172

Gethin, Amory, Clara Martinez-Toledano and Thomas Piketty eds., 2021, *Political Cleavages and Social Inequalities: A Study of Fifty Democracies, 1948-2020*, Cambridge, MA: Harvard University Press.

Gilens, Martin, 2005, "Inequality and Democratic Responsiveness." *Public Opinion Quarterly*, 69(5): 778-796.

Gilens, Martin, 2009, "Preference Gaps and Inequality in Representation," *PS: Political Science & Politics*, 42(2): 335-341.

Gilens, Martin, 2012, *Affluence & Influence: Economic Inequality and Political Power in America*, Princeton: Princeton University Press.

Gilens, Martin and Benjamin I. Page, 2014, "Testing Theories of American Politics: Elites, Interest Groups, and Average," *Perspectives on Politics*, 12(3): 564-581. https://doi.org/10.1017/S1537592714001595

Gray, Mark and Miki Caul, 2000, "Declining Voter Turnout in Advanced Industrial Democracies, 1950 to 1997: The Effects of Declining Group Mobilization," *Comparative Political Studies*, 33(9): 1091-1122. https://doi.org/10.1177/0010414000033009001

Grob, Ueli and Stefan C. Wolter, 2007, "Demographic Change and Public Education Spending: A Conflict between Young and Old?" *Education Economics*, 15(3): 277-292. https://doi.org/10.1080/09645290701273467

Hayes, Thomas J., 2012, "Responsiveness in an Era of Inequality: The Case of the U.S. Senate," *Political Research Quarterly*, 66(3): 585-599.

Hojnacki, Marie, Kathleen M. Marchetti, Frank R. Baumgartner, Jeffery. M. Berry, David C. Kimball and Beth L. Leech, 2015, "Assessing Business Advantage in Washington Lobbying," *Interest Groups and Advocacy*, 4: 205-224. https://doi.org/10.1057/iga.2015.3

Hughes, Alan, 1967, "Authoritarian Orientation, Alienation and Political Attitudes in a Sample of Melbourne Voters," *Australian and New Zealand Journal of Sociology*, 3(2): 134-150. https://doi.org/10.1177/144078336700300206

Imada, Makoto, 2010, "Civil Society in Japan: Democracy, Voluntary Action, and Philanthropy," In Henk Vinken, Yuko Nishimura, Bruce L. J. White and Masayuki Deguchi eds., *Civic Engagement in Contemporary Japan: Established and Emerging Repertoires*. New York: Springer, 21-40. https://doi.org/10.1007/978-1-4419-1504-7_2

Inter-Parliamentary Union, 2023, *Youth Participation in National Parliaments: 2023*, Geneva: Inter-Parliamentary Union. https://www.ipu.org/resources/publications/reports/2023-10/youth-participation-in-national-parliaments-2023

Iversen, Torben and David Soskice, 2001, "An Asset Theory of Social Policy Preferences," *American Political Science Review*, 95(4): 875-893. https://doi.org/10.1017/S0003055400400079

Kabashima, Ikuo and Jeffrey Broadbent, 1986, "Referent Pluralism: Mass Media and Politics in Japan," *Journal of Japanese Studies*, 12(2): 329-361. https://doi.org/10.2307/132391

Kam, Cindy D. and Carl L. Palmer, 2008, "Reconsidering the Effects of Education on Political Participation," *Journal of Politics*, 70: 612-631. https://doi.org/10.1017/S0022381608080651

Keiser, Lael R., Vicky M. Wilkins, Kenneth J. Meier and Catherine A. Holland, 2002, "Lipstick and Logarithms: Gender, Institutional Context, and Representative Bureaucracy," *American Political Science Review*, 96(3): 553-564. https://doi.org/10.1017/S0003055402000321

Kennedy, Brandy, 2014, "Unraveling Representative Bureaucracy: A Systematic Analysis of the Literature," *Administration & Society*, 46(4): 395-421. https://doi.org/10.1177/0095399712459724

Kim, Jeong Hyun and Yesola Kweon, 2022, "Why Do Young Men Oppose Gender Quotas? Group Threat and Backlash to Legislative Gender Quotas," *Legislative Studies Quarterly*, 47(4): 991-1021. https://doi.org/10.1111/lsq.12371

Kingsley, Donald J., 1944, *Representative Bureaucracy: An Interpretation of the British Civil Service*, Yellow Springs: Antioch Press. https://doi.org/10.2307/2144534

Klein, Axel and Levi McLaughlin, 2021, "Kōmeitō: The Party and Its Place in Japanese Politics," In Robert J. Pekkanen and Saadia M. Pekkanen eds., *The Oxford Handbook of Japanese Politics*, Oxford: Oxford University Press, 201-222. https://doi.org/10.1093/oxfordhb/9780190050993.013.5

Kobayashi, Yoshiaki, 2012, *Malfunctioning Democracy in Japan: Quantitative Analysis in a Civil Society*, Lanham: Lexington Books.

Krook, Mona Lesa, 2007, "Candidate Gender Quotas: A Framework for Analysis," *European Journal of Political Research*, 46(3): 291-444. https://doi.org/10.1111/j.1475-6765.2007.00704.x

Krook, Mona Lesa, 2009, *Quotas for Women in Politics: Gender and Candidate Selection Reform Worldwide*, New York: Oxford University Press. https://doi.org/10.1093/acprof:oso/9780195375671.001.0001

Kubo, Katsuyuki and Thanh Thi Phuong Nguyen, 2021, "Female CEOs on Japanese Corporate Boards and Firm Performance," *Journal of the Japanese and International Economies*, 62: 101163. https://doi.org/10.1016/j.jjie.2021.101163

Kuznets, Simon, 1955, "Economic Growth and Income Inequality," *American Economic Review*, 45: 1-28.

LeBlanc, M. Robin, 1999, *Bicycle Citizens: The Political World of the Japanese Housewife*, Berkeley: University of California Press.［ロビン・ルブラン（尾内隆之訳），2012,『バイシクル・シティズン：「政治」を拒否する日本の主婦』勁草書房.］

Le Roux, Brigitte and Henry Rouanet, 2010, *Multiple Correspondence Analysis*, Thousand Oaks: Sage Publications.［大隈昇・小野裕亮・鳰真紀子訳, 2021,『多重対応分析』オーム社.］

Leung Kwok, Kwok-Kit Tong and E. Allan Lind, 2007, "Realpolitik versus Fair Process: Moderating Effects of Group Identification on Acceptance of Political Decisions," *Journal of Personality and Social Psychology*, 92(3): 476-489. https://doi.org/10.1037/0022-3514.92.3.476

Lijphart, Arend, 1997, "Unequal Participation: Democracy's Unsolved Dilemma," *American Political Science Review*, 91(1): 1-14. https://doi.org/10.2307/2952255

Lin, Nan, 1999, "Building a Network Theory of Social Capital," *Connections*, 22(1): 28-51.

Lindblom, Charles E., 1977, *Politics and Markets*, New York: Basic.

Lipset, Seymour Martin, 1983, *Political Man: The Social Bases of Politics*, London: Heinemann.

Lipset, Seymour M. and Stein Rokkan, 1967, "Cleavage Structures and Voter Alignments: An Introduction," In S. M. Lipset and S. Rokkan eds., *Party Systems and Voter Alignments: Cross-national Perspectives*, New York: Free Press, 1-64.

Lister, Ruth, 2007, Inclusive citizenship: Realizing the Potential, *Citizenship Studies*, 11(1): 49-61.

Liu, Shan-Jan Sarah, 2022, "Gender gaps in political participation in Asia," *International Political Science Review*, 43(2): 209-225.

Lowi, Theodore J., 1979, *The End of Liberalism: The Second Public of the United States*, New York: W. W. Norton.［セオドア・ロウィ（村松岐夫監訳），1981,『自由主義の終焉：現代政府の問題性』木鐸社.］

Lupu, Noam and Jonas Pontusson eds., 2024, *Unequal Democracies: Public Policy, Responsiveness, and Redistribution in an Era of Rising Economic Inequality*, Cambridge, UK: Cambridge University Press.

Lupu, Noam and Zach Warner, 2022, "Affluence and Congruence: Unequal Representation around the

World," *Journal of Politics*, 84(1): 276-290. https://doi.org/10.1086/714930

Lybeck, Robin, Koiranen Ilkka and Koivula Aki, 2023, "From Digital Divide to Digital Capital: The Role of Education and Digital Skills in Social Media Participation," *Universal Access in the Information Society* (Online). https://doi.org/10.1007/s10209-022-00961-0

Mansbridge, Jane, 1999, "Should Blacks Represent Blacks and Women Represent Women? A Contingent 'Yes'," *Journal of Politics*, 61(3): 628-657. https://doi.org/10.2307/2647821

Mansbridge, Jane, 2003, "Rethinking Representation," *American Political Science Review*, 97(4): 515-528. https://doi.org/10.1017/S0003055403000856

Mansbridge, Jane, 2015, "Should Workers Represent Workers?" *Swiss Political Science Review*, 21(2): 261-270. https://doi.org/10.1111/spsr.12160

Mathisen, Ruben B., 2023, "Affluence and Influence in a Social Democracy," *American Political Science Review*, 117(2): 751-758.

Mathisen, Ruben, Wouter Schalei, Svenja Hense, Lea Elsässer, Mikael Persson and Jonas Pontusson, 2024, "Unequal Responsiveness and Government Partisanship in Northwest Europe," In Noam Lupu and Jonas Pontusson eds., *Unequal Democracies: Public Policy, Responsiveness and Redistribution in an Era of Rising Economic Inequality*, New York: Cambridge University Press, 28-53.

Matsubayashi, Tetsuya, 2014, "The Implications of Nonvoting in Japan," 『年報政治学』 2014-Ⅰ: 175-199. https://doi.org/10.7218/nenpouseijigaku.65.1_175

McClean, Charles T., 2022, "Does the Underrepresentation of Young People in Political Institutions Matter for Social Spending?" Working Paper. https://us-japan.wcfia.harvard.edu/sites/projects. iq.harvard.edu/files/us-japan/files/21-04_mcclean.pdf

McClean, Charles T., 2023, "Generational Change or Continuity in Japan's Leadership?" In Robert Pekkanen, Steven Reed and Daniel Smith eds., *Japan Decides 2021*, Cham: Palgrave Macmillan, 115-129. https://doi.org/10.1007/978-3-031-11324-6_9

McClean, Charles T., and Yoshikuni Ono, 2024, "Too Young to Run? Voter Evaluations of the Age of Candidates?" *Political Behavior*, 46: 2333-2355. https://doi.org/10.1007/s11109-024-09920-2

McConnell, Grant, 1966, *Private Power and American Democracy*, New York: Random House.

Meier, Kenneth John and Lloyd G. Nigro, 1976, "Representative Bureaucracy and Policy Preferences: A Study in the Attitudes of Federal Executives," *Public Administration Review*, 36(4): 458-469. https://doi.org/10.2307/974854

Meltzer, Allan H. and Scott F. Richard, 1981, "A Rational Theory of the Size of Government," *Journal of Public Economics*, 89(5): 914-927. https://doi.org/10.1086/261013

Méndez-Lago, Mónica and Antonia Martínez, 2002, "Political Representation in Spain: An Empirical Analysis of the Perception of Citizens and MPs," *Journal of Legislative Studies,* 8(1): 63-90. https://doi.org/10.1080/714003903

Milanovic, Branko, 2016, *Global Inequality: A New Approach for the Age of Globalization*, Cambridge, MA: Belknap Press.［ブランコ・ミラノヴィッチ（立木勝訳），2017,『大不平等：エレファントカーブが予測する未来』みすず書房.］

Miller, Warren E. and Donald E. Stokes, 1963, "Constituency Influence in Congress," *American Political Science Review*, 57(1): 45-56. https://doi.org/10.2307/1952717

Mills, Charles W., 1956, *The Power Elite*, New York: Oxford University Press.［C・W・ミルズ（鵜飼信成・綿貫譲治訳），1958,『パワー・エリート』上・下，東京大学出版会.］

Miura, Mari, Kenneth Mori McElwain and Tomoki Kaneko, 2023, "Explaining Public Support for Gender Quotas: Sexism, Representational Quality, and State Intervention in Japan," *Politics & Gender*, 19(3): 781-805. https://doi.org/10.1017/S1743923X22000617

Moene, Karl Ove and Michael Wallerstein, 2001, "Inequality, Social Insurance, and Redistribution," *American Political Science Review*, 95(4): 859-874. https://doi.org/10.1017/S0003055400400067

Mosher, Frederick C., 1982 [1968]. *Democracy and the Public Service, Second edition*, New York: Oxford University Press.

Muramatsu, Michio, 1993, "Patterned Pluralism under Challenge The Politics of the 1980s," In Gary D. Allinson and Yasunori Sone eds., *Political Dynamics in Contemporary Japan*, Ithaca: Cornell University Press, 50-71.

Muramatsu, Michio and Ellis S. Krauss, 1987, "The Conservative Policy Line and the Development of Patterned Pluralism," In Kozo Yamamura and Yasukichi Yasuda eds., *The Political Economy of Japan, vol.1: The Domestic Transformation*, Stanford: Stanford University Press, 516-554.

Nakatani, Miho, 2021. "How Do Political Decision-Making Processes Affect the Acceptability of Decisions? Results from a Survey Experiment," *International Political Science Review*, 44(2): 244-261. https://doi.org/10.1177/0192512121998250

Norris, Pippa and Mark Franklin, 1997, "Social Representation," *European Journal of Political Research*, 32(2): 185-210. https://doi.org/10.1023/A:1006863800160

Nyblade, Benajamin, 2015, "Japanese Party Politics at a Crossroads?" *Journal of Asian Studies*, 74(2), 443-447. https://doi.org/10.1017/S002191181500008X

Okura, Sae, 2021, "The Political Underrepresentation of People with Disabilities in the Japanese Diet," *Social Science Japan Journal*, 24(2): 369-396. https://doi.org/10.1093/ssjj/jyab024

Önnudóttir, Eva H. and Åsa von Schoultz, 2021, "Candidates' Representational Roles," In Lieven De Winter, Rune Karlsen and Hermann Schmitt eds., *Parliamentary Candidates between Voters and Parties: A Comparative Perspective*, London: Routledge, 120-141.

O'Rand, Angela and Robert A. Ellis, 1974, "Social Class and Social Time Perspective," *Social Forces*, 53(1): 53-62. https://doi.org/10.2307/2576837

Pekkanen, Robert, Benjamin Nyblade and Ellis S. Krauss, 2006, "Electoral Incentives in Mixed-Member Systems: Party, Posts, and Zombie Politicians in Japan," *American Political Science*

Review, 100(2): 183-193. https://doi.org/10.1017/S0003055406062095

Persson, Mikael, 2023, "Who Got What They Wanted?: Investigating the Role of Institutional Agenda Setting, Costly Policies, and Status Quo Bias as Explanations to Income Based Unequal Responsiveness," *Journal of European Public Policy*, 31(7): 1879-1901.

Pew Research Center, 2022, "Social Media Seen as Mostly Good for Democracy Across Many Nations, But U.S. is a Major Outlier." https://www.pewresearch.org/wp-content/uploads/sites/20/2022/12/PG_2022.12.06_Online-Civic-Engagement_REPORT.pdf

Pharr, Susan J., 1981, *Political Women in Japan: The Search for a Place in Political Life*, Berkeley: University of California Press.［スーザン・ファー（賀谷恵美子訳）, 1989,『日本の女性活動家』勁草書房.］

Phillips, Anne, 1995, *The Politics of Presence*, New York: Oxford University Press.

Pitkin, Hanna Fenichel, 1967, *The Concept of Representation*, Berkeley: University of California Press.［ハンナ・ピトキン（早川誠訳）, 2017,『代表の概念』名古屋大学出版会.］

Piven, Frances Fox and Richard A. Cloward, 2005, "Rule Making, Rule Breaking, and Power," In Janoski Thomas, Robert R. Alford, Alexander M. Hicks and Mildred A. Schwartz, *The Handbook of Sociology: Staes, Civil Society, and Globalization*, Cambridge, UK: Cambridge University Press, 33-53.

Poterba, James M., 1997, "Demographic Structure and the Political Economy of Public Education," *Journal of Policy Analysis and Management*, 16(1): 48-66. https://doi.org/10.1002/(SICI)1520-6688(199724)16:1<48::AID-PAM3>3.0.CO;2-I

Reher, Stefanie, 2022, "Do Disabled Candidates Represent Disabled Citizens?," *British Journal of Political Science*, 52(2): 520-534. https://doi.org/10.1017/S0007123420000733

Rehfeld, Andrew, 2009, "Representation Rethought: On Trustees, Delegates, and Gyroscopes in the Study of Political Representation and Democracy," *American Political Science Review*, 103(2): 214-230. https://doi.org/10.1017/S0003055409090261

Riccucci, Norma M. and Gregg G. Van Ryzin, 2017, "Representative Bureaucracy: A Lever to Enhance Social Equity, Coproduction, and Democracy," *Public Administration Review*, 77(1): 21-30. https://doi.org/10.1111/puar.12649

Riccucci, Norma M., Gregg G. Van Ryzin, and Huafang Li, 2016, "Representative Bureaucracy and the Willingness to Coproduce: An Experimental Study," *Public Administration Review*, 76(1): 121-130. https://doi.org/10.1111/puar.12401

Rigby, Elizabeth and Gerald C. Wright, 2011, "Whose Statehouse Democracy?: Policy Representativeness to Poor Versus Rich Constituents in Poor Versus Rich States," In Peter K. Enns and Christopher Wlezien eds., *Who Gets Represented?*, New York: Russel Sage Foundation, 188-221.

Riles, Julius M., Pilny Andrew and David Tewksbury, 2018, "Media Fragmentation in the Context of Bounded Social Networks: How Far Can It Go?" *New Media & Society*, 20(4): 1415-1432. https://doi.org/10.1177/1461444817696242

Romer, Thomas, 1975, "Individual Welfare, Majority Voting, and the Properties of a Linear Income Tax," *Journal of Public Economics*, 4(2): 163-185. https://doi.org/10.1016/0047-2727(75)90016-X

Rosenbluth, Frances. M., 2011, "Japan in 2010: Messy Politics but Healthier Democracy," *Asian Survey*, 51(1), 41-53. https://doi.org/10.1525/as.2011.51.1.41

Rosenstone, Steven J. and John M. Hansen, 1993, *Mobilization, Participation, and Democracy in America*, New York: Macmillan.

Rosset, Jan and Christian Stecker, 2019, "How Well are Citizens Represented by Their Governments? Issue Congruence and Inequality in Europe," *European Political Science Review*, 11(2): 145-160. https://doi.org/10.1017/S1755773919000043

Rueda, David and Daniel Stegmueller, 2019, *Who Wants What? Redistribution Preferences in Comparative Perspective*, New York: Cambridge University Press.

Sabl, Andrew, 2015, "The Two Cultures of Democratic Theory: Responsiveness, Democratic Quality, and the Empirical-normative Divide," *Perspectives on Politics*, 13(2): 345-365. https://doi.org/10.1017/S1537592715000079

Saward, Michael, 2006, "The Representative Claim," *Contemporary Political Theory*, 5: 297-318. https://doi.org/10.1057/palgrave.cpt.9300234

Schakel, Wouter, 2021, "Unequal Policy Responsiveness in the Netherlands," *Socio-Economic Review*, 19(1): 37-57.

Schakel, Wouter and Armen Hakhverdian, 2018, "Ideological Congruence and Socio-Economic Inequality," *European Political Science Review*, 10(3): 441-465. https://doi.org/10.1017/S1755773918000036

Schattschneider, Elmar E., 1960, *The Semi-Sovereign People: A Realist's View of Democracy in America*, New York: Holt, Rinehart and Winston.

Schlozman, Kay L. and John T. Tierney, 1986, *Organized Interests and American Democracy*, New York: Harper & Row.

Schlozman, Kay Lehman, Sidney Verba and Henry E. Brady, 2012, *The Unheavenly Chorus: Unequal Political Voice and the Broken Promise of American Democracy*, Princeton: Princeton University Press.

Schlozman, Kay Lehman, Henry E. Brady and Sidney Verba, 2018, *Unequal and Unrepresented: Political Inequality and the People's Voice in the New Gilded Age*, Princeton: Princeton University Press.

Seki, Katsunori, 2023, "Social Identification and Redistribution Preference: A Survey Experiment in Japan," *Social Science Japan Journal*, 26(1): 47-60. https://doi.org/10.1093/ssjj/jyac029

Sevi, Semra, 2021, "Do Young Voters Vote for Young Leaders?" *Electoral Studies*, 69: 1-8. https://doi.org/10.1016/j.electstud.2020.102200

Shayo, Moses, 2009, "A Model of Social Identity with an Application to Political Economy: Nation, Class, and Redistribution," *American Political Science Review*, 103(2): 147-174. https://doi.org/10.1017/S0003055409090194

Shimasawa, Manabu and Kazumasa Oguro, 2016, "Will Abenomics Save Future Generations?" *RIETI Discussion Paper*, 6-E-100. https://www.rieti.go.jp/jp/publications/summary/16110008.html

Sievert, Martin, 2021, "A Replication of 'Representative Bureaucracy and the Willingness to Coproduce,'" *Public Administration*, 99(3): 616-632. https://doi.org/10.1111/padm.12743

Smith, Daniel, 2018, *Dynasties and Democracy*, Redwood City: Stanford University Press.

Smith, Mark A., 2000, *American Business and Political Power*, Chicago: The University of Chicago Press.

Solt, Fredrick, 2008, "Economic Inequality and Democratic Engagement," *American Journal of Political Science Quarterly*, 52(1): 48-60. https://doi.org/10.1111/j.1540-5907.2007.00298.x

Solt, Fredrick, 2010, "Does Economic Inequality Depress Electoral Participation?: Testing the Schattschneider Hypothesis," *Political Behavior*, 32: 285-301. https://doi.org/10.1007/s11109-010-9106-0

Sorokin, Pitirim A., 1959, *Social and Cultural Mobility*, New York: Free Press.

Stigler, George J., 1971, "The Theory of Economic Regulation," *Bell Journal of Economics and Management Science*, 2(1): 3-21. https://doi.org/10.2307/3003160

Stimson, James A., Michael B. Mackuen and Robert S. Erikson, 1995, "Dynamic Representation," *American Political Science Review*, 89(3): 543-565.

Stockemer, Daniel and Aksel Sundström, 2018, "Age Representation in Parliaments: Can Institutions Pave the Way for the Young?" *European Political Science Review*, 10(3): 467-490. https://doi.org/10.1017/S1755773918000048

Stockemer, Daniel, and Aksel Sundström, 2022, *Youth Without Representation: The Absence of Young Adults in Parliaments, Cabinets, and Candidacies*, Ann Arbor: University of Michigan Press.

Teorell, Jan, Paul Sum and Mette Tobiasen, 2007, "Participation and Political Equality: An Assessment of Large-Scale Democracy," In J. van Deth, J. R. Montero, and A. Westholm eds., *Citizenship and Involvement in European Democracies: A Comparative Perspective*, London: Routledge, 314-414.

Topf, Richard, 1998, "Electoral Participation," In H. D. Klingmann and D. Fuchs eds., *Citizens and the State*, Oxford: Oxford University Press, 27-51.

Tyler, Tom R., Robert J. Boeckmann, Heather J. Smith and Yuen J. Huo, 1997, *Social Justice in a Diverse Society*, Boulder: Westview Press. [トム・タイラー他（大渕憲一・菅原郁夫監訳），2000,『多元社会における正義と公正』ブレーン出版.]

Urbinati, Nadia and Mark E. Warren, 2008, "The Concept of Representation in Contemporary Democratic Theory," *Annual Review of Political Science*, 11(1): 387-412. https://doi.org/10.1146/annurev.polisci.11.053006.190533

Van den Bos, Kees, 2005, "What Is Responsible for the Fair Process Effect?," In Jerald Greenberg and Jason A. Colquitt eds., *Handbook of Organizational Justice*, 273-300. London: Taylor & Francis.

Van Ryzin., Gregg G., Norma M. Riccucci and Huafang Li, 2017, "Representative Bureaucracy and Its Symbolic Effect on Citizens: A Conceptual Replication," *Public Management Review*, 19(9): 1365-1379. https://doi.org/10.1080/14719037.2016.1195009

Verba, Sidney, Nancy Burns and Kay Lehman Schlozman, 1997, "Knowing and Caring about Politics: Gender and Political Engagement," *Journal of Politics*, 59(4): 1051-1572.

Verba, Sidney and Norman H. Nie, 1972, *Participation in America: Political Democracy and Social Equality*, New York: Harper & Row.

Verba, Sidney, Norman H. Nie and Joe-on Kim, 1978, *Participation and Political Equality: A Seven-nation Comparison*, New York: Cambridge University Press.［シドニ・ヴァーバ他（三宅一郎・蒲島郁夫・小田健訳），1981,『政治参加と平等：比較政治学的分析』東京大学出版会.］

Verba Sidney, Kay Lehman Schlozman and Henry E. Brady, 1995, *Voice and Equality: Civic Voluntarism in American Politics*, Cambridge, MA: Harvard University Press.

Vitak, Jessica, Nicole B. Ellison and Charles Steinfield, 2011, "The Ties That Bond: Re-Examining the Relationship between Facebook Use and Bonding Social Capital," *Proceedings of the 2011 44th Hawaii International Conference on System Sciences*. https://doi.org/10.1109/HICSS.2011.435

Vlandas, Tim, Daniel McArthur and Michael Ganslmeier, 2021, "Ageing and the Economy: A Literature Review of Political and Policy Mechanisms," *Political Research Exchange*, 3(1): 1-23. https://doi.org/10.1080/2474736X.2021.1932532

Webeck, Sean and Hongseok Lee, 2022, "The Behavioral Foundations of Representative Bureaucracy," *Perspectives on Public Management and Governance*, 5(3): 209-221. https://doi.org/10.1093/ppmgov/gvac013

Wolkenstein, Fabio and Christopher Wratil, 2021, "Multidimensional Representation," *American Journal of Political Science*, 65(4): 862-876. https://doi.org/10.1111/ajps.12563

World Economic Forum, 2023, *Global Gender Gap Report 2023*. https://www3.weforum.org/docs/WEF_GGGR_2023.pdf（最終閲覧日2025年1月13日）

アゥアバック, アラン・J, ローレンス・J・コトリコフ, ウィリー・リーブフリッツ, 1998,「世代会計の国際比較」『金融研究』17(6): 1-38.

青木紀美子, 2018,「『メディアの権力監視』, 日本は最低評価」『放送研究と調査』69(8): 116-120.

青木玲子, 2013,「日本の政策的変遷」林香里・谷岡理香編『テレビ報道職のワーク・ライフ・バランス：13局男女30人の聞き取り調査から』大月書店, 248-260.

明石純一, 2020,「2018年法改正と入国管理をめぐる歴史観：変化と連続性」『移民政策研究』12: 65-79.

明るい選挙推進協会, 2022,『第49回衆議院議員総選挙全国意識調査：調査結果の概要』. https://www.akaruisenkyo.or.jp/wp/wp-content/uploads/2018/07/49syuishikichosa.pdf（最終閲覧日2024年5月15日）

淺野良成, 2024,『賛同・許容・傍観された自民党政治』有斐閣.

淺野良成・大森翔子・金子智樹, 2023,「政治態度研究におけるインターネット調査の可能性」『選挙研究』39(1): 78-92.

麻野雅子, 2006,「日本における外国人政治参加の現状：多文化共生を目指す自治体の取り組みを中心に」河原祐馬・植村和秀編『外国人参政権問題の国際比較』昭和堂, 284-316.

芦谷圭祐, 2020,「代表制論的転回と実証分析の動向：本人－代理人関係論を超えて（1）・（2・完）」『阪大法学』69(6): 1333-1362, 70(1): 67-96.

阿部彩, 2008,『子どもの貧困：日本の不公平を考える』岩波書店.

阿部彩, 2013,「生活保護への四つの批判」埋橋孝文編『生活保護』ミネルヴァ書房, 21-35.

石川茉莉, 2024,「労働組合におけるジェンダー平等推進とクオータ制：日仏比較を通じて」『連合総研調査研究報告書』2024(1-3): 30-51.

石田雄, 1961,『現代組織論』岩波書店.

石田浩・佐藤香・佐藤博樹・豊田義博・萩原牧子・萩原雅之・本多則惠・前田幸男・三輪哲, 2009,『信頼できるインターネット調査法の確立に向けて』SSJ Data Archive Research Paper Series No.42.

出雲明子・グリヴォ・アルノ, 2019,「公務員の女性活躍と働き方改革：両立支援からキャリアアップに向けた支援」『季刊行政管理研究』166: 32-45.

伊藤誠, 2012,「投票率の長期低落傾向と投票義務感：市議会議員選挙後調査における京都市民の投票義務感の分析を通じて」『政策科学』19(2): 73-82.

伊藤光利, 1977-78,「政治的代表の経験的研究：各国における調査を手掛かりとして（一）・（二完）」『法学論叢』101(6): 69-98, 103(5): 39-64.

猪口孝, 1983,『現代日本政治経済の構図』東洋経済新報社.

今井亮佑, 2008,「政治的知識の構造」『早稲田大学政治経済学雑誌』370: 39-52.

上神貴佳, 2010,「政権交代と政策過程：委任モデル再考」『公共政策研究』10: 45-58.

大海篤子, 2005,「台所からの政治参加」『ジェンダーと政治参加』世織書房, 65-94.

大竹文雄, 2005,『日本の不平等：格差社会の幻想と未来』日本経済新聞社.

大竹文雄・佐野晋平, 2009,「人口高齢化と義務教育費支出」『大阪大学経済学』59(3): 106-130.

大谷基道, 2021,「女性活躍とワーク・ライフ・バランス」『マッセ大OSAKA研究紀要』24:

11-26.

大場優志, 2021,「新しい代表論を現代政治に適用する」『名古屋大学法政論集』289: 239-261.

大村華子, 2012,『日本のマクロ政体：現代日本における政治代表の動態分析』木鐸社.

大山七穂, 2002,「政治的態度と行動にみるジェンダー」『東海大学紀要・文学部』78: 104-188.

大山七穂・国広陽子, 2010,『地域社会における女性と政治』東海大学出版会.

小笠原盛浩, 2008,「インターネットのメディア信頼性形成モデルに関する実証分析」『マス・コミュニケーション研究』73: 113-130.

蒲島郁夫, 1986,「マスメディアと政治：もう一つの多元主義」『中央公論』101(2): 110-130.

蒲島郁夫, 1988,『政治参加』東京大学出版会.

蒲島郁夫, 1990,「マス・メディアと政治」『レヴァイアサン』7: 7-29.

蒲島郁夫, 2004,『戦後政治の軌跡：自民党システムの形成と変容』岩波書店.

蒲島郁夫・境家史郎, 2020,『政治参加論』東京大学出版会.

蒲島郁夫・竹中佳彦, 2012,『イデオロギー』東京大学出版会.

金兌希, 2014,「日本における政治的有効性感覚指標の再検討：指標の妥当性と政治参加への影響力の観点から」『法学政治学論究』100: 121-154.

久保慶明, 2021,「経済的平等：不平等認知は再分配政策につながるのか」竹中佳彦・山本英弘・濱本真輔編『現代日本のエリートの平等観：社会的格差と政治権力』明石書店, 65-84.

厚生労働省, 2021,「国民生活基礎調査（2021年調査）」. https://www.mhlw.go.jp/toukei/saikin/hw/k-tyosa/k-tyosa21/index.html（最終閲覧日2023年3月7日）

後藤嘉代, 2008,「労働組合と若年女性」『社学研論集』12: 172-186.

小林良彰, 1997,『現代日本の政治過程』東京大学出版会.

小林良彰, 2016,『代議制民主主義の計量分析』木鐸社.

小林良彰・岡田陽介・鷲田任那・金兌希, 2014,『代議制民主主義の比較研究』慶應義塾大学出版会.

近藤敦, 2022,「移民統合政策指標（MIPEX 2020）等にみる日本の課題と展望」『移民政策研究』14: 9-22.

酒井正, 2020,『日本のセーフティーネット格差：労働市場の変容と社会保険』慶應義塾大学出版会.

境家史郎, 2013,「戦後日本人の政治参加：『投票参加の平等性』論を再考する」『年報政治学』2013-Ⅰ: 236-255.

佐々木優香, 2022,「在日ブラジル人の定住化をめぐるディアスポラ政策の展望と実践」明石純一編『移住労働とディアスポラ政策：国境を越える人の移動をめぐる送出国のパースペクティブ』筑波大学出版会, 284-304.

佐藤誠三郎・松崎哲久, 1986,『自民党政権』中央公論社.

佐藤俊樹, 2000,『不平等社会日本：さよなら総中流』中央公論新社.

佐藤直子, 2022,「地方自治体幹部職員のキャリアパスにおける男女格差：政令指定都市Ａ市の事例から」『社会政策』14(2): 93-105.

四方由美, 2018,「ジェンダーとメディア」大井眞二・田村紀雄・鈴木雄雅編『現代ジャーナリズムを学ぶ人のために〔第2版〕』世界思想社, 128-141.

島澤諭, 2017,『シルバー民主主義の政治経済学：世代間対立克服への戦略』日本経済新聞出版社.

首藤若菜, 2011,「女性組合役員の増加と組合運動の変化」『大原社会問題研究所雑誌』633: 20-35.

白波瀬佐和子, 2010,『日本の不平等を考える：少子高齢社会の国際比較』東京大学出版会.

進藤久美子, 2004,『ジェンダーで読む日本政治：歴史と政策』有斐閣.

関能徳, 2023a,「マクロな不平等がもたらす負の外部性は所得再分配選好を規定するのか：日本の有権者を対象としたコンジョイント分析による実証研究」『国際日本研究』（筑波大学）15: 37-52.

関能徳, 2023b,「再分配選好の規定要因としての社会的アイデンティティの役割：日本における在留外国人の生活保護受給に関するコンジョイント実験」『理論と方法』38(2): 307-324.

善教将大, 2016,「社会的期待迎合バイアスと投票参加：リスト実験による過大推計バイアス軽減の試み」『法と政治』66(4), 1-26.

善教将大, 2019,「市民社会への参加の衰退？」後房雄・坂本治也編『現代日本の市民社会：サードセクター調査による実証分析』法律文化社, 239-251.

総務省, 2023,『令和5年版情報通信白書　新時代に求められる強靱・健全なデータ流通社会の実現に向けて』日経印刷.

総務省情報通信政策研究所, 2023,「令和4年度情報通信メディアの利用時間と情報行動に関する調査報告書」. https://www.soumu.go.jp/main_content/000887659.pdf（最終閲覧日2024年9月5日）

曽我謙悟, 2022,「政策選好で見る官僚・政治家・有権者の関係」北村亘編『現代官僚制の解剖』有斐閣, 25-47.

蘇淳昌, 1998,「地方エリートの役割認知：日米韓における地方議員に関する比較研究」小林良彰編『地方自治の実証分析：日米韓3ヶ国の比較研究』慶應義塾大学出版会, 111-134.

高橋篤史, 2022,「『創価学会』団塊世代の退場で, 一気に弱体化も：寄付や公明党の得票数で住事の勢いなし」『東洋経済ONLINE』. https://toyokeizai.net/articles/-/616509?page=4（最終閲覧日2024年9月6日）

竹下俊郎, 2008,『メディアの議題設定機能－増補版　マスコミ効果研究における理論と実証』学文社.

竹中治堅, 2017,「政権交代は何を変えたのか」竹中治堅編『二つの政権交代：政策は変わっ

たのか』勁草書房, 1-21.

竹中佳彦・山本英弘, 2021,「調査の方法と回答者のプロフィール」竹中佳彦・山本英弘・濱本真輔編『現代日本のエリートの平等観：社会的格差と政治権力』明石書店, 23-44.

竹中佳彦・山本英弘・濱本真輔編, 2021,『現代日本のエリートの平等観：社会的格差と政治権力』明石書店.

竹ノ下弘久, 2000,「外国人市民の団体参加活動とその意義」宮島喬編『外国人市民と政治参加』有信堂, 96-111.

橘木俊詔, 1998,『日本の経済格差：所得と資産から考える』岩波書店.

建林正彦, 2018,「比較議員研究への一試論：京都大学・読売新聞共同議員調査の分析を通じて」『レヴァイアサン』63: 42-65.

田辺俊介, 2011,「『政党』支持の時代変遷：階層は政党といかに関わってきたか？」斎藤友里子・三隅一人編『現代の階層社会3　流動化のなかの社会意識』東京大学出版会, 47-62.

田辺俊介, 2021,「社会階層は政党支持といかに関わっているのか？：価値意識を含めた構造分析」渡邊勉・吉川徹・佐藤嘉倫編『シリーズ　少子高齢社会の階層構造2　人生中期の階層構造』東京大学出版会, 183-199.

谷口将紀, 2020,『現代日本の代表制民主政治：有権者と政治家』東京大学出版会.

谷口将紀・大森翔子, 2022,「社会調査における投票率のバイアス」『NIRAワーキングペーパー』No.5.

田畑真一, 2017,「代表関係の複数性：代表論における構築主義的転回の意義」『年報政治学』2017-I, 181-202.

辻中豊, 1988,『利益集団』東京大学出版会.

辻中豊・森裕城編, 2010,『現代社会集団の政治機能：利益団体と市民社会』木鐸社.

辻中豊・山本英弘・久保慶明, 2010,「日本における団体の形成と存立」辻中豊・森裕城編『現代社会集団の政治機能：利益団体と市民社会』木鐸社, 33-64.

帝国データバンク, 2023a,「特別企画：全国『女性社長』分析調査（2023年）」. https://www.tdb.co.jp/report/watching/press/p231111.html（最終閲覧日2024年8月9日）

帝国データバンク, 2023b,「特別企画：全国『社長年齢』分析調査（2022年）」. https://www.tdb.co.jp/report/watching/press/p230606.html（最終閲覧日2024年8月9日）

東京商工リサーチ, 2016,「『130万人の社長データ』調査」. https://www.tsr-net.co.jp/data/detail/1188644_1527.html（最終閲覧日2024年8月9日）

東京商工リサーチ, 2022,「女性社長は58万4,130人, 12年間で2.7倍増〜第11回『全国女性社長』調査〜」. https://www.tsr-net.co.jp/data/detail/1197046_1527.html（最終閲覧日2024年8月9日）

東京商工リサーチ, 2024,「社長の平均年齢 過去最高の63.76歳　最高は高知県65.96歳、最年少は広島県62.67歳〜2023年「全国社長の年齢」調査〜」. https://www.tsr-net.co.jp/data/

detail/1198339_1527.html（最終閲覧日 2024 年 8 月 9 日）

轟亮・歸山亜紀, 2014,「予備調査としてのインターネット調査の可能性」『社会と調査』12: 46-61.

豊田秀樹編, 2005,『項目反応理論［理論編］：テストの数理』朝倉書店.

内閣府男女共同参画局, 2021,『男女共同参画白書 令和 3 年版』. https://www.gender.go.jp/about_danjo/whitepaper/r06/zentai/index.html（最終閲覧日 2024 年 9 月 9 日）

中谷美穂, 2011,「政治的代表の役割に対する認知比較：2 県のデータを中心に」『法学研究』90: 447-480.

永吉希久子, 2017,「日本の排外意識に関する研究動向と今後の展開可能性」『東北大学文学研究科研究年報』66: 164-143.

永吉希久子・松谷満・樋口直人, 2020,「オンライン調査による大標本データ収集：3.11 後のデモ参加をめぐる調査を事例として」『理論と方法』35(1): 145-158.

名取良太, 2002,「選挙制度改革と利益誘導政治」『選挙研究』17: 128-141.

日本新聞協会, 2023,「新聞の発行部数と世帯数の推移」. https://www.pressnet.or.jp/data/circulation/circulation01.php（最終閲覧日 2024 年 9 月 5 日）

日本労働組合総連合会, 2023,「連合および労働組合のイメージ調査」. https://www.jtuc-rengo.or.jp/info/chousa/data/20230406.pdf?18（最終閲覧日 2024 年 9 月 9 日）

濱本真輔, 2019,「国会議員の代表観」『阪大法学』68(6): 1185-1213.

早川誠, 2014,『代表制という思想』風行社.

樋口直人, 2000,「対抗と協力：市政決定メカニズムのなかで」宮島喬編『外国人市民と政治参加』有信堂, 20-38.

樋口直人, 2001,「外国人の行政参加システム：外国人諮問機関の検討を通じて」『都市問題』92(4): 69-79.

久本憲夫, 2019,「雇用類型と労働組合の現状」『日本労働研究雑誌』710: 4-15.

平野浩, 2007,『変容する日本の社会と投票行動』木鐸社.

平野浩, 2015,『有権者の選択：日本における政党政治と代表制民主主義の行方』木鐸社.

広瀬幸雄・大友章司, 2015,「手続き的公正さと行政への信頼がごみ収集料値上げの受容に及ぼす効果」『社会安全学研究』5: 15-22.

堀江孝司, 2005,『現代政治と女性政策』勁草書房.

ホール・ナタリーアン, 2014,「対話と政治参加の場としての外国人住民会議：外国人県民あいち会議を事例に」『国際開発研究フォーラム』44: 68-82.

前田健太郎, 2019,『女性のいない民主主義』岩波書店.

前田幸男, 2009,「投票参加と意識の比較」石田浩ほか『信頼できるインターネット調査法の確立に向けて』SSJ Data Archive Research Paper Series, No.42: 49-64.

待鳥聡史, 2012,『首相政治の制度分析：現代日本政治の権力基盤形成』千倉書房.

三浦麻子・小林哲郎, 2015,「オンライン調査モニタの Satisfice に関する実験的研究」『社会心

理学研究』31(1): 1-12. https://doi.org/10.14966/jssp.31.1_1

三浦まり編, 2016, 『日本の女性議員：どうすれば増えるのか』朝日新聞出版.

三浦まり, 2023, 『さらば男性政治』岩波書店.

三浦まり・衛藤幹子編著, 2014, 『ジェンダー・クオータ：世界の女性議員はなぜ増えたのか』明石書店.

三宅一郎, 1977, 「有権者構造の変動と選挙」『年報政治学』28: 259-302.

三宅一郎, 1985a, 『政党支持の分析』創文社.

三宅一郎, 1985b, 「平等観の構造とグループ差」三宅一郎・綿貫譲治・嶋澄・蒲島郁夫『平等をめぐるエリートと対抗エリート』創文社, 83-113.

三宅一郎, 1987, 「地元利益志向と保守化」『レヴァイアサン』1: 31-46.

三宅一郎, 1989, 『投票行動』東京大学出版会.

三宅一郎, 1995, 『日本の政治と選挙』東京大学出版会.

宮本太郎, 2016, 「利益政治の転換とリアル・デモクラシー」宮本太郎・山口二郎編『リアル・デモクラシー：ポスト「日本型利益政治」の構想』岩波書店, 1-37.

村松岐夫, 1981, 『戦後日本の官僚制』東洋経済新報社.

村松岐夫・伊藤光利, 1986, 『地方議員の研究：日本的政治風土の主役たち』日本経済新聞社.

村松岐夫・伊藤光利・辻中豊, 1986, 『戦後日本の圧力団体』東洋経済出版社.

森裕城・久保慶明, 2014, 「データからみた利益団体の民意表出：有権者調査・利益団体調査・圧力団体調査の分析」『年報政治学』2014-I, 200-224.

森口千晶, 2017, 「日本は『格差社会』になったのか：比較経済史にみる日本の所得格差」『経済研究』（一橋大学経済研究所）68(2): 169-189.

八代尚宏, 2016, 『シルバー民主主義：高齢者優遇をどう克服するか』中央公論新社.

安野智子, 2015, 「2013年参議院議員選挙における資産効果」『選挙研究』31(1): 84-101.

柳至, 2021, 「政策と公正さ：分配的公正研究と手続き的公正研究のレビュー」『立命館法学』2021(5・6): 979-1003.

山田貴夫, 2000, 「川崎市外国人市民代表者会議の成立と現状」宮島喬編『外国人市民と政治参加』有信堂, 39-57.

山田真裕, 2004, 「投票外参加の論理：資源, 指向, 動員, 党派性, 参加経験」『選挙研究』19: 85-99.

山田真裕, 2007, 「日本人の政治参加におけるジェンダー・ギャップ」川人貞史・山元一編『政治参画とジェンダー』東北大学出版会, 265-279.

山田真裕, 2016, 『政治参加と民主政治』東京大学出版会.

山田真裕, 2018, 「投票参加における社会経済的バイアスの国際比較と日本」『レヴァイアサン』63: 30-41.

大和礼子, 2000, 「"社会階層と社会的ネットワーク"再考」『社会学評論』51(2): 235-250.

山村英司, 2018, 「所得再分配選好の形成分析の展開と展望：反グローバル化時代における格

差と人々の意識」『行動経済学』11: 75-87.

山本英弘, 2021,「経済的平等に関する応答性：エリートと有権者の考えは一致しているのか」竹中佳彦・山本英弘・濱本真輔編『現代日本のエリートの平等観：社会的格差と政治権力』明石書店, 189-203.

山本英弘, 2023,「利益団体の選挙動員とメンバーの投票行動：団体所属者に対する質問紙調査の分析」『選挙研究』38(2): 34-47.

山本英弘・竹中佳彦, 2021,「政治権力構造とマスメディア：レファレント・プルーラリズムのゆくえ」竹中佳彦・山本英弘・濱本真輔編『現代日本のエリートの平等観：社会的格差と政治権力』明石書店, 137-154.

吉田渉, 2018,「自治体における社会統合政策の現状と課題：自治体に対するアンケート調査をもとに」『社学研論集』31: 13-27.

吉田渉, 2019,「外国人住民の地方行政参加についての研究：外国人住民会議に関するアンケート調査を通して」『日本地域政策研究』23: 116-124.

連合総合政策推進局ジェンダー平等・多様性推進局, 2023,「構成組織, 地方連合会における女性の労働組合への参画に関する調査　2023年実施・速報版」. https://www.jtuc-rengo.or.jp/activity/gender/meeting2023/data/10_report.pdf?21（最終閲覧日2025年1月14日）

綿貫譲治, 1976,『日本政治の分析視角』中央公論社.

綿貫譲治, 1986,「選挙動員と候補者要因」綿貫譲治・三宅一郎・猪口孝・蒲島郁夫『日本人の選挙行動』東京大学出版会, 137-151.

索　引

英　語

satisficer　11

あ　行

アジェンダ・セッティング　217
アメリカ政治学会タスクフォース　iv, 2
一億総中流　iii, 98
イデオロギー　8, 9, 62, 75, 76, 116, 172
委任－独立論争　135
移民統合政策指標　83
ウェブ調査　15-17
エコーチェンバー　69
エリート主義　8
オープンデータ　77-78

か　行

外国人会議　86
外国人参政権　84
外国人市民代表者会議　86
外国人住民会議　86, 87
格差社会　iii, 98, 111
官僚主導大衆包括型多元主義　9
機会の政治的不平等　1-2
企業経営者　121, 186-188, 198, 200
記述的代表（性）　2, 7, 117, 119-120, 133, 136,
　　146, 148, 149, 168
共産党　54, 122, 124, 132, 149, 162
共生　82
ギレンス（Gilens）　202, 203, 217, 219

経済エリート支配理論　10, 202
経済団体　8, 9, 10, 55, 143, 188, 201, 219
形式的代表　7, 117, 120
結果の政治的不平等　2
権威主義　64, 70, 78, 160, 161
構築主義的転回　8, 118, 134, 137
公的扶助　98, 111
公務員調査　14, 167
公明党　54-55, 85, 124, 133, 149, 154, 164
項目反応理論　143, 151
国籍条項　87
国民民主党　122, 124, 133

さ　行

再分配の政治経済学　99, 100, 111
ジェンダー・ギャップ　43-45, 48, 60, 202
ジェンダー・ギャップ指数　iii, v
仕切られた多元主義　9
資源　5, 26, 44-45, 48, 57-60
実質的代表　2, 7-8, 117-118, 119-120, 136
ジニ係数　98, 102, 108
シビックテック　77-78
シビック・ボランタリズム・モデル　5, 25-
　　26, 34, 37, 39, 44, 60
市民社会組織　78, 143
市民的技能　25, 30-32, 34-36, 39-40, 41, 44, 48-
　　49, 57-59, 60-61
自民党システム　7
自由民主党／自民党　v, 4-5, 9, 24, 54, 120,
　　121, 124, 133, 134, 161-162, 164, 184, 185-186,
　　215

243

社会経済的地位　4, 5-7, 10-11, 21, 24-25, 26-28, 34-36, 39-40, 71-72, 105, 138, 139, 142, 148-149, 169, 212, 215-217

社会的アイデンティティ　100, 113, 114

社会的亀裂　3-5, 119

社会的望ましさバイアス　28

社会保障　98, 111, 146

若年層クオータ　154, 156, 158, 162, 163, 164

自由権規約委員会　85

住民投票　85-86, 96

受動的な代表　168, 180

象徴的（な）代表　7, 117, 136, 170-171, 180

所得格差　6, 98, 108-109, 110-111

所得再分配　99-100, 105-106, 111-112

シルバー民主主義　153, 216

人種差別撤廃委員会　85

政策応答（的，性）　2-3, 10-11, 120, 201-203, 204-205, 210, 215-218

政策選好　8, 134, 170-172, 174, 179, 203, 204-210, 215-217

政治関心　25, 32, 44, 51, 57-59, 60

政治参加　5-7, 25-26, 39-40, 43-45, 62, 64, 73-75, 84-87, 94, 154, 163, 184, 216

政治情報　5, 26, 32, 41, 45, 70-71, 79

政治的関与　5, 25-26, 32-34, 36, 39-40, 44-45, 51-52, 57-59, 60

政治的平等　iv

政治的不平等　iv-v, 1-3, 87

政治的有効性感覚　25-26, 32-33, 51-52, 58, 60

政治不信　78, 139

世代　66, 73, 141-142, 152-153, 163, 168, 175-177, 179

世代間不平等　152-153, 155

選挙権／投票権　iv, 84

ソーシャル・キャピタル　1, 67-68

ソーシャルメディア　66, 67-69, 70-76, 184, 186, 192-193, 198-199

た 行

代表観　116, 136, 139-148, 149-150, 151

代表性　118, 166, 176-179, 183, 193-195

代表性（調査サンプル）　15

代表制民主主義　120, 135

代表的官僚制　166-167, 180

代表論　8, 117-119, 134, 136-137, 151

多元主義　8, 9, 186, 217

多重対応分析　146, 148, 151

ダブロウ（Dubrow）　1-3

多文化共生　82

ダール（Dahl）　iv, 1, 8, 134

ディプロマ・デモクラシー　7, 202, 216

定年制（政治家）　154, 156-158, 161, 163

デジタル・ソーシャル・キャピタル　67-70, 77

手続き的公正　88, 90, 94

鉄の三角形　9

電子投票　77

動員　5-7, 24, 26, 28-30, 34-39, 40, 45, 49, 52-54, 56, 58-59, 60-61, 184-185

動員ネットワーク　44, 49, 54-55

等価可処分所得　98

等価市場所得　98, 102, 108, 111

党派性／党派心　5, 19, 25, 26, 32, 36, 39, 45, 119, 124, 129, 132, 133, 138

投票（行動／参加）　4, 5, 6-7, 24, 28-30, 34-36, 39, 45-46, 58, 60, 86, 183, 209-210, 215, 216-217

投票以外の政治参加／投票外参加　36-37, 39-40, 44-45, 46-47, 56, 59, 60-61

投票依頼　53-54

投票義務感　36

投票率　v, 6, 15-16, 44, 62, 78, 184-185

な　行

日本維新の会　122, 124, 132, 133, 162
日本型参加格差構造　184-185
年金　98, 146, 153
能動的な代表　169

は　行

バイアスのある多元主義　10, 202
パターン化された多元主義　9
非決定の権力　217
被選挙権年齢　154, 156-158, 161, 163, 164
ピトキン（Pitkin）　7, 117-118, 136
平等観　175-176, 179-180
フィルターバブル　68
フェイクニュース　68, 79
物質的自己利益　99, 106, 111-112
負の外部性　99, 100, 102, 108-109, 112
分配的公正　88

ま　行

マスメディア／伝統的メディア　9-10, 65-66,
　71-76, 120, 183-184, 185-186, 190-192, 194
マンスブリッジ（Mansbridge）　118, 136, 153
三宅一郎　124, 138
ミルズ（Mills）　8, 201, 202

や　行

役割認識　137, 138
山田真裕　41, 44

ら　行

利益集団　153, 186
利益集団自由主義　9
利益代表政党　121, 123-124, 126, 132-133
利益代表団体　124-125, 126, 132-133
利益団体　iv, 8, 10, 120, 183-184, 185-186, 194-
　197, 198-199, 201, 219
立憲民主党　54, 122, 124, 132, 133, 149
レイプハルト（Lijphart）　iv
レファレント・プルーラリズム　9-10
レーフェルド（Rehfeld）　136-137
労働組合　v, 6, 9, 45, 50, 53-55, 62, 125, 128,
　129, 143, 188-190, 198

執筆者紹介

（執筆順，＊は編著者）

＊山本 英弘 ◆ はじめに，第1章，第2章［共著］，第5章［共著］，第12章［共著］

筑波大学人文社会系教授

東北大学大学院文学研究科修了　博士（文学）

〔主要業績〕

"Female Assembly Members and the Adoption of Women-Friendly Policies in Japanese Local Municipalities" (Co-authored, *Asian Survey*, 63(3): 355-380, 2023) https://doi.org/10.1525/as.2023.1820098, Impact factor 0.511

『現代日本のエリートの平等観：社会的格差と政治権力』（共編，明石書店，2021年）

"Interest Group Politics and Its Transformation in Japan: Approach Informed by Longitudinal Survey Data"（*Asian Survey*, 61(3), 532-557, 2021）

苗　詩媛 ◆ 第2章［共著］，第12章［共著］

筑波大学大学院人文社会科学研究科　博士後期課程

北海道大学国際広報メディア・観光学院修士課程修了　修士（国際広報メディア）

〔主要業績〕

「フレーム構築と動員メカニズム：2015年安保法に反対する学生団体SEALDsを事例に」（『国際日本研究』17，2025年，掲載決定）

大倉 沙江 ◆ 第3章

筑波大学人文社会系助教

筑波大学大学院人文社会科学研究科博士後期課程修了　博士（学術）

〔主要業績〕

"Gender: Gender Inequality in Japanese Civil Society"（Simon Avenell and Akihiro Ogawa eds., *Handbook of Civil Society in Japan*, Japan Documents, 2024）

"The Political Underrepresentation of People with Disabilities in the Japanese Diet"（*Social Science Japan Journal*, 24(2): 369-396, 2021）

「障害等のある有権者や寝たきりの有権者はどのように投票に参加してきたのか？：『投票権保障』と『選挙の公正』の間」（『選挙研究』35(2): 54-70, 2019年）

海後 宗男 ◆ 第4章

筑波大学人文社会系教授

国際基督教大学大学院教育学研究科博士後期課程修了　博士（教育学）

〔主要業績〕

Social Media and Civil Society in Japan（Authored and edited, Palgrave Macmillan, 2017）

"Exploring Fluctuations in Citizen Engagement on a Local Government Facebook Page in Japan"（Co-authored, *Telematics and Informatics*, 33(2), 584-595, 2016）

"Ethos in Chaos? Reaction to Video Files Depicting Socially Harmful Images in the Channel 2 Japanese Internet Forum"（Co-authored, *Journal of Computer-Mediated Communication*, 12(4), 1248-1268, 2007）

明石 純一 ◆ 第5章 ［共著］

筑波大学人文社会系教授

筑波大学大学院国際政治経済学研究科修了　博士（国際政治経済学）

〔主要業績〕

『移住労働とディアスポラ政策：国境を越える人の移動をめぐる送出国のパースペクティブ』（編著，筑波大学出版会，2022年）

『人の国際移動は管理されうるのか：移民をめぐる秩序形成とガバナンス構築』（ミネルヴァ書房，2020年）

『入国管理政策：「1990年体制」の成立と展開』（ナカニシヤ出版，2010年）

関 能徳 ◆ 第6章

名古屋大学大学院国際開発研究科准教授

テキサスA&M大学政治学部博士課程修了　Ph.D.（政治学）

〔主要業績〕

「再分配選好の規定要因としての社会的アイデンティティの役割：日本における在留外国人の生活保護受給に関するコンジョイント実験」（『理論と方法』38(2): 307-324, 2023年）

"Social Identification and Redistribution Preference: A Survey Experiment in Japan"（*Social Science Japan Journal*, 26(1): 47-60, 2023）

"Assessing the Public Understanding of Democracy through Conjoint Analysis"（*Frontiers in Political Science*, 5: 976756, 2023）

濱本 真輔 ◆ 第7章

大阪大学大学院法学研究科教授

筑波大学大学院人文社会科学研究科博士課程修了　博士（政治学）

〔主要業績〕

『政務調査会と日本の政党政治：130年の軌跡』（共編著，吉田書店，2024年）

『日本の国会議員：政治改革後の限界と可能性』（中央公論新社，2022年）

『現代日本の政党政治：選挙制度改革は何をもたらしたのか』（有斐閣，2018年）

出口 航 ◆ 第8章

日本学術振興会特別研究員PD

大阪大学大学院法学研究科博士後期課程修了　博士（法学）

〔主要業績〕

「国会議員の政治資金：2017-18年政治資金収支報告の分析」（『公共政策研究』23: 98-112, 2023年）

「政治資金研究の動向：献金と支出はどのように代表と競争に影響するのか（一）（二・完）」（『阪大法学』71(5): 247-281, 71(6): 227-251, 2022年）

菅谷 優太 ◆ 第9章

大阪大学大学院法学研究科博士後期課程，日本学術振興会特別研究員DC2

大阪大学大学院法学研究科博士前期課程修了　修士（法学）

〔主要業績〕

「政治的リクルートメント研究の展開（1）（2・完）：全体像と課題」（『阪大法学』73(6): 133-160, 74(1): 213-234, 2024年）

柳 至 ◆ 第10章

立命館大学法学部准教授

筑波大学大学院人文社会科学研究科博士後期課程修了　博士（政治学）

〔主要業績〕

「公共施設統廃合の受容：ビネット実験による検証」（『年報政治学』75(2): 150-172, 2024年）

"Distinguishing Providing Public Services from Receiving Government Funding as Factors in Nonprofit Advocacy"（Co-authored, *Voluntas*, 32(3): 534-547, 2021）

『不利益分配の政治学：地方自治体における政策廃止』（有斐閣，2018年）

久保　慶明 ◆ 第11章

関西学院大学総合政策学部教授

筑波大学大学院人文社会科学研究科博士課程修了　博士（政治学）

〔主要業績〕

「地域間格差をめぐるエリートの平等観」（『選挙研究』36(2): 53-67, 2020年）

『政治変動期の圧力団体』（分担執筆，有斐閣，2016年）

『現代社会集団の政治機能：利益団体と市民社会』（分担執筆，木鐸社，2010年）

現代日本の政治的不平等
――参加・代表における格差と分断のメカニズム

2025 年 3 月 25 日　初版第 1 刷発行

編著者　　　山本　英弘

発行者　　　大江　道雅

発行所　　　株式会社　明石書店
　　　　　　〒101-0021　東京都千代田区外神田6-9-5
　　　　　　電話　03（5818）1171　FAX　03（5818）1174
　　　　　　振替　00100-7-24505　https://www.akashi.co.jp/

装　丁　　　明石書店デザイン室

印　刷　　　株式会社文化カラー印刷

製　本　　　協栄製本株式会社

ISBN978-4-7503-5905-2
© Hidehiro Yamamoto
（定価はカバーに表示してあります）

JCOPY 〈出版者著作権管理機構　委託出版物〉
本書の無断複製は著作権法上での例外を除き禁じられています。複製される場合は、その
つど事前に、出版者著作権管理機構（電話 03-5244-5088、FAX 03-5244-5089、
e-mail: info@jcopy.or.jp）の許諾を得てください。

公正社会のビジョン

学際的アプローチによる理論・思想・現状分析

水島治郎、米村千代、小林正弥 編

■A5判／上製／312頁　◎3800円

広がる格差、政治への不満、ジェンダー間の不平等、雇用不安、絶望感と諦めが充満するなかで、それでも「公正な社会」を実現することは可能か。政治・経済・社会・法の諸側面を融合し討議を重ねてきたプロジェクトチームが、不公正な社会状況を打ち破る新たな秩序を提言。

●内容構成●

序　文　「公正な社会」に向けて　［水島治郎・米村千代・小林正弥］

第1部　公正をめぐる理論と思想
第1章　公正にできることはまだあるか　［川瀬貴之］
第2章　公正社会論の思想的展開　［小林正弥］
第3章　多次元的な統合的公正社会理論　［古城毅］
第4章　「社会的公正」をめぐる意識の変容　［金澤悠介］

第2部　「不公正社会」の現状分析
第5章　「不公正社会」への逆襲なのか　［濱田江里子］
第6章　社会的包摂の現在　［米村千代］
第7章　家族における平等と包摂　［水島治郎］

第3部　グローバル公正社会の構想
第8章　メコン川流域の開発と市民社会　［五十嵐誠一］
第9章　深刻化する環境問題と食料安全保障　［李柄徹・小林正弥］
第10章　グローバルな社会サービス供給の模索　［日野原由未］
第11章　地域統合と社会的公正の新時代　［石戸光］
第12章　条約の脱退条項の機能　［藤澤巌］

政治分野におけるジェンダー平等の推進
フランスと日本の女性議員の実情と意識
冨士谷あつ子、新川達郎 編著
◎3500円

日本社会とポジショナリティ
沖縄と日本との関係、多文化社会化、ジェンダーの領域からみえるもの
池田緑 編著
◎4800円

自民党の女性認識
「イエ中心主義」の政治指向
安藤優子 著
◎2500円

日本の寄付を科学する
利他のアカデミア入門
坂本治也 編著
◎2500円

ソーシャルビジネスで拓く多文化社会
多言語センターFACIL・24年の挑戦
吉富志津代 監修　多言語センターFACIL 編
◎2500円

「個人化」する権威主義体制
侵攻決断と体制変動の条件
大澤傑 著
◎2500円

地域主義政党の国政戦略
現代ベルギーにおける政党間競合の展開
宮内悠輔 著
◎4800円

差別と資本主義
レイシズム・キャンセルカルチャー・ジェンダー不平等
トマ・ピケティほか著
尾上修悟、伊東未来、眞下弘子、北垣徹 訳
◎2700円

〈価格は本体価格です〉

女性の世界地図

女たちの経験・現在地・これから

ジョニー・シーガー 著
中澤高志、大城直樹、荒又美陽、中川秀一、三浦尚子 訳

■B5判変型／並製／216頁 ◎3200円

世界の女性はどこでどのように活躍し、抑圧され、差別され、生活しているのか。グローバル化、インターネットの発達等の現代的テーマも盛り込み、ますます洗練されたカラフルな地図とインフォグラフィックによって視覚的にあぶり出す。オールカラー。

● 内容構成 ●

世界の女性たち　差別の終結〈CEDAW〉／差別を測る〈ジェンダー・ギャップ〉／平均寿命〈レズビアンの権利〉／二分論を超えて〈結婚と離婚〉／児童婚ほか

女は女の場所に置いておく　さまざまな箱の王国／合法的な束縛／「名誉」殺人／DV／レイプ犯と結婚させる法律／レイプ／殺害される女性／「名誉」

出産にまつわる権利　出産／避妊／妊産婦死亡率／中絶／男児選好

身体のポリティクス　スポーツ美／美容整形／女性器切除／セックス・ツーリズム／買売春／身売買／ポルノグラフィ

健康・衛生　乳がん／HIV／結核／マラリア／飲料水／トイレに関する活動ほか

仕事　有償・無償の仕事／分断された労働力／世界の組立工場／収入の格差／失業／児童労働／水のために歩く／農業と漁業／仕事のための移民

教育とつながり　就学年数／学位への前進／識字率／コンピューター／インターネットとソーシャルメディア／オンラインハラスメントほか

財産と貧困　土地の所有／住宅の所有／毎日の貧困／極限の貧困ほか

権力　女性の選挙権／政治における女性／軍隊／国連／いろんなフェミニズム

全国データ

SDGsと日本

誰も取り残されないための人間の安全保障指標

NPO法人「人間の安全保障」フォーラム 編
高須幸雄 編著

■B5判／並製／276頁 ◎3000円

国連の持続的開発目標（SDGs）指標を、国としてはほぼ達成しつつある日本。しかし、SDGsの理念「誰も取り残さない社会」が実現しているとは言いがたい。90あまりの指標から都道府県ごとの課題を可視化し、改善策を提言する。

● 内容構成 ●

第1部　日本の人間の安全保障指標
SDGs指標との比較と指標別ランキング／都道府県別指数／アンケート調査による主観的評価／都道府県別プロフィール

第2部　取り残されがちな個別グループの課題
子ども／女性／若者／高齢者／障害者／LGBT／災害被災者／外国人

第3部　結論と提言
日本の人間の安全保障の課題／誰も取り残されない社会を作るために

〈価格は本体価格です〉

現代日本の
エリートの平等観
社会的格差と政治権力

竹中佳彦、山本英弘、濱本真輔 [編]

◎A5判／並製／296頁　◎3,000円

なぜ格差は是正されないのか？ 1980年に三宅一郎氏らが実施した
「エリートの平等観」調査。今あらためて同じ課題に取り組み、「一億総
中流社会」から「格差社会」への40年間の変容を実証的に分析。第一
線の政治学者たちが不平等の様々な側面を取り上げた。

●内容構成

序　　　　　　　　　　　　　　　　　　　　　　　　　　［竹中佳彦］
第Ⅰ部　平等をめぐる理論と文脈
第1章　平等をめぐる理論と文脈　　　　　［竹中佳彦・近藤康史・濱本真輔］
第2章　調査の方法と回答者のプロフィール　　　　　　［竹中佳彦・山本英弘］
第Ⅱ部　エリートの社会経済的平等観
第3章　平等観と保革イデオロギー　　　　　　　　　　［竹中佳彦・遠藤晶久］
第4章　経済的平等──不平等認知は再分配政策につながるのか　　［久保慶明］
第5章　ジェンダー平等──右傾化か，経済か，フェミニズムの定着か　［大倉沙江］
第6章　世代間平等──「シルバー民主主義」の実像　　　　　　　　［遠藤晶久］
第7章　平等価値の階層構造──基底的平等価値の記述的分析　　　　［鈴木創］
第Ⅲ部　政治的平等の諸側面
第8章　政治権力構造とマスメディア
　　　　　──レファレント・プルーラリズムのゆくえ　　　［山本英弘・竹中佳彦］
第9章　政策ネットワーク──官民関係の現状と変容　　　　　　　　　［柳至］
第10章　「一票の重み」の不平等が政治家に及ぼす影響　　　　　　［今井亮佑］
第11章　経済的平等に関する応答性
　　　　　──エリートと有権者の考えは一致しているのか　　　　　［山本英弘］
第12章　有権者の応答性認識にみる政治的平等
　　　　　──男性，高齢者，農村部に偏る政治　　　　　　　　　　［濱本真輔］
終章　現代日本のエリートの平等観の諸相と
　　　　権力構造・ネットワーク・応答性　　　　　　　　　　　　　［竹中佳彦］

〈価格は本体価格です〉